나의 하루는
명상에서 시작된다

나의 하루는
명상에서 시작된다

초판 1쇄 인쇄 2021년 8월 30일
1쇄 발행 2021년 9월 5일

지은이 경서윤

펴낸이 우세웅
책임편집 이현정
기획편집 박관수 한희진 김은지
콘텐츠기획·홍보 서해선
북디자인 박정호

종이 페이퍼프라이스(주)
인쇄 ㈜다온피앤피

펴낸곳 슬로디미디어그룹
신고번호 제25100-2017-000035호
신고년월일 2017년 6월 13일
주소 서울특별시 마포구 월드컵북로 400, 상암동 서울산업진흥원(문화콘텐츠센터) 5층 20호

전화 02)493-7780
팩스 0303)3442-7780
전자우편 slody925@gmail.com(원고투고·사업제휴)
홈페이지 slodymedia.modoo.at
블로그 slodymedia.xyz
페이스북,인스타그램 slodymedia

ISBN 979-11-6785-028-7 (03190)

※이 도서의 국립중앙도서관 출판예정도서목록(CIP)은 서지정보유통지원시스템 홈페이지(http://seoji.nl.go.kr)와 국가자료공동목록시스템(http://www.nl.go.kr/kolisnet)에서 이용하실 수 있습니다.

나의 하루는 명상에서 시작된다

번아웃 직장인에게 필요한 마인드풀니스 명상 습관!

경서윤 지음

SEOLREM
설렘

추천사

인생의 고통도 건강 악화도 모두 마음에서부터 시작이 된다. 찌그러진 마음에 덕지덕지 붙은 스트레스가 자신을 힘들게 하지만, 특히나 현대인들은 그런 마음을 알아채지도 못하고 돌보지도 않은 채 살아간다. 저자는 자신의 삶에서 우러난 경험을 인생, 마음, 건강의 관점에서 찬찬히 이야기하듯 풀어낸다. 그녀가 말하는 '팽팽한 마음을 가지는 명상 훈련법'은 그 효과와 실용적인 측면에서 단연코 돋보인다.

– 김준영 (마음편한유외과 대표원장, 자율신경기능의학 연구소장)

저자의 마음의 여정과 삶에서 길어낸 지혜들, 오랜 세월 직접 수행해온 명상의 경험들, 광범위한 명상 이론들을 연구해 쉽게 풀어낸 내용들까지. 이 모든 것을 탄탄하게 한 권의 책에 담아낸 것은 모두에게 큰 선물이다! 명상이 좋다는데 어디서부터 어떻게 시작해야 할지 어려운 분들부터 명상을 좀 더 깊이 탐구해보고 싶거나 넓게 적용해보고 싶은 분들까지, 마음 건강을 따뜻하게 챙기고 멘탈을 강하게 키우고 싶은 모든 분들에게 〈나의 하루는 명상에서 시작된다〉를 추천 드리고 싶다. 명상의 힘을 알고, 실천하고, 안내했던 나 자신부터 나의 하루하루를 이 책의 명상들과 함께 새롭게 시작할 생각에 기대가 된다.

– 애쉬튼 조 (SIY 구글 개발 명상 국제 지도자, 마인드풀니스 코리아 대표)

몸과 마음의 건강은 행복한 삶과 동의어라 할 수 있다. 행복을 위해 일하지만 정작 행복하기 힘든 시대! 우리에게 필요한 건 과연 무엇일까? 명상은 몸과 마음의 건강을 위한 탁월한 기술이다. 행복을 위해 명상에 관심을 가지는 사람들이 많아지고 있지만, 명상 이론과 방법에 대해 쉽게 나온 책이 많지 않았다. 늘 '명상은 직접 하는 것이 중요하다!'고 말하는 저자답게, 명상을 쉽게 따라하고 명상 경험을 기록할 수 있도록 구성한 부분이 돋보인다. 마인드풀니스 명상을 해보고자 하는 분들께 매우 실용적인 지침서가 될 것이다.

– 류현민 (보건학 박사, 산소발자국 대표)

일에 최선을 다하다 보면 매일 하루가 바쁘게 흘러간다. 나뿐일까? 지금 이 시대를 살아가는 사람이라면 누구나 하루하루를 바쁘게 살아가고 있다고 생각한다. 바쁠수록 더욱 자기관리를 잘해야 롱런할 수 있기에 운동을 열심히 하는 편이다. 운동이 몸의 건강을 위한 거라면 명상 연습은 마음의 건강과 행복한 삶을 위한 근력운동이라 말하는 저자의 글에 공감이 된다. 바쁜 업무 중단 몇 분의 명상만으로 스트레스와 멘탈 관리가 된다니! 매일 할 일이 많은 직장인, 그리고 마음의 건강을 바라는 누구나에게 이 책을 권한다.

– 안세훈 (법무법인 정향 변호사)

들어가는 길

프로N잡러였던 제가 명상을 시작하게 된 계기는 '번아웃'이었습니다.

저는 직장을 다니면서 파트타임 일을 여러 개 동시에 하는, 요새 말로 '프로N잡러'로 살았습니다. 열심히 바쁘게 살다가 어느 순간부터 '내가 회사에 다니려고 태어난 걸까?', '내가 이렇게 일만 하려고 사는 걸까?' 하는 생각이 문득문득 떠올랐습니다. 몇 년을 그리 살아도 끄떡없다가 어느 날 하루아침에 몸이 마음대로 움직여지지 않았어요. 그냥 움직여지지만 않은 게 아니라 24시간 강렬한 통증이 그림자처럼 저를 따라다녔습니다.

무슨 일을 하든 즐겁게 열심히(!) 하는 성격이라 저는 밝은 사람인 줄로만 알았는데 몸이 그렇게 되고 오랜 기간 나아지지 않다보니 점점 부정적으로 변해가는 저를 발견했어요. 아무것도 하기 싫고 마음이 너무 힘들었습니다. 기능의학을 만나기 전까지는 어느 병원을 가도 원인을 확실하게 밝혀내지 못했고, 그러니 치료도 어려웠습니다. 몸의 치료는 불가능하다고 느껴지기 시작하면서 '당장 힘든 이 마음부터 봐주면 어떨까?' 하는 생각이 들었습니다. 통증에 잠을 못 잘 정도라 통증을 바라보는 명상은 진작부터 하고 있었고 그렇게 제 마음의 치유와 명상의 여정이 본격적으로 시작되었습니다.

우리는 지금 내가 나를 돌보지 않으면 몸도 마음도 무너지기 쉬운 환경에 살고 있습니다. 그렇기에 번아웃이 오기 전에 예방하고, 일상에서 스트레스를 관리하면서 나를 돌보는 것이 너무나도 필요합니다. 번아웃에서 저를 돌봐온 경험과 그동안의 연구와 수행을 통한 명상을 함께 나누고자 이 책을 쓰게 되었습니다. 제 마음 치유의 과정은 정원을 가꾸는 일과도 같았습니다. 그래서 이 책은 기초부터 탄탄하게 마음정원을 제대로 가꿀 수 있도록 구성했습니다. 이 책이 당신의 마음정원을 가꾸는 데에 도움이 되기를 바랍니다.

경서윤 드림

차례

chapter

1

직장인에게 왜 명상이 필요할까?

01

지금, 마음이 힘들고 삶이 고단한 이유는 무엇일까?

무엇이 우리 삶을 고통스럽게 하는 걸까?

'하늘 한 번 볼 시간도 없고…… 뭘 위해 사는 건지 정말 모르겠어요.' '매일 주말이면 좀 살 만할까요?' '다음 휴가는 언제갈 수 있을까요? 전 휴가만 기다립니다!' '재택근무를 하게 돼서 시간이 많아졌어요. 뭔가를 해보고 싶은데 제가 뭘 좋아하는지 도무지 모르겠어요.' '스트레스가 어떻게 해도 안 풀려서 답답해요.'

직장인들에게 자주 듣는 이야기예요. 공감하고 있다면 당신 또한 현재 자신의 삶이 불만족스럽다는 신호일 수 있습니다. 지금 당신의 삶은 왜 힘들고 고단한 걸까요?

목표만을 바라보며 현재를 희생하는 삶

우리는 학생 때부터 사회에서 요구하는 조건을 충족시키기 위해 목표 지향적으로 살아왔어요. '대학만 잘 가면 행복하게 살 수 있다'는 환상은 입학하고 나서야 사실이 아님을 알게 되죠. 그뿐인가요? 취직, 승진, 결혼 등을 일생의 과제로 여긴다면 해야만 하는 숙제들이 너무나 많습니다. 굵직한 목표들을 이루기 위한 투두리스트(to do list)들은 또 얼마나 많은가요? 그것들을 하나씩 지워 나가려고 태어난 사람처럼 일생을 전투적으로 살고 있지는 않나요? 사회에서 요구하는 조건을 충족하면 삶이 나아지고 행복해질 거라는 믿음. 그것이 장밋빛 미래를 위해 현재를 희생하게 합니다.

현재를 희생한다는 것은 어떤 의미일까요? 목표를 이루는 과정인 현재에 집중하지 못하고 즐기지 못한다는 의미입니다. 예를 들면, 산에 올라갈 때 빨리 정상을 찍어야겠다는 목표에만 집중하는 거죠. 오르는 도중에 만나는 나무들, 흙의 촉감, 맑은 공기를 음미하며 산을 오르는 것과는 거리가 멉니다. 산을 오르며 자연을 만난다기보다는 산 정상을 찍는 목표를 달성하는 데에 의의를 두는 거예요. 지금 자신에게 한번 물어보세요. 미래를 위해 오직 목표만을 바라보며 이루는 과정인 현재를 희생하고 있지는 않은지. 또 늘 입시를 앞둔 수험생처럼 초조하게 살고 있지는 않은지.

달성하고자 하는 목표들 또한 누구를 위한 목표인지 점검해볼 필요가 있습니다. 목표가 자신의 내면에서 나온 것인가요? 과거 목표를 달성했을 때 나는 어떤 요소에서 행복감을 느꼈나요? 가장 행복했던 요인이 누군가에게 인정받아서라면 인정받기 위한 삶이 되어버릴 수 있어요. 인정받기 위해 남들이 원하는 조건을 인생의 목표로 삼는다면 내 삶을 산다고 할 수 있을까요? 사회나 다른 사람들이 나 대신 내 삶의 주인이 되지는 않았는지 점검해보아야 합니다.

만일 그 미래의 목표가 진정 내가 원하는 것이 아니라면 이루어도 공허감을 느끼게 될 거예요. '대체 지금 내가 뭘 위해 사는 거지?'

목표에 집착하고 원치 않는 상황을 혐오하는 것이 고통을 초래한다.

목표만을 바라보고 살면 목표가 이루어지지 않았을 때 좌절도 큽니다. '고생 끝에 낙이 온다'를 외치며 현재의 고생을 꾸-욱 참았는데 안 되면 허망할 수밖에요. 목표에 '집착'했기 때문입니다. 목표를 이루는 것 자체가 나쁘다는 것이 아닙니다. 목표를 이루어야만 행복해진다고 믿고 현재의 삶은 돌보지 않는 것이 우리를 힘들게 합니다. 이런 경우, 목표를 이루지 못하게 되면 고생 끝에 '마음고생'이 옵니다. 현재를 희생했기 때문에 목표를 이루지 못하는 일은 절대 일어나선 안 된다고 집착하게 되기 때문입니다.

사람이라면 누구나 욕구가 충족되면 기뻐하고, 충족되지 못하면 불만족스럽다고 느낍니다. 목표도 이루고 싶은 욕구이기에 달성하지 못하면 불만족을 느끼게 돼요. 대대로 인간은 이 욕구에 대해 집착하고 혐오하며 살아왔습니다. 그것이 인간 고통의 원인이 되었습니다. 집착이란 좋아하는 것을 계속 가지고 있으려는 마음이에요. 혐오는 싫은 것을 피하고자 하는 마음입니다.

또한 혐오는 싫어하는 것을 회피한 상태가 유지되기를 바라는 집착이기도 해요. 원하는 대로 이루어지지 않을 때, 피하고 싶은 상황에 맞닥뜨렸을 때 우리는 고통을 경험하게 됩니다.

모든 것이 원하는 대로만 된다면 얼마나 좋을까요? 현실은 '모든 것은 변한다'는 것입니다. 원하는 것을 가져도 영원하지 못할 수 있어요. 막상 이루어 놓고 보니 내가 바라던 것이 아니었을 수도 있습니다. 빠르게 흘러가는 마음이 또 다른 것을 원하고 있을 수도 있고요. 욕구를 충족시키고, 목표를 달성해서 행복을 느끼고자 한다면 끝이 없습니다. 간절히 갖고 싶던 물건을 사고 나면 너무 만족스러워서 다시는 쇼핑을 하지 않게 되나요? 마음은 그 사이 또 다른 것을 원하고 있을 때가 많습니다. 사실, 마음과 욕구는 만족을 모릅니다. 이 사실을 받아들이지 못하면 고통스럽습니다.

마음대로 되지 않을 때 대개 부정적인 감정이 올라옵니다. 실제 일어난 일에 자신의 부정적인 해석을 덧붙여 자신을 더 괴롭게 만들기도 하죠. 또 '목표를 이루느라 바빠 죽겠는데 지금 이런 생각할 때가 아니야!' 하며 감정을 누르는 경우도 많아요. 감정을 억압하면 괴로운 감정뿐 아니라 긍정적인 감정들에 대해서도 둔감해지기 쉽습니다. 감정을 느끼지 못하는 터미네이터처럼 살게 되는 것이죠. 느끼고 싶지 않은 감정에 '이 생각과 감정을 없애버리고 싶어!' 하는 혐오가 올라오기도 합니다. 부정적 감정을 문제로 여기고 해결하기 위해 노력하는 것이 우리를 더 고통스럽게 합니다. 감정은 없애려 한다고 없어지지 않기 때문입니다.

행위모드(Doing mode): 대부분의 현대인에게 익숙한 마음의 모드

지금까지 우리의 삶이 고통스러운 이유에 대해 살펴보았습니다. 목표를 달성해야만 행복해진다고 믿는 것. 그래서 현재의 삶을 느낄 겨를도 없이 해야만 하는 행위들로 가득 채우는 것. 그 가운데 마음대로 되지 않아 늘 불만족스러운 삶. 부정적인 감정들을 없애려 노력하지만 없어지지 않아 고통스러운 삶. 이를 포함해 현대인들의 삶의 특징을 설명한 '행위모드'에 많은 사람들이 공감하고 있습니다. 행위모드에 대해 설명할 때마다 '아, 제가 이래서 힘들었던 거였네요!'라는 반응이 압도적입니다. 서구에서 마인드풀니스 명상의 시작을 알린 존 카밧진 박사는 현대인들이 행위모드로 살고 있다고 말합니다.

행위모드의 일곱 가지 특징은 다음과 같습니다.

(여러분도 행위양식으로 살고 있지는 않은지 네모 안에 체크해보세요.)

☐ 지금 뭘 하는지 알지 못한 채 하고 있는 경우가 많다.

ex) 손에 핸드폰을 들고 통화하면서 핸드폰이 어디 있는지 찾는다.

☐ 경험을 직접 해보기보다는 생각으로 미리 판단할 때가 많다.

ex) 처음 접하는 음식을 보고 '저 음식은 빨간색이니까 매울 거야' 하고 손대지 않는다.

☐ 자꾸 과거의 일이 떠오르고, 미래의 일이 걱정될 때가 많다.

☐ 불쾌한 경험은 보통 없애려 하거나 회피한다.

☐ 자주 상황이 지금과 달라지기를 바란다.

☐ 어떤 상황에 대한 나의 생각이 실제처럼 느껴질 때가 많다.

ex) '작년 고과성적이 좋지 않았으니 올해도 좋지 않을 게 틀림없어.'

☐ 인생에서 늘 목표달성이 먼저라고 생각한다.

누구든 고통에서 벗어나 행복해지기를 바랍니다. 많은 사람들이 사회가 제시하는 조건들을 목표 삼아 이루면 행복해질 거라고 믿습니다. 목표달성에 집착할 때, 현재는 미래의 목표를 이루기 위한 들러리가 되고 말아요. 목표를 이루는 과정인 매 순간을 '아직 행복할 수 없어'라고 생각하며 현재를 희생해 달성했다 한들 그 행복은 영원할까요? 마음은 만족을 모르기에 다음, 또 그 다음 목표를 이뤄야 행복해진다고 믿습니다. 목표와 조건에만 행복을 맡긴다면 삶은 영영 불만족스러울 수밖에 없어요. 생각한 대로 되지 않는 경험은 강렬한 부정적 감정을 일으킵니다. 행위모드는 현대인들에게 익숙한 마음의 작동모드입니다. 어떻게 나를 이 힘든 삶으로부터 건져낼 수 있을까요? 행위모드에서 벗어날 수 있는 대안은 없을까요?

02

지금 이 순간을 생생하게 느끼며 살자.

우리를 미래 속에, 생각 속에 살게 해 고통스럽게 하는 행위모드의 대안은 다행히 존재합니다. 지금 이 순간, 느껴지는 실제와 존재에 주의를 기울이는 '존재모드(Being mode)'입니다. 현대사회는 원대한 목표를 이루고, 문제를 해결하고, 발전하는 것을 우선으로 해왔습니다. 그에 발맞춰 삶의 모든 면에 행위모드를 적용하는 것이 익숙해졌죠. 존재보다 행위가 우선되는 삶을 살아온 것입니다. 그럼 행위모드의 대안인 '존재모드'의 특징은 무엇일까요? 어떻게 행위모드에서 존재모드로 이동할 수 있을까요? 그리고 존재모드는 어떻게 계발할 수 있을까요?

행위모드에서 벗어나는 대안: 존재모드

행위모드와 존재모드 모두 마음이 작동하는 방식입니다. 앞에서 스스로 점검해보았듯 우리는 대부분 삶의 모든 면에서 행위모드에 익숙합니다. 따라서 우선 존재모드를 배양하는 것이 중요합니다.

존재모드의 특징은 다음과 같습니다.

1. 자동적이지 않고 의식적으로 알아차립니다.

반복되는 일상의 매일 보는 것들도 마치 처음 보듯 호기심을 갖고 바라보는 거예요. '전에 해봤던 거라 이미 알아. 안 봐도 뻔해'라는 마음을 내려놓고 바라봅니다. 그러면 현재가 보입니다. 지금껏 자동적으로 해왔던 것들을 의식적으로 알아차리면 새로운 선택을 할 수 있게 됩니다.

2. 직접적인 경험에 초점을 둡니다.

행위모드가 생각으로 경험한다면, 존재모드는 직접 경험하면서 온몸으로 느껴보는 것입니다.

3. 지금 이 순간에 온전히 존재합니다.

행위모드에서는 과거를 떠올리며 후회하고 미래를 상상하며 불안해합니다. 지금 이 순간에 존재해도 과거와 미래를 떠올릴 수는 있습니다. 하지만 생각에 끌려 들어가지 않고 지금 여기서 지켜볼 수 있게 됩니다.

4. 불쾌한 경험을 피하지 않고 관심을 가지고 마주합니다.

행위모드는 '나는 이 불쾌함을 경험하고 싶지 않아! 나에게 이런 일이 일어나서는 안 돼!'라고 저항하며 고통을 증폭시킵니다. 존재모드는 모든 경험을 존중하고 지켜봅니다. 저항하지 않기 때문에 고통은 증폭되지 않고 머물다 지나갈 수 있게 됩니다.

5. 상황을 있는 그대로 받아들입니다.

상황이 어떠해야만 한다고 정해놓지 않습니다. 때문에 어떤 일이 일어나도 '이런 일이 생길 수도 있지' 하며 바라볼 수 있게 돼요. 자신에 대해서도 마찬가지입니다. 남들이 보기에 이상적인 모습이 아니더라도 나를 있는 그대로 인정하고 존중합니다. 반면, 자신과 상황에 대해 '이래야만 해!'라고 정해놓는 행위모드에서는 차이에만 집중합니다. 그래서 늘 불만족을 느낍니다. '왜 그것도 못하는 거야?' 혹은 '내가 뭐 그렇지……' 하며 자신을 들볶는 자기비난으로 이어지기 쉬워요.

6. 생각은 그냥 생각일 뿐이라고 여깁니다.

생각이 곧 실제라고 믿는 행위모드에서는 '올해도 고과성적이 잘 나올 리가 없다'는 생각을 실제로 믿어 버립니다. 그때, 패배감이라는 부정적 감정에 휘말리기 쉬워요. 존재모드에서는 '작년에 고과성적이 좋지 않았으니 올해도 잘 나올 리가 없다는 생각을 하고 있구나! 이건 생각일 뿐이야' 하고 편안한 마음을 가질 수 있습니다.

7. 행복한 삶을 위해 목표달성만 바라보는 것이 아니라 삶의 전반적인 면을 돌봅니다.

행위모드는 시야를 좁혀 목표만 바라보고 달리는 경주마 같다고 할 수 있어요. 존재모드는 시야를 넓혀 삶을 전반적으로 바라봅니다. 몸과 마음을 돌보고, 주변 말들과도 잘 어울리면서, 순간순간을 경험하며 뛰는 말과 같습니다.

행위모드	존재모드
자동조종적이다.	의식적으로 알아차리고 선택한다.
사고를 통해 경험한다.	직접적으로 경험한다.
과거를 후회하고 미래를 불안해하느라 현재에 있지 못한다.	지금 이 순간에 온전히 존재한다.
불쾌한 경험으로부터 회피하거나 없애려 한다.	불쾌한 경험을 관심을 갖고 바라본다.
상황이 달라지기를 원한다.	상황을 있는 그대로 받아들인다.
생각을 실제라고 여긴다.	생각을 정신적 사건으로 여긴다.
목표달성을 우선시한다.	현재에 기반을 두고 삶의 전반적인 요소들을 돌보며 목표를 이룬다.

(「우울과 불안, 스트레스 극복을 위한 8주 마음챙김(MBCT) 워크북」 존 티즈데일, 마크 윌리엄스, 진델 시걸 참고하여 표 작성.)

'지금 이 순간'이 중요한 이유

위의 표를 보면 두 모드가 어떻게 다른지 바로 알 수 있습니다. 행위모드는 행동과 목표, 생각에 초점이 맞춰져 있습니다. 반면, 존재모드는 현재 존재함에 중점을 둡니다. 존재모드 특징들의 공통점을 살펴보면, '지금 이 순간, 여기'에 초점이 맞추어져 있습니다. '지금 이 순간, 여기'에서 일어나는 모든 것을 의식적으로 알아차립니다. 불쾌한 경험일지라도 직접 경험하고 받아들입니다. 존재모드에서는 왜 '지금 이 순간'과 '여기'에 초점을 맞추는 걸까요? '지금 이 순간'과 '여기'는 도대체 왜 중요한 걸까요?

'지금 이 순간, 여기'만이 유일하게 존재하는 시공간이며, 실제이기 때문입니다. 과거는 이미 지나간 순간이며, 미래는 아직 오지 않았습니다. 그리고 과거와 미래 또한 우리가 경험하는 순간에는 현재시점으로 경험하게 됩니다. 따라서 '지금 이 순간, 여기'만이 유일하게 존재하는 시공간입니다. 한편 과거와 미래, '여기'가 아닌 다른 공간은 생각 속에 존재할 뿐이에요. 생각은 실제가 아닙니다. 생각은 비현실적인 어떤 것도 다 그려낼 수 있습니다. 따라서 생각 속에 존재하는 과거와 미래, 다른 공간은 실제가 아닙니다. 실제로서 유일하게 존재하는 것이 바로 '지금 이 순간, 여기'입니다.

또한 '지금 이 순간'만이 우리가 그토록 추구하는 미래를 바꿀 수 있는 유일한 순간입니다. 현재에 온전히 머무르면 자동적으로 반응하지 않고 의식적으로 선택하게 됩니다. 그 의식적 선택으로 바로 다음 순간이 바뀝니다. 순간순간에 주의를 기울여 충실하게 이루어 가면 변화가 일어나고 미래가 바뀝니다. 미래를 걱정만 한다고 미래가 바뀌는 것을 본 적이 있으신가요? 현재의 주인이 되면 미래를 바꿀 수 있습니다. '지금 이 순간, 여기'가 바로 미래를 변화시키는 열쇠입니다.

'지금 이 순간, 여기'만이 유일하게 존재하는 실제이며, 미래를 바꿀 수 있는 순간입니다. 행위모드가 삶을 고통스럽게 할 때, 어떻게 하면 존재모드 버튼을 누를 수 있을까요? 바로 '지금 이 순간, 여기'에 존재하면 됩니다. 그럼 어떻게 '지금 이 순간, 여기'로 돌아올 수 있을까요? "나는 지금, 여기로 돌아올 거야!"라고 주문을 외우면 될까요? 생각은 내가 원하는 대로 통제되지 않습니다. 때문에 생각을 사용해 현재로 돌아오는 것은 쉽지 않을 수 있어요. 그럼 어떤 방법이 있을까요?

존재모드를 계발하는 훈련, 마인드풀니스 명상

'지금 이 순간, 여기'를 알아차리는 것이 바로 자각입니다. 헤드 스페이스의 창립자인 앤디 퍼디컴은 저서 〈당신의 삶에 명상이 필요할 때〉에서 자각에 대해 다음과 같이 말합니다. "자각은 당신 삶의 모든 부분에서 무슨 일이 벌어지는지, 즉 당신이 어떻게 행동하고 어떻게 말하고 어떻게 생각하는지 조용한 호기심으로 살펴보고 알아차리고 관찰한다." 알아차리는 데는 다음과 같은 질문들이 도움이 됩니다. '지금 이 순간, 여기에서 몸은 어떤 감각을 느끼고 있지? 마음은 어떻지?' 이런 질문들을 하면서 주의를 기울여 있는 그대로 경험하고 느껴보세요. 이것이 '지금 이 순간, 여기'에 존재하는 방법입니다. 또한 '알아차림(Awareness)', '자각(Self-awareness)'하는 방법입니다.

현재 일어나는 모든 감각, 생각, 외부환경 등은 주의를 기울이면 알아차릴 수 있습니다. '마인드풀니스(Mindfulness)'는 매순간 일어나는 것들에 주의를 기울여 알아차리는 상태입니다. 마인드풀니스 훈련을 하면 존재모드가 배양됩니다. 이를 훈련하는 방법이 바로 마인드풀니스 명상입니다. 명상을 통해

'지금 이 순간, 여기'를 알아차리는 힘을 기를 수 있어요. '지금 이 순간'을 알아차려야 마음의 기어도 바꿀 수 있습니다. 현재 행위모드에 있다는 것을 알아차려야 존재모드 버튼을 누를 수 있는 거죠.

마인드풀니스 명상 —— 훈련 ⟶ [존재모드, 자각, 마인드풀니스] 배양

존재모드 버튼을 누를 때 비로소 목표 지향적 삶에서 벗어나 '지금, 여기'에 살 수 있습니다. 현재는 미래를 위해 더 이상 희생되지 않게 됩니다. 불행한 현재들을 쌓아 행복한 미래를 세우겠다는 생각은 위험합니다. 목표를 달성하기 전에 지치기 쉽습니다. 결승지점에 빠르게 도착하기 위해 풀코스 마라톤을 100*m* 달리기 속도로 뛰면 어떻게 될까요? 전반적인 상황을 살피며 페이스에 맞게 뛰어도 결승지점에 도착할 수 있습니다. 몸과 마음의 안정감, 성취감, 행복감도 누리면서 말이죠. 이제, 현재가 없는 목표 지향적 삶에서 벗어나 '지금 이 순간'을 생생하게 느끼며 살아보는 것은 어떨까요?

03

명상이란 무엇일까?

자, 이제 본격적으로 명상에 대해 알아볼 차례입니다. 당신이 생각하는 명상이란 무엇인가요? 산신령처럼 도를 닦는 이미지가 떠오르나요? 아니면 눈을 감고 앉아서 멍 때리는 것이 명상일까요? 앞서 살펴보았듯 마음의 기어를 존재모드로 이동하기 위해서는 '지금, 이 순간'에 주의를 기울여야 합니다. 이 장에서는 명상의 정의와 역사, 종류 등에 대해서 살펴볼 거예요. 그리고 명상에 심리학, 의학, 과학을 접목해 현대 서구사회에서 사랑받고 있는 마인드풀니스에 대해서도 알아보겠습니다.

명상이란?

명상에 대한 흔한 오해 중 하나가 '명상은 생각을 없애는 행위'라는 인식입니다. 명상은 생각을 하는 것도, 없애는 것도 아니에요. 아주 간단하게는 지금 일어나고 있는 모든 것들을 알아차리고 현존하는 정신훈련입니다. 명상 전통에서 명상은 빨리Pali어로 '경작하다'라는 의미입니다. 이를 정리해보면, 명상은 나 자신 그리고 마음을 경작하는 정신훈련인 셈입니다. 저에게 명상은 자신의 마음정원을 가꾸는 훈련이었습니다. 여러분도 저와 함께 자신의 마음정원을 가꾸는 정원사가 되어 보시겠어요?

명상의 목적

전통적으로는 종교나 영성에 기반을 두고 명상 수행을 해왔습니다. 그래서인지 명상을 종교 행위로 단정 지어 선입견을 갖고 있는 경우도 종종 있어요. 그러나 다시 한번 말하지만 명상은 자신과 마음을 경작하는 정신훈련입니다. 따라서 나 자신, 마음 그리고 삶을 가꾸는(경작하는) 것을 목적으로 할 수 있습니다. 명상은 공중 부양하는 것 같은 뜬구름 잡는 이야기가 아니에요. 속세를 떠나야만 할 수 있는 것도 아니고요. 당면한 지금 이 순간의 삶에 당장 적용할 수 있는 정신훈련입니다. 명상은 우리가 보다 편안하고 자유롭게 깨어서 살아갈 수 있도록 도와줍니다.

현대사회에 살아가는 우리의 시선은 외부를 향해 있을 때가 많습니다. 요새 트렌드는 무엇인지, 다른 사람들은 무엇을 하는지 관심을 갖는 것에 익숙해져 있습니다. 심지어 자신을 볼 때조차 지위, 직함 혹은 소유물 등 외부의 조건들로 스스로를 평가합니다. 지위나 직함은 언제든 바뀔 수 있는 것이고, 소유물도 마찬가지예요. 이런 것들을 '나'라고 할 수 있을까요? 명상은 나의 내면과 만나는 기회가 됩니다. 외부에 있던 시선을 내부로 돌려 나 자신을 보게 합니다. 자신을 관찰하면서 진정으로 자신을 알아가게 됩니다. 명상을 통해 그 어느 때보다 자신을 만나고, 자신에 대해 이해하게 됩니다.

명상을 하면 삶의 주인이 됩니다. 알아차리지 못하면 자동적으로 상황과 환경에 휘둘리기 쉽습니다. 반면, 매 순간 지금 자신과 상황을 알아차리면 선택할 수 있습니다. 또한 명상을 하면 다른 사람들을 동조해 따라가지 않게 됩니다. '자기 계발(啓發)'은 "잠재되어 있는 자신의 슬기나 재능, 사상 따위를 일깨운다"(출처: 네이버 국어사전)는 의미예요. 명상은 내면과 대화하면서 내 안에 잠재된 지혜, 가치 등을 우물에서 물을 길어내듯 일깨워줍니다. 따라서 명상은 자기 이해에 기반을 둔 진정한 자기계발의 베이스라고도 할 수 있습니다.

명상의 역사와 종류

학자들은 명상의 기원을 기원전 5000년으로 추정하고 있습니다. 인도의 고대 경전 우파니샤드(Upanisad)에서 '드야나(dhyana)'가 등장하기 때문입니다. '드야나'란 마음을 고요히 하는 것으로 '선정(禪定)', '선(禪)'이라 볼 수 있어요. 그 이후 불교, 힌두교, 도교, 기독교의 묵상 등 다양한 종교와 문화에서 명상이 있어 왔습니다. 따라서 명상의 종류는 굉장히 많습니다. 집중명상, 통찰명상, 자애명상, 연민명상뿐 아니라 각 문화와 전통에 따라 아주 많아요. 대다수의 명상법들은 '집중'과 '통찰'이라는 요소를 지니고 있어요.

집중명상은 '사마타(samatha)'라고도 부릅니다. 지관(止觀) 수행 중 '지(止)'의 요소에 해당되는데, 멈추어 서서 한 가지 대상에 초점을 두고 주의를 기울이는 수행법입니다. 하나의 대상에 계속해서 주의를 기울이면 산만한 마음이 가라앉고 정리됩니다. 따라서 집중명상을 하면 마음이 고요해지고 '선정(禪定)'에 이르게 됩니다. 이런 상태에서 평정심과 평화를 체험할 수 있으며, 외부 요소에 동요하지 않게 됩니다. 집중명상을 통해 짧은 시간에 마음의 고요와 휴식을 맛볼 수 있어요. 때문에 명상을 처음 시작할 때, 집중명상부터 수행하는 경우가 많습니다.

고요히 깨어 있는 상태를 유지하는 가운데 통찰을 얻기도 합니다. 통찰명상이 '위빠사나(vipassana)'입니다. 지관 수행 중 '관(觀)'의 요소에 해당돼요. '관(觀)'은 '자세히, 분리해서 보는 것'입니다. 현재 일어나는 모든 현상을 관찰자의 입장에서 있는 그대로 알아차리는 수행법이에요. 통찰명상을 하면 알아차림, 자각이 명료해집니다. 따라서 통찰명상을 하면 있는 그대로 올바르게 보는 통찰력이 생기고, 깨달음을 얻기도 합니다. 그래서 통찰명상을 지혜수행이라고도 부릅니다. 집중명상으로 마음을 고요하게 한 가운데, 자각과 지혜를 닦는 통찰명상을 수행해 나가는 것이 좋습니다.

명상은 몸의 움직임에 따라 정적명상, 동적명상으로도 구분할 수 있습니다. 정적명상은 움직임이 없는 명상이에요. 자세에 따라 좌식명상, 입식명상, 와식명상이 있습니다. 대부분 많이 알고 있는 명상이 앉아서 하는 좌식명상이에요. 서서 하면 입식명상, 누워서 하면 와식명상이죠. 어떤 자세에서도 명상은 가능합니다. 심지어 움직이면서도 가능해요. 동적명상에는 대표적으로 걷기명상, 춤명상 등이 있고, 일상의 모든 동작도 명상이 될 수 있어요. 매일 일정 시간 좌식, 입식, 와식, 걷기 등 정식수련을 통해 명상을 익히는 것이 먼저입니다. 그런 다음, 일상의 모든 영역에 명상이 녹아들 수 있도록 하는 것이 좋습니다.

마인드풀니스란?

이 책에서 우리는 마인드풀니스(mindfulness) 기반의 명상들을 주로 해볼 거예요. 과거 명상은 주로 동양 문화권에서 이어져 왔고, 서구에서는 신비주의, 현실도피라 여겨졌습니다. 마인드풀니스는 초기 불교 전통에서 유래되었습니다. 미얀마, 스리랑카 등지에서 전해져 오는 위빠사나(통찰명상)에 기반을 두고 있어요. 그러나 서구에 들어오면서 종교적인 면은 배제되고 실용적인 명상법이 되었죠. 마인드풀니스의 본질은 주의(attention) 그리고 알아차림(awareness)입니다. 누구나 납득할 수 있는 보편적인 것이죠. 마인드풀니스는 의학, 과학, 뇌과학, 심리학 등과 접목하여 연구되면서 보급되기 시작했습니다.

서양에서 명상을 의학과 접목하여 연구하기 시작한 것은 1968년 허버트 벤슨 박사부터였습니다. 그의 연구에서 명상 후 교감신경계가 저하되는 등 스트레스에 반대되는 현상이 발견되었습니다. 1970년대에는 초월명상 기반의 집중명상법이, 이후에는 통찰명상이 주로 연구되었습니다. 그리고 1979년 존 카밧진(Jon Kabat-Zinn) 박사는 스트레스 저감법인 MBSR(Mindfulness-Based Stress Reduction)을 시작했습니다. 그 후 의학, 과학, 심리학 등을 접목한 다양한 프로그램(MBCT, MSC, ACT 등)들이 등장했어요. 그렇게 서구 사회에 마인드풀니스가 보편적으로 자리 잡게 되었습니다.

마인드풀니스란 무엇일까요? 존 카밧진 박사는 그의 저서 「존 카밧진의 처음 만나는 마음챙김 명상」에서 마인드풀니스에 대해 이렇게 말합니다. "당신이 의도적으로 현재 순간에 아무런 판단도 하지 않고 그리고 당신의 목숨이 그것에 달린 것처럼 주의를 기울일 때 '생겨나는' 무엇이다. 이때 일어나는 것은 우리의 자각(알아차림) 자체이다." 이처럼 마인드풀니스는 매순간의 현상을 있는 그대로 알아차리는 자각이 핵심입니다. 이를 통해 주의력, 분별력, 분명한 시각, 있는 그대로를 아는 지혜를 계발합니다. 마인드풀니스는 명상만을 지칭하는 것이 아닙니다. 명상 연습을 통해 마인드풀니스를 계발할 수 있고, 우리는 무엇을 하든 마인드풀하게 할 수 있습니다.

지금까지 명상에 대해 아주 간략히 소개했습니다. 명상은 아주 오래전부터 있어왔던 마음 수련 기법으로 문화와 전통에 따라 굉장히 다양한 종류들이 있습니다. 현대사회에서 명상 수행은 의미하는 바가 큽니다. 외부에 쏠려 있던 시선을 내면으로 돌려 자신을 이해하는 기회가 되고 삶의 주인이 되도록 도와줍니다. 현대 서구사회에서는 마인드풀니스 명상이 이미 트렌드가 되었습니다. 실용적인 것을 선호하는 서구 사회가 마인드풀니스에 환호하는 이유는 무엇일까요? 마인드풀니스의 효과는 무엇인지 다음 장에서 살펴보도록 하겠습니다.

서구에서 마인드풀니스 명상은 왜 트렌드가 되었을까?

마인드풀니스는 미국을 비롯한 서구 사회에서 트렌드를 넘어 주류가 되었습니다. 명상을 신비주의로 여기던 서양에서 명상은 왜 주목을 받게 되었을까요? 앞서 보았듯, 의학, 뇌 과학, 심리학 등을 접목해 다방면에 도움이 되는 실용적 접근이 있었기 때문입니다. 이쯤에서 앞선 연구들을 통해 명상이 실제로 사회에서 어떻게 활용되고 있는지 궁금해집니다. 마인드풀니스가 대세가 된 이유는 무엇일까요? 또 마인드풀니스 명상을 하면 도대체 어떤 효과가 있길래 그토록 열광하는 걸까요?

마인드풀니스 명상, 트렌드가 되다

명상을 미신이라 여겼던 마이크로소프트의 창업자 빌게이츠는 몇 년 전부터 명상에 푹 빠졌습니다. 유발 하라리의 「21세기를 위한 21가지 제언」이 계기가 되었다고 해요. 유발 하라리는 걱정거리가 많아 두려워하는 현대인들에게 명상을 권합니다. 무엇이 걱정되는지 알아차리기 위해 명상이 필요하다는 거죠. 우리가 잘 아는 유명인사들은 이미 오래전부터 명상을 실천하고 있습니다. 투자의 귀재 워렌 버핏, 페이스북의 설립자 마크 저커버그 등 셀 수 없이 많아요. 이제 성공한 사람들, 미국 CEO들의 공통적인 습관 중 하나로 명상이 꼽힐 정도입니다.

구글, 페이스북, P&G, 골드만삭스 등 유명 기업들에서도 마인드풀니스를 도입했습니다. 명상을 통해 개개인의 스트레스가 감소되고, 집중력, 창의력, 유대감, 행복감이 증대되었습니다. 이는 기업에도 좋은 영향을 가져왔습니다. 직원들과 회사 모두에게 도움이 된 셈이죠. 이런 이유로 〈포춘(Fortune)〉 선정 500대 기업에서 마인드풀니스를 활용하고 있습니다. 또한 명상은 리더에게 필요한 자질인 의사결정능력과 업무능력, 공감과 소통에 도움을 줍니다. 때문에 하버드 경영대학원을 비롯한 비즈니스, 리더십 분야에서도 마인드풀니스를 적극 도입했습니다. 이외에도 군대, 학교, 스포츠 등 다양한 분야에서 마인드풀니스를 활용하여 괄목할 만한 성과를 내고 있습니다.

이러한 마인드풀니스의 활약과 성과는 언론에서도 다뤄졌습니다. 2003년 8월 3일, 《타임(Time)》지는 "명상의 과학"이라는 제목의 기사를 실었어요. 미국의 유명인사들, 기업 등 다양한 분야에서 명상을 하고 있으며, 의학적 치료에 이용되고 있다는 내용이었습니다. 2013년 11월 2일, 《뉴욕타임즈(Newyork Times)》는 대기업에서 마인드풀니스를 도입했으며, 직장인들이 자신을 돌아보며 적합한 결정 및 행동을 하도록 돕고 있다고 전했습니다. 또한 2014년 《허핑턴포스트》는 마인드풀니스를 세계를 이끌어갈 10대 트렌드 중 하나로 꼽았습니다. 마인드풀니스가 이렇게 대세가 된 원인은 무엇일까요? 바로 마인드풀니스 명상의 효과가 입증되었기 때문입니다.

마인드풀니스 명상의 효과1: 뇌가 변화된다

마인드풀니스의 효과에 대한 연구를 살펴보겠습니다. 이전까지 두뇌는 유년기에 형성되면 바뀔 수 없다고 여겨졌습니다. 그러나 외부 자극 혹은 새 학습 경험으로 뇌의 신경회로와 뉴런의 구조, 기능이 변화된다는 것이 밝혀졌어요. 이 현상을 신경가소성(Neuroplasticity)이라고 합니다. 기술의 발달로 자기공명영상(MRI), 기능적 자기공명영상(fMRI), 뇌파도(EGG) 등으로 명상 전과 후 뇌의 변화를 관찰할 수 있게 되었습니다. 뇌의 변화를 연구한 결과 마인드풀니스 명상으로 뇌 구조와 기능이 변화된다는 것이 밝혀졌어요. 따라서 명상을 꾸준히 하는 것은 스스로 뇌를 변화시키는 쉽고도 적극적인 실천입니다!

명상은 뇌를 어떻게 변화시키는 것일까요? 2014년 브리티시컬럼비아대학교, 독일 켐니츠공과대학 연구팀은 '마인드풀니스 명상이 뇌를 바꾼다'는 결과를 발표한 20개가 넘는 연구들을 분석했습니다. 공통으로 여덟 군데 이상의 영역에서 변화가 발견되었습니다. 그중 크리스티나 콩글턴, 브리타 K.횔젤, 사라 W.라자르 박사는 전방대상피질과 해마를 현대의 비즈니스 환경에서 중요한 뇌 부위로 꼽았습니다. 급변하고 불확실한 비즈니스 환경에서 전방대상피질과 해마는 어떤 도움을 줄 수 있을까요?

전방대상피질(ACC)은 자기 조절과 최적의 의사결정에 도움을 줍니다. 마인드풀니스 명상을 하면 전방대상피질이 활성화돼요. 그러면 자기 조절을 도와 외부 자극에 흔들리지 않고 집중할 수 있게 되죠. 또 적절한 의사결정을 도와줍니다. 두 번째로 주목해야 할 부위는 해마예요. 해마는 기억형성, 학습능력, 정서 조절에 중요한 역할을 하며 회복탄력성과도 관련이 있습니다. 해마는 스트레스에 취약해 큰 스트레스를 받는 사람은 해마의 크기가 작아져요. 2011년 사라 라자르 박사팀 연구에 따르면 8주 마인드풀니스 프로그램 참가자들은 해마의 회백질 밀도가 유의미하게 증가했습니다. 반대로 스트레스 위협을 일으키는 편도체의 회백질 밀도는 감소했어요. 따라서 마인드풀니스 명상을 하면 우리를 힘들게 하는 스트레스에 잘 대처하고, 빠르게 회복할 수 있게 됩니다.

그 외에도 마인드풀니스는 주의력을 통합하고 논리적 의사결정과 실행, 노력을 지속하게 하는 전전두엽의 역할을 돕습니다. 또한 신체의 감각을 인지하고 공감 능력을 일으키는 뇌섬엽에도 도움을 줍니다. 마인드풀니스는 감정 조절, 주의력 향상, 자아 인식, 자기 통제, 학습과 기억, 공감, 행복감 등 삶에 중요한 역할을 하는 뇌 부위들을 변화시킵니다. 위스콘신대학교의 리처드 데이비슨(Richard J. Davidson) 박사의 연구 결과, 장시간의 명상 경험자들의 좌측 전전두엽이 대조군에 비해 활발하다는 것이 발견되었어요. 좌측 전전두엽이 우측보다 활성화될수록 더 행복을 느낍니다. 한마디로 명상을 하면 할수록 행복해진다는 거예요!

마인드풀니스 명상의 효과2: 마음 건강에 도움이 된다

마인드풀니스는 마음 건강에도 중요한 역할을 하고 있어요. 우선 스트레스 감소에 도움이 됩니다. 만약 스트레스를 방치한다면 우울증의 위험도 있습니다. WHO(세계보건기구)는 2030년 우울증이 인류에게 가장 많은 부담을 줄 질환으로 예상하고 있어요. 2009년 하버드대학교 크리스토퍼 거머(Christopher K. Germer) 교수의 강연 내용을 살펴보겠습니다. 미국에서는 41%의 심리치료사들이 마인드풀니스를 치료에 활용하고 있습니다. 또한 마인드풀니스와 관련된 논문도 매년 1200여 편씩 발표되고 있습니다. 이는 미국 심리학계에서 마인드풀니스가 주류가 되었음을 알 수 있는 대목입니다. 마인드풀니스에 기반한 MBCT의 경우, 임상 결과 우울증 재발을 반으로 줄일 수 있다는 것이 밝혀졌어요. 그래서 영국국립건강임상보건원(NICE)이 추천하는 효과적인 우울증 치료법이 되었습니다. 이처럼 서구 사회에서는 마인드풀니스를 심리치료에 적극적으로 활용하고 있어요.

마인드풀니스 명상의 효과3: 몸의 건강에 도움이 된다

마인드풀니스는 몸의 건강에도 효과가 있어요. 전 세계적 바이러스 감염 시대에 가장 주목할 만한 효과는 면역력 증진입니다. 마인드풀니스를 실천하면 자연살해세포 활성도가 증가하여 면역력이 강화됩니다. 명상을 한 집단과 대조군에 독감 바이러스를 주사하고 혈액을 조사한 연구에서 명상을 한 사람들에게서 훨씬 더 많은 항체가 발견되었습니다. 또한 위스콘신대학교의 리처드 데이비슨 교수의 연구에 따르면, 마인드풀니스 명상으로 만성 염증과 관련 있는 RIPK2의 움직임이 저하된다는 것이 밝혀졌습니다. RIPK2의 저하로 스트레스 호르몬인 코티솔 수치도 빨리 정상으로 회복되었습니다.

한편 요통의 경우 마인드풀니스 명상 프로그램 참여 후, 통증이 50퍼센트가량 감소되었다는 연구 결과도 있습니다. 마인드풀니스가 만성통증 완화에도 도움이 되는 것이죠. 또한 마인드풀니스는 노화방지에도 효과적이라고 해요. 엘리사 에펠과 엘리자베스 블랙번은 만성 스트레스를 겪는 사람들의 텔로미어(염색체 끝부분으로 나이가 들수록 짧아진다)가 빨리 짧아진다고 말합니다. 스트레스를 어떻게 받아들이고 알아차리는지가 텔로미어의 길이를 결정한다는 것도 발견했습니다. 마인드풀니스는 스트레스와의 관계를 변화시키고 스트레스를 감소시키므로 노화를 늦추는 데에도 도움이 되는 셈입니다.

공통으로 경험하는 효과들을 아래 기사로 소개합니다.

2013년 9월 11일, 《사이콜로지 투데이》의 '오늘부터 마인드풀니스를 실천해야 하는 이유 20가지'[1]에서 언급한 다방면의 효과들을 살펴보세요. 이 기사는 스탠퍼드대학교의 엠마 세팔라 박사가 쓴 것으로 10년 이상의 연구와 논문을 바탕으로 정리한 것입니다. 해당 기사의 웹사이트에서 각 효과와 관련된 연구 결과를 확인할 수 있어요.

1) 20 Scientific Reasons to Start Meditating Today." Psychologytoday, last modified Sep 11, 2013, accessed Dec 8, 2020, https://www.psychologytoday.com/intl/blog/feeling-it/201309/20-scientific-reasons-start-meditating-today

오늘부터 마인드풀니스를 실천해야 하는 이유 20가지

건강 증진에 도움이 된다.

1. 면역 기능이 증진된다.
2. 통증을 완화한다.
3. 세포 단계로부터 염증을 감소시킨다.

행복감이 증가된다.

4. 긍정적 감정이 증대된다.
5. 우울증이 완화된다.
6. 불안감이 감소된다.
7. 스트레스가 감소된다.

사회생활 능력이 향상된다.

8. 사회적 유대감과 감성지능이 발달한다.
9. 더 연민적이고 이타적인 사람이 된다.
10. 외로움을 덜 느낀다.

자기조절 능력(self-control)이 강화된다.

11. 감정조절 능력이 향상된다.
12. 자기성찰 능력이 향상된다.

뇌 구조와 기능이 변화된다.

13. 뇌의 회백질이 증가된다.
14. 감정 조절, 긍정적 감정, 자기 조절의 역할을 하는 뇌 부위가 발달된다.
15. 주의력을 담당하는 뇌 피질이 두꺼워진다.

생산성이 향상된다.

16. 집중력, 주의력이 향상된다.

17. 멀티태스킹 환경 속에서 덜 스트레스를 받으면서 집중력을 발휘할 수 있다.
18. 기억력이 향상된다.
19. 틀에 박히지 않은 사고와 창의력이 향상된다.

당신을 지혜롭게 해준다.
20. 넓은 시각과 균형감을 준다.

마인드풀니스는 기술의 발달과 다방면의 연구를 통해 여러 가지 효과가 입증되었습니다. 서구 사회에서는 특히 비즈니스 분야와 심리학계에서 주목을 받아 활발하게 활용되고 있습니다. 이제 우리나라에서도 명상에 관심을 가지는 사람들이 늘어나고 있는데요. 스트레스가 많고 하루가 다르게 빨리 변하는 현대사회를 살아가는 직장인들에게 마인드풀니스 명상은 필수적입니다. 위에 언급된 효과 중에 무엇이 가장 당신의 관심을 끌고 있나요? 바로 그것이 당신이 오늘 당장 마인드풀니스를 실천해야 할 이유입니다!

05

명상 준비를 해보자 -마음가짐과 자세

새로운 것을 시작할 때는 준비가 필요합니다. 명상도 마찬가지예요. 다행히 명상에는 딱히 준비물은 없습니다. 그래서 마음만 먹는다면 지금 당장 앉은 자리에서 시작할 수도 있습니다. 준비해야 할 오직 한 가지는 나의 몸과 마음을 지금 여기로 가져오는 것입니다.

이번 장부터 본격적으로 명상에 임하는 방법을 하나하나 알려드리고자 합니다. 역사나 효과 다 몰라도 되고, 바로 명상을 시작하실 분들은 이 장부터 보시면 됩니다. 명상을 처음 시작하는 경우, 이 장을 그냥 넘기지 말고 꼭 읽고 적용하기를 바랍니다. 그럼 지금부터 명상에 임하는 태도와 자세에 대해 알아보겠습니다.

[명상 준비물 1: 명상에 임하는 마음가짐]

명상을 처음 시작하는 경우, '어떤 자세로 앉아야 되나요?' '숨을 코로 쉬어야 되나요? 입으로 쉬어야 되나요?' 등의 질문이 가장 많습니다. 하지만 가장 중요한 것은 명상에 임하는 태도입니다. 마인드풀니스의 정의를 다시 떠올려 보세요. 여기에 태도에 대한 힌트가 있습니다. 가장 우선해야 할 것은 잠시 모든 걸 내려놓고 몸과 마음, 주의를 '지금 이 순간'에 두는 것입니다. 의도적으로 매 순간 현재에 머물러 보세요. 막상 앉아보면 생각은 자꾸 떠오르고 마음은 여기저기를 떠다닙니다. 그때마다 의도적으로 지금 쉬고 있는 숨이나 몸의 감각에 주의를 기울이며 현재로 돌아옵니다.

판단 내려놓기

명상을 하는 도중 올라오는 어떤 것도 판단하지 않는 것이 중요해요. 몸의 감각기관이 어떤 현상과 접촉하면 '좋다', '싫다', '맞다', '틀리다' 하는 판단이 순간적으로 올라옵니다. 자연스럽게 좋은 느낌은 붙들고 있으려 하고, 싫은 느낌은 없애고 싶은 마음이 듭니다. 이런 순간의 감정과 평소의 고정관념으로 인한 판단이 있는 그대로를 보지 못하게 합니다. 판단은 색안경을 끼고 대상을 바라보는 것과 같아요. 필터를 씌우지 말고 있는 그대로 보아야 합니다. '오늘은 명상이 잘됐어' 혹은 '오늘 명상은 망했어' 하는 생각도 판단에서 비롯되는 것이죠. 순간순간 판단 없이 관찰하는 태도가 중요합니다.

잘하려는 마음 내려놓기

명상을 너무 잘하려는 마음이 있다면 내려놓습니다. 명상은 어떤 목표나 상태에 도달하기 위한 행위가 아니에요. 우리는 행위모드에서 존재모드로 기어를 전환하는 정신훈련으로 명상을 하고자 하지 않았나요? 여기서마저 명상의 이상적 목표를 두고 성취하려 든다면 명상을 행위모드로 하는 꼴이 되어 버립니다. 잘하려고 애쓰는 행위를 내려놓아 봅니다. 너무 잘하려고 하면 긴장하게 되기 때문입니다. 반대로 지나치게 풀려 있으면 졸음이 옵니다. '한번 해보는 거야' 하는 가벼운 마음으로 여유를 가지고 주의를 기울여보세요.

기대 내려놓기

명상에 대한 기대도 내려놓아 봅니다. '이제껏 명상에 대한 효과를 잔뜩 언급해놓고 이제 와서 기대를 갖지 말라고?' 당황스러울지도 모를 당신에게 워렌 웰리스의 이 말을 전합니다. "명상 전에는 기대를 갖되 명상 중에는 기대를 품지 말라."[2] 기대를 내려놓는다는 것은 명상 중에 결과에 대한 기대를 내려놓으라는 말입니다. 명상 중에 있는 그대로에 주의를 두지 못하고 특정 상태에 초점을 두는 것은 행위모드임을 잊지 마세요. 기대를 내려놓고 명상을 지속하다 보면 효과들은 저절로 따라옵니다. 오늘 당장 효과를 경험하고 싶어 하는 마음이 있다면 알아차리고 흘려보내세요. 이해를 돕기 위해 제 경험을 이야기해볼게요.

저는 번아웃과 온몸이 찢겨 나가는 듯한 통증이 찾아왔을 때 명상을 했

2) 《너의 내면을 검색하라》, p106

습니다. 통증이 너무 심해서, 또 앞으로 어떻게 살아가야 할지 수많은 걱정들로 밤마다 잠들지 못했어요. 명상하면 나아질 거라는 희망을 갖고 명상 내내 통증이 없어지기를, 잠이 오기를 기대했습니다. 통증도 불면증도 없애려 할수록 없어지지 않더군요. 당시 저는 명상이 상황을 '짠!' 바꿔주기를 기대했던 거예요. 기대를 내려놓고 명상하기 시작하니, 통증은 제 전부가 아닌 일부로 받아들여지기 시작했어요. 꾸준한 명상을 통해 마음이 편안해졌고 걱정 없이 잠이 드는 날도 종종 생겼습니다. 어느 순간부터는 누우면 바로 잠을 푹 자게 되었고요.

처음처럼 열린 마음으로

명상은 일어나는 모든 현상을 난생 처음 대하는 것 같은 초심으로 하는 것이 좋습니다. 보통 한 번 해본 것이라고 생각하면 이미 경험해봐서 안다는 마음이 듭니다. 분명 같은 경험이 아닌데도 말이에요. (하늘 아래 완벽하게 똑같은 경험은 없어요, 그렇죠?) 그래서 의도적으로 늘 초심을 유지하기를 권합니다. 초심을 가지면 마음은 지금 이 순간 여기에 활짝 열립니다. 매순간이 새로운 경험이 됩니다. 안다고 생각하는 순간 '이미 아는 거야' 하며 직접 체험을 떠나 생각 속에서 경험하게 돼요. 초심은 열린 마음을 낳고, 마음이 열려 있는 사람들에게 명상은 최대의 효과를 나타냅니다.

어린아이 같은 호기심으로

초심을 가지면 호기심을 가지고 바라볼 수 있어요. 호기심은 어린아이들의 특징이기도 합니다. 아이에게 세상은 어떻게 보일까요? 보이고 들리는 모든 것들이 새롭고 궁금할 거예요. 그래서 아이들은 냄새도 맡아보고 만져보기도 하며 세심하게 관찰합니다. 마인드풀니스는 어린아이 같은 호기심을 회복하는 정신훈련입니다. 명상에 경력은 크게 중요하지 않습니다. 오랜 경력이 있든, 처음 시작하든 간에 초심을 유지할 수 있는지가 훨씬 더 중요해요. 초심을 가지고 열린 마음, 어린아이 같은 호기심으로 명상에 임해보세요. 명상은 절대 엄숙하고 지루한 것이 아니에요. '자, 어떻게 될지는 모르겠지만 오늘 호흡은 어떤지 한번 살펴볼까?' 하며 앉아보는 거예요.

따뜻한 사랑으로 친절하게

위에서 언급한 명상에 임하는 태도를 간략하게 정리해볼게요. '판단하지 않고 있는 그대로를 초심자와 같은 열린 마음으로 호기심을 가지고 살펴보며 수용한다.' 어떻게 느껴지세요? 따뜻한가요? 아니면 차가운가요? 우리는 냉철한 분석가가 되기 위해 알아차림을 하는 것이 아닙니다. 그런 분석이라면 AI가 더 잘할 거예요. 명상은 나를 만나고 대화하는 기회이기도 합니다. 당신은 나 자신을 만날 때 어떤 마음으로 만나실 건가요? 다른 사람에게는 친절하지만 나에게는 엄격했다면 명상할 때부터라도 나에게 친절해져 보세요. 친절에는 따뜻한 관심과 사랑이 있습니다. 그래서 마인드풀니스를 애정 어린 주의(affectionate attention)라고도 부릅니다.

꾸준히 해나가기: 나를 꽃피운다는 마음으로!

마지막으로 강조할 것은 꾸준하게 해야 한다는 것입니다. 물론 명상에 대한 연구결과를 보면 단 8주의 명상만으로도 대조군에 비해 눈에 띄는 효과가 있었습니다. 하지만 그 효과가 지속되고, 자연스럽게 다른 효과들이 여러분의 삶에 스며들기를 원한다면 계속하는 것이 답이에요. 명상으로 일순간에 천지가 개벽하는 깨달음은 일어나지 않을 수도 있습니다. 한 가지 확실한 것은 꾸준히 지속하면 성장한다는 거예요. 손톱은 우리가 보는 앞에서 드라마틱하게 한 번에 쑤욱 자라지 않습니다. 그저 꾸준히 영양가 있는 식사를 하고 잠도 푹 자면 어느새 손톱은 자라 있죠. 명상도 그러합니다.

명상은 우리 자신을 경작하는 정신훈련입니다. 나의 마음정원을 가꾸는 정원사가 되어 명상을 시작해보세요. 정원을 가꾸려면 지속적으로 보살펴야 해요. 잎사귀가 시들어 있다면 살펴주고, 줄기와 뿌리도 잘 자라고 있는지 살펴야 합니다. 잡초도 뽑아주고 토양도 살펴주고 규칙적으로 물도 주어야 합니다. (물론 따뜻한 사랑을 담아서 말이죠!) 만일 어제는 바빠서, 오늘은 귀찮아서 가꾸지 않는다면 어떻게 될까요? 명상은 누군가 대신해줄 수 있는 것이 아니에요. 이 책에 명상을 통해 우리의 마음정원을 가꾸어 나가는 여정을 담았습니다. 함께 꾸준히 마음정원을 가꾸어 나가면서 나를 꽃 피워볼까요?

[명상 준비물 2: 몸의 상태와 복장]

자, 그 다음 준비할 것은 무엇일까요? 몸이 편안한 상태에서 명상을 하는 것이 좋습니다. 간단히 주의해야 할 두 가지만 언급해볼게요. 우선 식사 후는 피하는 것이 좋습니다. 즉, 공복에 하는 것이 좋아요. 식후에 몸은 소화 작용을 하느라 분주합니다. 그래서 명상을 해도 안정을 느끼기 쉽지 않습니다. 게다가 보통 식후에 명상을 하면 나른해져 졸음이 밀려오기 쉬워요. 소화가 되려면 2~3시간 정도가 걸립니다. 식사를 했다면 최소 3시간이 지난 후 하는 것이 좋습니다.

너무 피곤한 상태에서 명상을 하는 것도 바람직하지 않습니다. 피로한 상태에서 명상을 하면 대부분의 경우 잠이 듭니다. 여러 번 반복되다 보면 명상을 하면 잠드는 잘못된 습관이 몸에 배기 쉽습니다. 혹은 또 잠에 들었다는 자책도 올라오기 쉬워요. 따라서 깨어 있는 상태에서 맑은 정신으로 명상을 하는 것이 좋습니다. 만약 너무 피곤한데 휴식을 목적으로 명상을 하는 경우에는 잠드는 습관이 들지 않도록 주의하세요. 가장 좋은 것은 평소 잠을 푹 자서 생체리듬의 균형을 맞추는 것입니다.

명상에는 특별한 복장이 필요 없습니다. 종종 명상 사진이나 영상을 보고 개량한복이나 이국적인 옷차림을 갖춰야 한다고 생각하는 분들도 있어요. 다시 한번 강조하지만, 몸이 편안한 상태에서 명상하는 것이 좋습니다. 따라서 몸이 편안한 옷차림이면 돼요. 앉아 있기 편하고 복식호흡을 하기에 편한 옷이면 좋습니다.

[명상 준비물 3: 명상 자세 익히기]

이제부터 가장 많이 궁금해하는 명상 자세에 대해 알아보겠습니다. 공식적인 명상 수련에는 입식, 좌식, 와식, 걷기 명상이 있습니다. 어떤 자세로 명상해도 좋습니다. 여기에서는 그중에서도 가장 보편적인 앉아서 하는 명상 자세에 대해 살펴볼게요. 앉아서 하는 명상은 의자에 앉아서 해도 되고 바닥에 정좌로 앉아서 해도 됩니다. 정좌만이 정석이고 더 나은 명상은 아니에요. 안정적이고 자신이 편안하면서도 맑은 정신이 유지되는 자세가 좋은 자세입니다.

의자에 앉는 자세

앉아서 근무하는 직장에서 일하거나 바닥에 앉는 자세가 힘들 경우, 의자에 앉는 자세부터 익히는 것이 좋습니다. 의자에 앉는 자세가 익숙해지면 근무시간 중간 중간에도 명상을 할 수 있습니다.

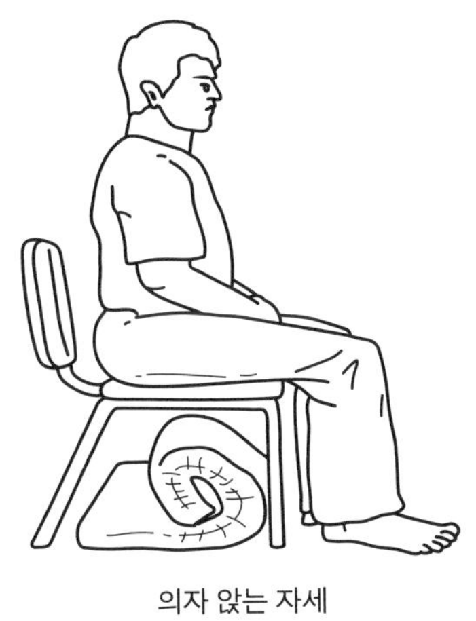

의자 앉는 자세

1. 의자에 앉되, 두 발은 어깨 넓이 정도로 벌리고 11자 형태가 되도록 합니다. 양쪽 발바닥 전체가 땅에 완전히 닿아 지지되는 감각을 느껴봅니다.
2. 의자 등받이에 등을 기대지 않도록 의자면의 3/4 정도 면적에 앉습니다.
3. 척추가 세워지는 느낌으로 척추를 곧게 폅니다. (이때 허리가 과도하게 앞으

로 꺾이지 않도록 주의합니다.)

4. 몸의 양쪽이 수평을 이루는지, 균형을 이루고 있는지 살펴봅니다.
5. 정수리 위에서 보이지 않는 줄이 끌어올리듯 머리를 가볍게 들어올립니다. 목부터 척추까지 일직선으로 둡니다. 턱은 안으로 살짝 당겨주세요.

바닥에 앉는 자세

바닥에 앉는 자세도 결가부좌, 반가부좌, 미얀마식 자세 등 다양합니다. 여기선 초보자도 쉽게 따라할 수 있는 미얀마식 자세에 대해 소개하겠습니다.

1. 방석이나 담요 위에 편안하게 앉습니다.
2. 그림과 같이 한쪽 다리는 앞에, 다른 쪽 다리는 뒤에 오도록 앉습니다. (양다리는 겹쳐지지 않습니다.)
3. 만약 양 무릎이 바닥에 닿지 않는다면 방석이나 쿠션을 엉덩이 뒤쪽에 받치고 앉아봅니다. 엉덩이를 무릎보다 높게 두는 것이 좋습니다. 이렇게 하면 양 무릎이 바닥에 닿아 자세가 안정됩니다. 이렇게 했는데도 무릎이 바닥에 닿지 않는다면 양 무릎에도 방석이나 담요를 받칠 수

있습니다.

4. 의자에 앉을 때와 마찬가지로 척추, 목까지 곧게 세웁니다.
5. 몸의 양쪽이 수평을 이루는지, 균형을 이루고 있는지 살펴봅니다.
6. 정수리 위에서 보이지 않는 줄이 끌어올리듯 머리를 가볍게 들어올립니다. 목부터 척추까지 일직선으로 둡니다. 턱은 안으로 살짝 당깁니다.

눈, 손, 입은 어떻게 하나요?

눈: 눈은 감거나 반개합니다. 감을 때는 질끈 감는 것이 아니라 살며시 감습니다. 눈에 긴장이 있다면 살포시 내려놓으세요. 잠들 것 같으면 눈은 살짝 뜨되(반개) 아래 방향으로 시선을 둡니다. 특정 대상을 바라보지 않도록 합니다. 특정 대상을 바라보면 주의가 대상으로 향하기 쉬워요. 눈을 감고 시작하되 졸음이 올 때 눈을 살짝 뜨는 것도 좋은 방법입니다.

입: 알게 모르게 평소에 이를 악물거나 턱에 긴장이 들어가 있는 경우가 많아요. 명상 시에는 입에 있던 긴장도 내려놓고 입을 다물되 입술은 꽉 다물지 않습니다. 혀끝은 입천장에 가볍게 닿도록 둡니다.

손: 위와 같이 앉은 자세에서 양손은 편안하게 허벅지 위에 두면 됩니다. 안정감을 느끼고 싶다면 손바닥을 아래로 둡니다. 외부의 에너지를 느끼고 싶다면 손바닥을 위로 향하게 두면 됩니다. 컴퓨터를 많이 사용하는 직장인들에게는 손바닥을 위로 두는 것을 추천합니다. 손바닥을 위쪽으로 향하도록 하면 굽었던 어깨와 가슴이 저절로 펴집니다.

명상 전 워밍업

명상 전에 가벼운 스트레칭을 해봅니다. 기지개를 켜거나, 목을 돌리는 등의 스트레칭은 몸의 이완에 도움이 됩니다. 명상 자세로 앉았다면, 몸에 긴장이 있는지 살핍니다. 들숨에 양 어깨를 으쓱 올리고, 날숨에 양 어깨를 뒤로 돌려 내리면서 모든 긴장도 함께 내려놓아 봅니다. 이를 몇 차례 반복하면서 이완합니다.

지금까지 명상을 시작하기 전 준비할 몸가짐, 마음가짐과 명상 자세에 대해 알아보았습니다. 자세를 그대로 지키는 것도 좋고 이것저것 시도하면서 나에게 맞는 방법을 찾는 것도 좋습니다. 손은 어떻게 두는 게 편안한지, 쿠션을 받치고 앉는 것이 편한지 없어도 되는지 해보는 거예요. 다만 자세가 완벽한지에 온 신경을 쏟느라 명상이 뒷전이 되지 않도록 합니다. 명상 자세를 취했다면 편안하고 열려 있는 마음의 태도를 떠올려 봅니다. 판단도 기대도 내려놓고 처음인 것처럼 호기심을 가지고 따뜻하게요. 그리고 살며시 미소를 머금어 보세요.

06

명상은 실천이 중요하다.

명상의 효과를 알게 된 현대인이라면 대부분 명상에 관심을 한 번쯤은 갖게 됩니다. 매일 단 몇 분의 명상만으로 무수한 효과를 누릴 수 있다는 건 상당히 매력적이기 때문이죠. 문제는 실천입니다. 하면 좋다는 이론을 알고 있는 것만으로는 자신에게 직접적으로 어떤 도움도 되지 않아요. 이번 장에서는 명상을 왜 반복적으로 꾸준히 실천해야 하는지에 대해 알아보겠습니다. 그리고 명상을 하고자 하는 의도를 확립해봅니다. 실천하기로 스스로 결심하는 것이 한결 쉬워질 거예요. 이 다짐이 다짐만으로 끝나지 않도록 명상을 습관으로 만드는 나만의 플랜도 만들어볼게요.

명상은 마음의 근력운동이다!

명상은 실천하지 않으면 소용이 없습니다. 윌리엄 하트가 위빳사나 명상가 고엔카의 가르침을 담은 책 「고엔카의 위빳사나 명상」에서는 이렇게 말합니다. "처방받은 약이 어떻게 작용하는지 이해하는 것 또한 유익한 것입니다. 환자가 그 약을 섭취하는 데 도움이 된다면 말이지요. 그러나 약을 실제로 먹지 않으면 병은 치유되지 않습니다. 당신은 그 약을 직접 먹어야 합니다." 처음부터 여기까지 읽었다면 처방한 명상이 어떤 효과가 있는지는 알게 되었을 거예요. 제가 명상의 효과에 대해 설명한 이유는 여러분이 실천해 효과를 누리기를 바라기 때문이에요. 이제, 당신이 움직일 차례예요!

명상은 자주 근력운동과 비교되곤 합니다. 운동은 몸을 건강하게 합니다. 운동으로 인해 개선되는 점은 명상만큼이나 많아요. 하지만 운동 역시 근력운동법을 본다고 해서 근육이 생기는 것은 아닙니다. 직접 해봐야 해요. 그것도 반복적으로 꾸준하게 해야 합니다. 몇 번 해본다고 근력이 발달하지는 않습니다. 명상은 마음과 정신을 건강하게 합니다. 그러니 명상을 '마음의 근육을 만들고 근력을 키우는 정신훈련'이라고 생각해보세요. 계속 반복하면 마음에도 근육이 생기고 비로소 근력이 강해집니다. 몸 건강을 위해 근력운동하듯 마음을 건강하게 하는 명상을 꾸준히 해볼까요?

반복 외에는 답이 없습니다. 반복은 왜 중요할까요? 마인드풀니스와 뇌에 대해 연구하는 UCLA정신의학과 교수 대니얼 J.시겔(Daniel J. Siegel)은 저서 「알아차림(Aware)」에서 반복 실천하는 것이 신경회로의 구조를 변화시킨다고 말합니다. 명상을 반복적으로 실천하면 신경회로 구조가 변화되고 명상의 효과들이 자연스럽게 나타나게 됩니다. 운동의 경우, 꾸준히 하면 눈에 보이는 효과들이 나타나고, 하고자 하는 의지가 더 더욱 생깁니다. 효과를 직접 체험하는 것이 확실한 동기부여가 되죠. 명상 역시 꾸준히 하면서 마음의 평온 등 삶에서 효과가 느껴지면 저절로 동기부여가 될 거예요. 그때까지 매일 이 닦듯, 밥 먹듯 명상을 습관으로 만들어보기로 해요.

명상을 하고자 하는 의도 확립하기

'모든 행위는 그 근본에 의도가 있다'고 성현들은 말합니다. 명상을 지속하기 위해서도 명상을 하고자 하는 의도를 세우는 것이 도움이 됩니다. 의도를 확립한다는 것은 자신이 명상을 하는 목적을 나름대로 정해보는 것입니다. 명상이라는 나를 가꾸는 정신훈련을 어떻게 사용할지는 스스로 그 목적을 정할 수 있어요. 당신이 명상을 꾸준히 해나가려는 이유는 무엇인가요? 잘 떠오르지 않는다면 명상의 효과를 참고해도 좋습니다. 마음의 평온, 스트레스 감소 등 자신의 의도를 적어봅니다. 여러 개여도 상관없어요. 명상을 하기 전에, 혹은 하기 싫은 날 의도를 다시 떠올려 보세요. 분명히 도움이 될 거예요!

명상을 우선순위에 두기

명상을 습관으로 만들기 위해서는 습관이 될 때까지 명상 실천을 우선순위에 두는 것이 좋습니다. 명상을 하는 데에는 단 몇 분의 시간만 내면 돼요. 하지만 직장업무, 자기계발 등에 우선순위가 밀리다 보면 하지 않게 되기가 쉽죠. 명상을 우선순위로 두어야 하는 이유를 몇 가지만 언급해볼게요.

✓ 명상을 하면 더 많은 시간을 벌 수 있어요. 산만했던 생각, 마음이 정리가 되기 때문입니다. 물건으로 가득 찼던 방에서 필요 없는 물건들을 정리해서 텅 빈 공간이 생기는 것과 같은 원리예요. 단 몇 분의 명상으로 명상한 시간보다 더 많은 시간을 벌어줍니다. 즉, 시간이 없고 바쁠수록 더 명상을 우선으로 해야 합니다. 간디는 굉장히 바쁜 날에 이렇게 말했다고 해요. "오늘은 할 일이 많아서 평소 1시간하던 명상을 2시간 동안 해야 해요!"

✓ 명상을 하는 시간은 오로지 나만의 시간입니다. 우리가 온전히 나만의 시간을 가질 기회가 일상에 그리 많지 않습니다. 직장인으로서, 가족 구성원으로서, 친구로서 등 사회적 역할만 하기에도 하루가 부족하죠. 혹은 미디어에 사로잡혀 나만의 시간을 알고리즘의 노예로 보낼 때도 많아요. 명상은 그런 일상에서 짧지만 강렬하게 나를 만나는 시간입니다.

✓ 명상은 긴급하진 않지만 중요합니다. 미국의 34대 대통령 아이젠하워는 연설에서 "중요한 일은 긴급한 경우가 드물고, 긴급한 일은 중요한 경우가 드물다"고 말했습니다. 시간관리의 핵심은 긴급하진 않지만 중요한 것을 미루지 않고 집중하는 거예요. 우리는 일상에서 당장 해야할 일들에 끌려다니느라 중요한 것들을 미루게 되기가 쉬워요. 저 역시 '몸과 마음의 건강'이 삶의 우선순위가 되기 전까지는 그랬습니다. 사실 몸과 마음이 건강해야 업무도 일도 계속할 수 있는 것 아니겠어요? 여러분에게 '급하지는 않지만 중요한 것'은 무엇인가요? '몸과 마음의 건강'이 중요하다면, 명상하는 시간을 꼭 만들어두세요.

명상 습관 플랜 세울 때 도움되는 TIP!

의도를 확립하고 명상을 우선순위에 두고자 하는 마음을 다졌다면 당장 실천할 수 있는 계획을 세워봅니다. 처음에는 호흡명상과 같은 공식 명상 위주로 연습하고 점차 일상에도 스며들게 하는 것이 좋습니다.

언제하지?

나에게 가장 편안한 시간을 찾아봅니다. 식후 3시간은 피하는 것을 잊지 마세요. 저녁에 많이 피곤해서 명상을 하다가 잠들 것 같다면 오전에 하는 편이 좋습니다. 사람마다 편안함을 느끼는 시간도 스케줄도 다르기 때문에 자신에게 좋은 시간을 정하도록 합니다. 습관을 만드는 좋은 팁 중 하나는 이미 습관이 되어 있는 하나의 일과와 붙여서 하는 거예요. 예를 들어, 기상 후에 물 마시는 것이 습관이라면, 그 후 바로 명상을 하는 거죠.

하루에 몇 번, 몇 분씩 하지?

자주 많이 할수록 좋습니다! 하지만 처음부터 욕심을 내면 금방 지칠 수 있어요. 정말 짧게라도, 단 몇 번의 호흡에 주의를 기울이는 것부터라도 시작해보세요. 이 책에서는 바쁜 직장인들이 짧고 쉽게 시작할 수 있도록 5~10분 이내로 안내하고자 합니다. 처음 시작하는 경우 5분으로 시작해봅니다. 익숙해지면 점점 늘려 20~30분 정도 하는 것을 목표로 해보세요.

어디서 하지?

방해받지 않고 혼자 있을 수 있는 장소라면 어디든 괜찮습니다. 자신의 방, 직장에서 자신의 자리나 비어 있는 회의실 등. 처음에는 같은 장소에서 하는 것이 습관 만드는 데에 도움이 됩니다. 명상 장소는 깨끗하게 정돈되어 있는 것이 좋습니다.

명상하는 데에 방해가 될 만한 것들이 있다면?

명상 중에 핸드폰이 울리면 놀랄 수밖에 없습니다. 명상 시작 전에 핸드폰은 무음이나 비행기모드로 해둡니다. 명상을 마치는 알람은 잔잔한 것으로 설정하는 편이 좋아요. 방에서 명상을 한다면, 가족들이 불쑥 들어오지 않도록 미리 양해를 구하는 것도 방법입니다. 미루고 싶은 핑계가 올라올 때는 의도를 적은 메모를 꺼내보거나 바쁠수록 명상이 도움이 된다는 것을 떠올려 봅니다. 만약 명상을 해야 할 일이 하나 더 늘어난 것으로 받아들이면 스트레스가 될 수밖에 없어요. '명상은 내 삶의 양분을 주는 시간이야'라고 생각해보세요. 힘든 날도 찾게 될 거예요. 피치 못할 사정으로 하루 못했다면 다음 날 다시 하면 됩니다. 못했다고 자책하며 그만두는 대신, 그 자리에서 바로 다시 시작해보세요. 그 외에 예상되는 장애물이 있는지 떠올려 봅니다. 그리고 자신의 명상을 격려할 수 있는 방법도 생각해봅니다.

명상은 근력운동과 같아서 꾸준히 실천해야 효과를 경험하게 돼요. 마음의 근력을 키우는 훈련이죠. 명상습관을 만들기 위해 지금부터 자신이 명상을 하고자 하는 의도는 무엇인지 떠올려 보세요. 그리고 오늘부터 바로 명상을 실천할 수 있는 계획을 세우고 시작해보세요.

명상을 습관으로 만드는 나만의 플랜 세우기

✍ 내가 명상을 계속하고자 하는 의도는 무엇인가요?

✍ 위의 의도를 떠올리며 구체적 플랜을 세워봅니다.

- '언제하지?'

- '몇 분씩 할까?'

- '어디서 하지?'

- '예상되는 장애물은?'

- '장애물에 어떻게 대처하면 좋을까?'

- '명상하기 싫은 날 나를 격려할 수 있는 방법은?'

chapter

2

마인드풀니스와 명상 기초 훈련: 당신의 마음정원을 가꾸는 기초 체력 기르기

우리는 이제부터 우리 자신의 마음정원을 함께 가꾸기 시작할 거예요. 이번 챕터에서는 마인드풀니스에 대해 알아보고 명상 기초 훈련을 함께 합니다. 이는 마음정원을 가꾸기 위해 기초 체력을 기르는 훈련이에요. 명상하면 주로 떠올리는 호흡명상, 바디스캔, 만트라 명상을 어디에 초점을 두고 진행하면 좋은지, 왜 이 연습들이 명상의 기본으로 중요한지 등을 쉽고 자세하게 썼습니다.

명상을 통해 자기 자신을 알아가고 만나고 싶다는 분들이 많습니다. 그러나 우리의 주의는 늘 바깥을 향해 있어 잠시 가만히 앉아 있는 것조차 힘들 때가 많아요. 명상 기초 훈련은 고요히 나와 마주하는 첫걸음입니다. 뒤에 이어지는 'CHAPTER3 마인드풀하게 스트레스 관리하기'와 'CHAPTER4 마음을 만나고 나를 돌보기'도 모두 이 연습이 기반이 된 상태에서 진행하는 것이 좋습니다. 명상 기초 훈련을 꾸준히 하면 당신의 마음정원을 가꿀 체력이 준비가 됩니다. 명상 기초 훈련을 하면서 우리는 정말 오랜만에 자신의 내부에 주의를 기울이게 됩니다. 드디어 당신이 만나고자 했던, 또 가꾸고 싶어 했던 당신의 마음정원이 보이기 시작할 거예요.

01

주의력과 마인드풀니스 명상의 핵심 3요소

명상을 처음 하는 경우, 보통 호흡명상, 몸 명상 등에 대해 먼저 듣게 됩니다. 우리는 왜 호흡이나 몸의 감각을 대상으로 명상을 하는 것일까요? 주의력을 키우기 위해서입니다. 호흡명상은 호흡에 주의를, 몸 명상은 몸의 감각에 주의를 주는 것입니다. 그렇다면 주의력이란 무엇일까요? 주의력과 집중력은 어떤 차이가 있는 것일까요? 또 주의력과 집중력이 왜 중요한지도 살펴볼 필요가 있습니다. 그러고 나서 마인드풀니스 훈련의 주요 요소에 대해 알아보겠습니다. 마인드풀니스 훈련 시작에 앞서 큰 그림을 그릴 수 있을 거예요.

주의란 무엇일까?

먼저 주의(attention)에 대해 알아보겠습니다. 음악을 들을 때 음악에 주의를 두면 음악이 생생하게 들립니다. 하지만 도중에 누군가 말을 시켜 대화를 하다 보면 주의는 대화로 향합니다. 대화하는 동안 음악은 배경처럼 들리는 경험을 해본 적 있으시죠? 주의를 주는 정도에 따라 생생하게 인식하기도 혹은 인식하지 못하기도 합니다. 우리는 수많은 외부자극 중 많은 양의 주의를 주는 감각을 인식하게 되는 것입니다. 이런 일반적 주의에는 자신의 인지와 욕구가 작용합니다. 이는 외부자극 중 무엇에 얼마만큼 주의를 줄지, 어떻게 해석할지에까지 영향을 미칩니다.

명상에서의 주의는 이와 다릅니다. 명상은 욕구와 생각의 작용을 내려놓은 맨 주의(bare attention)를 기울여 바라보는 훈련입니다. 이는 주의력과 메타주의력을 훈련하게 합니다. 메타주의란 주의 자체에 대한 주의예요. 메타주의력은 주의에 주의를 기울이는 능력으로 주의가 벗어날 때 알아차리는 힘입니다. 메타주의력이 흐트러진 주의를 계속해서 회복하도록 도와주면 지속적으로 주의를 기울일 수 있어요. 주의력을 지속하는 힘, 즉 집중력이 강화되는 것입니다. 그럼 주의력과 집중력의 차이는 무엇일까요? '주의력'은 무엇에 어느 정도 주의를 줄 것인지 선택하고 주의를 기울이는 능력입니다. 그리고 '집중력'은 주의력을 지속하는 능력이에요.

한편 주의에는 집중적 주의(Focused Attention) 외에 열린 주의(Open Attention)도 있습니다. 집중적 주의는 위에서 언급한 것처럼 선택한 대상에 초점을 두는 것입니다. 주의가 다른 곳으로 갈 때마다 다시 대상으로 돌아오기를 반복하며 강화됩니다. 열린 주의(Open Attention)는 일어나는 모든 대상에 활짝 열려 있는 주의입니다. 명상 중 어떤 것도 판단하지 않고 열린 마음으로 알아차림으로써 훈련됩니다. 마인드풀니스 명상을 하는 것은 집중적 주의와 열린 주의 두 가지 모두를 훈련하는 거예요.

세 번 강조해도 지나치지 않은 주의력 훈련의 중요성

주의력 훈련은 왜 중요한 걸까요? 현대 심리학의 선구자 윌리엄 제임스는 다음과 같이 말했습니다. "방황하는 주의력을 알아차리고 되돌아오게 하는 것, 또 되돌아오게 하는 능력은 판단력과 인격과 의지력의 근본이다. 이 능력이 없다면 그 누구도 자기 자신의 주인이 될 수가 없다. 이 능력을 키우는 것이 최고의 교육이다."[3] 즉, 주의력 훈련이 당신을 당신의 주인이 되도록 한다는 거예요. 여러 외부 자극, 올라오는 생각들에 중심 없이 끌려 다닌다면 내가 나의 주인이라 할 수 있을까요? 만일, 주의력 없이 폰을 보고 있다면 순식간에 알고리즘의 노예가 되어 버리고 맙니다. 마인드풀니스는 주의력을 계속해서 다시 가져오는 능력을 키워주는 최고의 교육이라 할 수 있어요.

뿐만 아니라 집중적 주의력은 통찰의 토대가 됩니다. 당신이 자신을 관찰하고 이해하고자 한다면 먼저 마음을 안정시켜야 해요. 마음의 안정이 유지되어야 마음을 탐구의 도구로 삼을 수 있기 때문입니다. 집중적 주의력 훈련이 바로 마음을 안정시키는 방법이에요. 한 가지 대상에 마음의 초점을 두고 지속적으로 주의를 기울이는 것은 집중을 유지시킵니다. 그리고 다른 생각이나 자극들에 주의를 주지 않음으로써 집중을 향상시킵니다. 집중적 주의력

3) William James, *The Principles of Psychology*, Vol.1 (Cambridge, MA: Harvard University Press,1890), 463.

훈련을 하면 마음이 안정되어 마음을 자신을 탐구하는 도구로 만들 수 있습니다. 이 상태에서 명확하고 세세하게 관찰하는 힘도 커집니다.

감성지능 또한 주의력 훈련으로 개발됩니다. 감성지능(Emotional Intelligence)은 객관적으로 자신을 인식하고 관리하는 능력입니다. 또한 타인의 감정을 인식하고 사회적 관계를 관리하는 능력입니다. 감성지능은 비즈니스에서 리더십, 업무능력 향상 등에 크게 도움을 줍니다. 자신을 명확하게 인식하고 감정을 조절하는 데에 관심이 있다면 감성지능에 주목하세요. 감성지능은 타고난 그대로 고정적이지 않습니다. 훈련만 꾸준히 한다면 얼마든지 개발할 수 있어요. 감성지능 개발 역시 마인드풀니스 명상으로 시작할 수 있습니다. 집중적 주의력 훈련으로 주의력이 안정되고 마음이 고요해지면 생각과 감정에 휘둘리지 않게 됩니다. 그러면 스스로를 객관적으로 관찰할 수 있게 됩니다.

마인드풀니스 훈련의 핵심 3요소: 집중적 주의력, 열린 알아차림, 따뜻하고 친절한 의도

마인드풀니스 명상은 집중적 주의력 훈련으로 시작합니다. 그 외에도 주요한 핵심 요소들이 있습니다. 집중적 주의력과 상호보완적인 열린 주의력 곧 '열린 알아차림(open awareness)'입니다. 인식되는 모든 것들을 열려 있는 마음으로 알아차리며 대상들을 판단 없이 바라봅니다. 이 훈련으로 중심을 잡고 앉아 일어나고 사라지는 그대로를 바라볼 수 있게 됩니다. 그리고 감정에 휘둘리지 않게 되며 평정심을 유지할 수도 있습니다. 마지막은 '따뜻하고 친절한 의도'예요. 이 연습을 통해 자신과 타인까지도 친절한 의도로 바라보고 돌보는 마음을 키울 수 있습니다. (신기하게도 이 세 가지 요소는 모두 웰빙과 관련이 있어요!)

짐작했겠지만 마인드풀니스 명상은 집중과 통찰의 요소를 함께 훈련합니다. 마인드풀니스의 목적은 주의력을 기르는 데서 그치는 것이 아니에요. 궁극적으로는 자신의 내면을 탐구하는 통찰이 목적입니다. 더 나아가 자신뿐 아니라 외부세계에 대한 통찰로 이어집니다. 주의력과 마음을 안정시켜야 내면을 들여다볼 수 있기에 주의력부터 훈련하는 거예요. 마인드풀니스 훈련은 매일 시간을 정해서 명상을 하는 공식적 명상이 있습니다. 5~10분 정도 되는 공식적 명상 훈련은 우리 삶에 '마인드풀니스'라는 깃발을 꽂는 것과 같아요. 공식적 명상을 중심으로 해서 점차 일상에도 마인드풀니스를 적용하는 연습을 해봅니다. 삶이 곧 명상이 될 거예요.

우리는 마인드풀니스의 공식적인 훈련 가운데 집중적 주의력 훈련부터 시작할 거예요. 틱낫한 스님은 그의 저서 「틱낫한 명상」에서 처음부터 통찰을 기대하지 말라며 다음과 같이 권합니다. "처음 여섯 달 동안은 집중력을 기르고 내면의 고요함과 청정한 기쁨을 맛보려고만 노력하세요." 여섯 달까지는 아니더라도 주의력 훈련으로 기초를 다지는 것은 상당히 중요합니다. 주의력 명상은 초점을 맞추는 대상이 필요합니다. 그 대상은 내부의 호흡이나 몸의 감각이 될 수도 있고, 외부의 소리가 될 수도 있습니다.

이번 장에서는 마인드풀니스 기초 명상훈련을 시작하기 전에 알아두면 좋을 내용들을 다뤘습니다. 우리는 주의를 주는 만큼 인식할 수 있습니다. 명상은 생각과 욕구를 내려놓은 '맨 주의'를 기울이는 것임을 기억하세요. 주의는 주의에 대한 주의인 메타주의의 도움으로 되가져올 수 있다는 것도요! 주의력 훈련은 마음을 안정시켜 자신을 탐구할 수 있게 도와줍니다. 게다가 비즈니스와 리더십 분야에서 주목하고 있는 감성지능을 개발하는 토대가 됩니다. 앞으로 해나갈 마인드풀니스 훈련의 핵심 요소는 집중적 주의력, 열린 알아차림, 따뜻하고 친절한 의도입니다. 이제부터 본격적으로 기초 훈련에 들어갑니다. 준비가 되었다면 심호흡을 한 번 하고 주의를 기울여 다음 장으로 넘겨보세요!

02

숨 한번 끝내주게 쉬어볼까?
-호흡명상

대부분의 명상은 바로 이 명상훈련으로 시작합니다. 바로 호흡명상입니다. 저는 호흡명상을 '마인드풀니스의 코어운동'이라 부릅니다. 코어운동은 몸의 중심축 근육을 강화하는 운동으로 몸 전체의 균형에 중요하고 근력운동의 기본이 됩니다. 호흡명상도 모든 명상훈련의 기본입니다. 이토록 중요한 명상의 기본기! 호흡명상 실전에 앞서 호흡에 대해서 살펴보겠습니다. 호흡은 무엇이며, 왜 호흡을 주의의 대상으로 삼는지 등에 대해 알아볼게요. 그리고 명상 시 주로 하는 호흡법에 대해서도 알아보고 함께 연습해보겠습니다. 단 한 번의 숨이라도 주의를 기울여 끝내주게 쉬어보세요!

호흡명상은 어떤 효과가 있을까?

우리는 24시간 숨을 쉽니다. 다만 우리가 알아차리지 못할 뿐이죠. 이 때문에 호흡명상은 참 쉽습니다. 지금 쉬고 있는 호흡에 주의를 기울이기만 하면 되니까요. 이 간단한 호흡명상을 통한 효과들을 언급한다면 당장 하겠다고 나설지도 몰라요. 앞에서 명상의 효과에 대해 많이 언급했지만, 호흡에 주의를 기울이는 이 훈련만으로도 머릿속이 정리됩니다. 호흡이라는 한 대상에만 지속적으로 주의를 돌리기 때문이에요. 그러니 집중력이 향상되어 공부와 업무능력도 향상됩니다. 지금 이 순간의 호흡을 바라보고 있노라면 과거로 가서 후회하고 미래로 가서 불안해하지 않게 됩니다. 온전히 현존할 수 있어요.

또한 호흡에 주의를 기울이는 동안 뇌는 에너지를 많이 사용하는 시각적 정보로부터 벗어납니다. 뇌가 휴식하게 되는 것입니다. 피곤하면 보통 휴가를 떠나거나 휴식을 해야 한다고 생각해요. 하지만 휴가나 휴식 중에도 몸은 쉬고 있으나 뇌와 생각은 쉬지 못하는 경우가 많습니다. 그러니 잠시 눈을 감고 호흡에 주의를 기울여보세요. 뇌가 쉼으로써 피로가 싹 가신 느낌이 들 수 있습니다. 지속하다 보면 몸과 마음이 편안해지기도 해요. 이러한 상태에서 마음이 안정되어 중심에서 자신의 생각, 마음을 관찰할 수 있습니다. 그래서 외부환경에 휘둘리지 않고 멈춰 서서 평정심을 유지할 수 있어요.

주의의 대상은 왜 호흡일까?

주의의 대상이 있으면 명상할 때 더욱 안정감을 갖고 주의를 기울일 수 있습니다. 그런데 그 주의의 대상은 왜 하필 호흡인 걸까요? 호흡은 욕구와는 상관없는 중립적인 대상입니다. 호흡은 우리가 쉬려고 해서 쉬는 게 아니에요.

자율적으로 늘 호흡은 자연스럽게 일어납니다. 우리는 욕구를 바라보며 행위 모드로 사는 것에 익숙해져 있어요. 호흡에 주의를 기울이면 평소 우리를 사로잡고 있는 행위와 욕구를 내려놓고 호흡을 가만히 바라볼 수 있게 됩니다.

호흡은 매 순간 일어납니다. 언제 어디서든 마음만 먹으면 주의를 기울일 수 있습니다. 그리고 바로 지금의 호흡에 주의를 기울이는 순간, 온전히 현재에 머물 수 있습니다. 우리의 생각은 과거와 미래를 하루에도 수차례 오고갑니다. 그래서 직접적으로 경험하기보다 생각 속에서 경험할 때가 많아요. 그런 상황에서 현재에 머무는 것은 쉽지 않죠. 다행히 단지 지금의 호흡에 주의를 기울이는 것만으로 현존할 수 있습니다. 바로 전의 숨, 그 다음 숨을 쉬는 것이 아니라 지금 이 순간의 숨을 바라보면 지금 여기에 머물게 됩니다. 호흡을 바라본다는 것은 자신의 몸에 계속해서 주의를 두는 거예요. 늘 외부로 향해 있던 관심을 자신의 신체로, 내부로 돌리는 것입니다.

호흡은 우리의 몸, 마음과 연결되어 있습니다. 감정이 어떠한지에 따라 호흡의 상태도 달라져요. 만약 당신이 긴장한 상태라면 호흡은 가빠집니다. 바쁜 현대인들은 자신의 감정을 알아차리지 못하고 사는 경우가 많아요. 호흡에 주의를 기울임으로써 호흡의 상태를 알아차리면 내면의 변화를 알 수 있습니다. 호흡의 길이, 깊이 등을 통해 내면의 변화를 알아차리면, 자신에게 필요한 조치도 취할 수 있어요. 또한 호흡은 바다 깊은 곳에 내린 닻(anchor)과 같은 기능을 합니다. 닻은 배가 파도에 휩쓸리지 않도록 중심을 잡아줍니다. 이와 같이 호흡은 여기저기 떠돌던 주의가 방황을 멈추고 다시 돌아올 안식처가 됩니다.

이 순간의 한 호흡에서 생명을 느껴보세요

호흡의 뜻은 말 그대로 숨을 들이쉬고 내쉬는 거예요. 호(呼)는 날숨을 흡(吸)은 들숨을 의미합니다. 내쉬는 숨은 부교감 신경, 들이쉬는 숨은 교감 신경의 작용과 관련이 있습니다. 숨은 자기 의지로 조절하는 것이 아니라 저절로 쉬어지는 거예요. 별 것 아닌 것 같지만 신체를 로봇이라고 가정해본다면 호흡은 전원과도 같아요. '숨을 거둔다'는 말이 죽음을 의미하는 것이 이를 말해줍니다. 그리고 이 계속되는 호흡으로 몸 속 노폐물이 대량 배출되고 산소가 공급되며 에너지가 생성됩니다. 이런 면에서 호흡은 24시간 자동적으로 작동하는 충전기능이라고 할 수 있습니다.

사실 저는 직접 경험해보기 전까지 호흡의 소중함을 느끼지 못했어요. N잡러로 밤낮없이 일하다가 쓰러져 병원 신세 지기를 반복하던 어느 날, 침대에 누웠을 때였습니다. 천장을 흐릿하게 바라보다 문득 이런 생각이 들었어요. '온몸이 찢기는 이 통증을 이겨내고 억척스럽게 다시 일어난다 해도 바뀌는 건 없겠지? 지금껏 쭉 그래 왔으니까. 다시 꼭 일어나야 하는 걸까? 굳이 다시 일어나고 싶지 않은걸. 오뚜기처럼 일어나봤자 이 밑 빠진 독에 물 붓기가 반복되는 삶은 끝나지 않을 것 같아……' 제 일생 가운데 살아 있고 싶지 않은 마음이 가장 강렬하게 일어난 순간이었습니다.

몸이 마음대로 움직여지지 않으니 죽는 것도 어려웠습니다. 방법은 하나, 스스로 숨을 거두는 것을 돕기로 했습니다. 이 모든 고통으로부터 벗어나리라 다짐하며 숨을 꾹 참아 보았어요. 몇 번이나 시도했지만 숨이 넘어가기 직전 살고자 하는 본능이 저절로 튀어나오더군요. 죽겠다 결심했는데 숨은 나더러 살라고 하는 것 같았습니다. 그 밤, 결국 제 숨은 끊어지지 못했습니다. 대신 두 가지 가르침을 주었어요. 하나는, 진심으로 죽고 싶었던 게 아니었다는 것. 계속 지금처럼 산다는 것이 끔찍했던 거예요. 더 나은 삶을 살기를 간절히 바랐던 거였어요. 또 하나는, 숨을 꾹 참고 있다가 본능적으로 기침과 함께 숨을 토해냈을 때, 비로소 호흡에 제 목숨이 달려 있다는 것이 온몸으로 느껴졌습니다.

'호흡에 목숨이 달린 듯 호흡하라'는 호흡명상 가이드를 수없이 들어왔지만 그제야 가슴으로 받아들여졌습니다. 진실로 지금 쉬는 숨에 목숨이 달려 있었어요. 며칠 안 먹어도 살 수는 있습니다. 하지만 몇 분만 숨이 멈춰도 생명은 위험합니다. 저처럼 굳이 숨을 참는 위험을 감수하지 않고도 호흡의 소중함을 느끼기를 바랍니다. 현재 상황이 끔찍하게 싫을 때, 방황할 때 떠올려보세요. '바로 다음 호흡을 쉴 수 없다면?' 지금 쉬는 이 호흡, 지금 이 순간이 소중하게 다가올 거예요. 지금 쉬는 이 한 호흡에서 생명을 느껴보세요.

나의 평상시 호흡 관찰하기

잠시 멈추고 자신의 호흡을 살펴봅니다.
일부러 숨을 조절하지 말고 자연스럽게 쉬면서 들숨과 날숨의 길이를 느껴보세요.
알람으로 1분을 맞춰놓고 들숨에서 날숨까지를 한 번으로 셈하여 1분간 몇 번의 호흡을 했는지 관찰해봅니다.

이번에는 호흡이 어디에서 이루어지고 있는지 느껴보세요.
한 손은 가슴에, 한 손은 배에 올려놓고 호흡 시 손의 움직임을 느껴봅니다.
가슴 위 손의 움직임이 더 크게 느껴진다면 가슴 호흡을 하고 있는 것입니다.
배 위 손의 움직임이 더 크게 느껴진다면 횡격막 호흡을 하고 있는 것입니다.
평상시 당신의 호흡은 어디에서 이루어지고 있나요?

1. 1분간 몇 번의 호흡을 했나요? ______________
2. 당신의 호흡은 어느 곳에서 이루어지고 있나요? ______________

횡격막 호흡이란?

우리의 평상시 호흡이 어떤지 살펴보았습니다. 동의보감에 따르면 과거에는 숨이 더 길고 깊었습니다. 그러나 현대인은 하루에 2만 번가량 숨을 쉽니다. 1분에 평균 12~15번 정도 쉬는 셈입니다. 현대인을 기준으로 안정적인 상태에서는 1분에 10~12회 정도 숨을 쉽니다. 앞서 호흡은 마음의 상태를 드러내준다고 했습니다. 초식동물은 언제 잡아먹힐지 모르는 불안감에 얕은 가슴호흡을 하며, 위험을 감지했을 때 호흡이 더욱 빨라집니다. 대부분의 현대인들은 마치 초식동물과 같은 호흡 양상을 보입니다. 미래에 대한 불안, 스트레스, 해야 할 일들에 쫓길 때 호흡을 감지해보세요. 빠르고 얕은 호흡을 느낄 수 있을 거예요.

마인드풀니스에서는 있는 그대로의 호흡을 바라보는 것을 기본으로 합니다. 그러나 평온과 이완을 원한다면 횡격막 호흡(복식호흡)을 하는 것이 도움이 됩니다. 스트레스에 짓눌릴 때는 보통 가슴호흡을 하게 되고 교감신경계가 활성화됩니다. 이런 상황에서 의도적으로 횡격막 호흡을 하며 날숨을 천천히 길게 쉬면 부교감신경계가 활성화됩니다. 호흡으로써 진정과 안정을 가져올 수 있습니다. 횡격막 호흡을 익히면 상황에 맞게 의도적으로 자신에게 필요한 호흡을 할 수 있어요.

횡격막 호흡은 여러 가지 면에서 좋습니다. 이는 생각이 수도 없이 일어나는 머리로부터 먼 복부에 중심을 둡니다. 따라서 생각의 넘실거리는 파도로부터 멀리 떨어져 평온함을 느낄 수 있습니다. 횡격막 호흡을 하면 가슴 호흡을 할 때보다 더 많은 양의 산소가 공급되고, 이산화탄소가 배출됩니다. 이는 신체의 정화에 도움이 돼요. 또한 심리학자 대니얼 브라운은 하루 20분의 횡격막 호흡이 염증을 막는 역할을 한다고 밝혔습니다. 스트레스 상황에서 일어나는 긴장에도 횡격막 호흡이 도움이 됩니다. 효과적이고 간단한 스트레스 관리법입니다.

횡격막 호흡 쉽게 연습하기

사실 태어났을 당시 우리는 자연스럽게 횡격막 호흡을 했습니다. 그 호흡을 회복하는 느낌으로 횡격막 호흡을 연습해봅니다.

1. 편안하게 앉거나 누워봅니다. 한 손을 복부 위에 올려놓습니다. 눈은 지그시 감습니다.
2. 코로 숨을 쉬기 어려운 상황이 아니라면 코로 숨을 들이쉬고 내쉽니다.
3. 들숨에 배가 부풀어 오르는 것을 느껴봅니다. 복부 위에 얹은 손의 움직임도 함께 느껴보세요.
4. 날숨에 배가 꺼지는 것을 느껴봅니다. 복부 위에 얹은 손이 내려가는 움직임도 함께 느껴보세요.
5. 처음부터 무리하게 배를 억지로 크게 부풀리거나 길게 호흡하지 않는 것이 좋습니다. 자연스럽고 편안하게 느껴지는 정도의 길이로 횡격막 호흡을 10회 반복합니다.

횡격막 호흡 연습은 일어나자마자, 그리고 자기 전에 하면 대사활동에 도움이 됩니다. 일어나자마자 하면 정신이 맑아지고, 잠들기 전에 하면 숙면을 돕습니다. 위와 같은 방법으로 일주일간 횡격막 호흡과 친해져보는 건 어떨까요?

호흡명상 실전!

자, 이제 호흡명상 실전에 들어가볼게요. 아래는 호흡명상을 포함하여 될 수 있으면 모든 명상 전에 준비하면 좋습니다.

명상 전 준비

1. 핸드폰이 무음이나 비행기모드로 되어 있는지 확인합니다.
2. 그 외에도 명상 도중 방해가 될 만한 요인들을 미리 대처합니다.
3. 몸이 원하는 스트레칭을 해주세요. 척추가 부드럽게 움직이는 동작을 해주면 좋습니다. 척추의 움직임은 뇌간을 자극하여 뇌파의 변화를 일으켜요.
4. 환경이 갖춰졌다면, 명상하는 자세로 앉아 횡격막 호흡을 천천히 3회 해봅니다. 여기저기 흩어져 있던 주의와 마음을 진정시키고 이완하기 위해서예요. 필요하다면 날숨을 입으로 크게 내쉬어도 좋습니다. 날숨에 온몸의 긴장과 걱정, 생각도 내려놓아 봅니다.

10분 호흡 명상

1. 준비가 되었다면 눈을 살짝 감고, 앉아 있는 자세에서 지지되고 있는 감각을 느껴봅니다. 앉아 있는 온몸의 감각을 느껴봅니다.
2. 자연스럽게 호흡을 합니다. 신체에서 호흡이 가장 잘 느껴지는 곳은 어디인가요?
3. 호흡이 가장 잘 느껴지는 부위를 중심으로 호흡에 주의를 기울입니다. 주의가 다른 곳으로 가면 알아차리고 호흡으로 돌아옵니다.
4. 호기심을 가지고 지금 이 순간의 호흡이 어떤지 바라봅니다. 가장 잘 느껴지는 부위가 코라면 코를 통해 숨이 들어가고 나오는 감각을 느껴봅니다. 들숨과 날숨에 오가

는 바람의 온도와 세기도 느껴봅니다. 배에서 잘 느껴진다면 배가 부풀어 올랐다가 꺼지는 감각을 알아차려 봅니다. 들숨과 날숨의 사이도 바라봅니다. 이렇게 호흡에 주의를 기울여 바라봅니다. (앉은 자세가 불편하거나 다른 생각들이 떠오를 수도 있습니다. 주의가 호흡에서 벗어나면 알아차리고 다시 호흡의 감각으로 돌아옵니다.)

5. 호흡의 리듬을 느껴봅니다. 자신이 호흡 그 자체가 된 것처럼 들숨과 날숨의 리듬을 온몸으로 느껴봅니다.
6. 알람이 울린 후 천천히 눈을 뜹니다. 아주 천천히 발가락과 손가락을 움직여보는 것도 좋습니다.

호흡에 주의를 준다는 것은 호흡하는 감각에 주의를 두어 순간순간 알아차리는 것입니다. 호흡에 대해 생각할 필요가 없습니다. '호흡을 잘하고 있다, 못하고 있다'는 것을 판단할 필요도 없습니다. 호흡의 감각을 직접적으로 체험해보세요. 호흡을 바라보다 보면 호흡의 감각은 끊임없이 변화해요. 호흡의 리듬을 느끼는 것은 마치 심장박동처럼 우리가 이 순간 살아 있다는 체험이기도 합니다. 처음에는 5분의 호흡명상도 힘들 수 있어요. 매일 5분 정도 꾸준히 하다 보면 30분도 가능해지는 순간이 옵니다. 처음부터 욕심내지 말고 한 걸음씩 매일 걷기로 해요. 주의를 기울여 숨을 끝내주게 쉬어보세요! 이 호흡이 삶을 어떻게 변화시키는지는 직접 해본 사람만이 경험하게 될 거예요.

03

몸의 감각을 생생하게 깨워보자 -바디스캔 명상

평소 자신의 몸에 대해 어떻게 생각하세요? 많은 사람들이 현재 자신의 몸에 만족하지 못합니다. 그래서 계속해서 다이어트를 하거나 마음에 안 드는 부분을 바꾸고 싶어합니다. 이번에는 바로 나의 몸을 있는 그대로 바라볼 차례입니다. 몸을 바라보는 연습은 몸의 외형과는 상관없이 몸과 친해지는 계기가 될 거예요. 신체 감각을 알아차리다 보면 그동안 감정을 생각 속에서 경험해왔다는 것도 차차 깨닫게 됩니다. 몸 전체를 바라보는 명상 연습으로 본질적인 자기관찰을 시작해볼까요?

몸과 나와의 관계

처음 명상을 배우러 오는 경우, 몸을 바라보기 시작하면서 공통적으로 이렇게 말씀하십니다. '몸의 감각이 살아나는 것 같아요.' '이렇게 생생하게 몸을 느껴본 적이 있었나 싶어요.' 특히 직장인의 경우, 몸에 대한 인식을 하지 않고 살아왔다는 이야기를 많이 합니다. 컴퓨터 업무를 하느라 거북목이 되고, 손목에 터널증후군이 와도 통증이 심해진 후에야 알게 된 경우가 많습니다. 이제까지 몸의 감각을 무시하고 살아왔다는 증거예요. 한편 많은 이들이 자신의 몸을 좋아하지 않습니다. 이쯤 되면 몸이 좀 안됐다는 생각이 듭니다. 대다수의 우리는 몸을 무시하고 혹사시키면서 싫어하는 한편 바꾸고 싶어 하니까 말입니다.

고백하자면 명상을 만나기 전, 저 또한 그랬어요. 열심히 살아야 한다며 몸을 혹사시켰고, 몸이 보내는 신호를 무시하기 일쑤였죠. 육체적인 문제쯤은 정신력으로 이겨낼 수 있다고 생각했습니다. 자는 시간도 아까워서 3~4시간만 수면에 내주었어요. 돌이켜보면 몸은 목, 어깨, 가슴 등에 통증으로 신호를 보냈습니다. 곧 쓰러져 번아웃이 올 줄은 정말 몰랐어요. 쓰러지기 전, 저는 몸의 긴장을 풀지 못하는 상태였습니다. 어떻게 긴장을 풀고 이완하는지 완전히 감각을 잃어버린 상태였죠. 많은 직장인들이 이완하고 싶은데 이완이 되지 않는다고 하소연합니다. 계속적으로 긴장이 쌓이면 이완의 감각을 잊게 되고 방치해두면 결국 잃어버리게 돼요.

몸은 마음관찰의 토대

에크하르트 톨레는 그의 저서 「에크하르트 톨레의 이 순간의 나」에서 다음과 같이 말합니다. "명상의 핵심은 내부의 몸과 영원히 연결되어 있으면서, 언제나 그것을 느끼는 데에 있습니다." 명상이라고 하면 정신적이고

영적인 수련이 떠오르는데 왜 몸과 연결되는 것을 강조하는 걸까요? 다음을 생각해보면 쉽게 알 수 있습니다. 몸과 마음을 분리할 수 있을까요? 슬픈 영화를 보고 마음이 슬플 때 가슴이 먹먹해지고 목이 메는 경험을 해본 적이 있을 거예요. 감정을 마음으로만 느끼는 것이 아니라 몸으로도 느낀다는 것을 알 수 있습니다. 대다수의 명상 전통에서는 몸을 관찰하는 것이 마음을 관찰하는 것이라 했습니다. 즉 몸을 관찰하는 것이 자기관찰의 시작입니다.

몸의 감각: 오감, 신체고유수용감각, 내부감각

몸의 감각은 오감 외에 또 다른 감각이 있습니다. 자신의 몸을 보지 않고도 몸이 존재한다는 것을 느끼고, 몸의 위치와 움직임을 느끼는 감각입니다. 이를 '신체고유수용감각(proprioception)'이라고 합니다. 또한 심장과 같은 장기나 근육 등 신체 내부를 느끼는 '내부감각(interoception, 내부인지)'도 있습니다. 내부감각이야말로 몸을 생각으로 경험하는 것이 아니라 직접적으로 감각을 느끼는(felt sense) 것입니다. 직접적으로 감각을 느끼는 것은 생각으로 경험하는 행위모드에서 빠져나와 존재모드에 머무르도록 합니다. 그리고 이 내부감각을 알아차리는 것이 자신의 몸과 마음 모두를 관찰하는 토대입니다.

이번 장에서는 바로 온몸의 감각에 주의를 기울여 바라보는 연습을 해볼 거예요. 몸 전체를 스캔하듯 훑어본다는 의미에서 이 명상을 '바디스캔'이라고 합니다. 누워서 머리끝부터 발끝까지 몸 전체를 순서대로 바라보는 이 명상을 하면 어떤 효과가 있을까요?

바디스캔의 효과 1: 주의력과 집중력 향상

바디스캔은 몸에 대한 마인드풀니스입니다. 마인드풀니스가 주의력 훈련으로 시작한다는 것, 기억나시죠? 바디스캔은 몸에 대한 주의력 훈련이기도 해요. 호흡명상에서는 호흡에 주의를 보냈습니다. 바디스캔에서는 주의를 보내는 것뿐 아니라, 주의를 유지하고, 이동하는 연습을 합니다. 예를 들어, 알아차리기를 원하는 부위가 오른손이라면 주의를 오른손에 보내고, 주의를 유지하면서 오른손의 감각을 느낍니다. 그리고 또 다른 부위로 주의를 이동하는 거예요.

누구나 한 가지에 의도적으로 온전히 집중할 수 있기를 원합니다. 하지만 여러 가지 생각들, 감각들, 외부상황 등에 의해 우리의 주의는 흩어지기 쉽습니다. 바디스캔 명상은 몸의 부위에 주의를 기울임으로써 주의를 의도적으로 한 대상에 보내는 연습입니다. 그리고 원하는 만큼 주의를 지속함으로써 집중력도 키워집니다. 또한 의도적으로 원하는 또 다른 곳으로 주의를 보낼 수 있게 됩니다. 이렇게 의도적으로 하나에 집중할 수 있다면 자동조종(auto-pilot) 모드에서 벗어나게 됩니다. 그리고 드디어 진득하게 집중하는 능력도 생깁니다!

바디스캔의 효과 2: 나와 몸의 관계 변화

바디스캔을 하다 보면 그동안 느끼지 못했던 몸의 감각들이 깨어납니다. 사실 원래 있었던 것인데 알아차리지 못했을 뿐이에요. 몸과 자신은 분리될 수 없습니다. 그럼에도 그동안 몸을 자신과 분리된 무엇으로써 대해왔다는 것을 인정할 때입니다. 몸을 자신과 분리된 대상으로 대하면 영원히 자신과 단절될 수밖에 없습니다. 몸 구석구석에 주의를 기울여보세요. 그것은 따뜻한 관심으로 바라본다는 거예요. 불만족스럽고 싫기만 했던 몸과 점차 친해지게 됩니다. 자신과 뗄 수 없는 몸과 친해진다는 것은 자신과 친해진다는 의미이기도 해요. 몸의 감각을 느끼는 것(felt sense)을 바탕으로 당신의 집인 몸으로 돌아와 봅니다.

주의를 임의대로 놔두면 강렬한 감각이 있는 부분만을 바라보게 됩니다. 그래서 바디스캔은 몸의 어떤 특정 부분만을 바라보지 않습니다. 몸 전체에 순서대로 구석구석 주의를 보냅니다. 감각은 몸의 모든 부분에 존재하기 때문입니다. 모든 부위에서 일어나는 감각을 세밀하게 알아차릴 수 있어야 자신에 대한 진정한 탐구가 가능합니다. 감각을 알아차리는 훈련은 뇌섬엽 등 뇌 측면을 활성화시킵니다. 이렇게 각 부위들로 주의를 이동하며 바라보는 연습을 하면 몸에서 보내는 메시지도 알아차리게 됩니다. 그리고 스스로를 돌볼 수 있게 되기 때문에 삶 또한 개선됩니다.

바디스캔의 효과 3: 감성지능 향상

바디스캔을 꾸준히 하면 주의력이 향상되고 몸 전체에서 일어나는 감각들을 세밀하게 알아차리게 됩니다. 이는 감정을 인식하는 데에 도움이 돼요. 예를 들어, 옆자리의 동료가 이유 없이 나를 무시하는 발언을 했습니다. '짜증 나!', '왜 나를 무시하는 거지?' 불쑥 떠오르는 생각을 알아차릴 수 있을 거예요. 그런데 감정은 마음뿐 아니라 몸에서도 경험됩니다. 강렬한 감정을 경험한 그 순간 몸의 감각을 들여다보면 감정은 몸으로 생생하게 느껴집니다. 평소 몸 감각을 관찰하는 것이 자신의 감정을 세밀하게 인식하는 데에 도움이 됩니다. 이렇게 몸을 통해 감정을 세밀하게 알아차리면 감정을 관리할 수도 있게 됩니다.

직장인들은 다양한 사람들과 부대끼며 업무도 해내야 합니다. 그래서 감정을 잘 컨트롤하고 싶어 하는 분들이 많습니다. 바디스캔을 하면 감정 컨트롤에 도움이 됩니다. 이는 느끼기 싫은 감정에서 느끼고 싶은 감정으로 바꾸는 것을 의미하지는 않아요. 감정을 느끼는 순간, 예전처럼 감정을 피상적, 자동적으로 경험하지 않게 됩니다. 감정을 몸으로 생생하게 알아차리는 가운데 그다음을 선택할 수 있게 됩니다. 이렇게 자신의 감정을 알아차리다 보면 자기 인식, 더 나아가 다른 사람에게 공감하는 능력도 향상됩니다.

저는 바디스캔을 기초 체력 훈련 중 '전신 스트레칭'이라 생각해요. 몸의 각 부위의 자극을 생생하게 느끼면서 온몸의 감각이 살아나 이완되기도 하죠. 바디스캔은 여러 가지로 활용할 수 있습니다. 마인드풀니스 훈련이 기본이에요. 일부러 이완하려고 하지 않는다면 주의를 기울이는 동안 자연스럽게 이완될 수도 있어요. 그래서 자기 전에 신체가 이완되어 편안히 잠들 수 있도록 바디스캔을 활용할 수도 있습니다. 이번 장에서는 주의를 보내 감각을 온전히 느껴보는 마인드풀니스 바디스캔 훈련을 안내합니다.

바디스캔 명상

1. 안정된 공간에서 편안하게 누워봅니다. 두 다리는 어깨 넓이 정도로 벌리고 팔은 손바닥을 위로 향하게 상체 옆에 편안히 둡니다.

- 바디스캔은 몸에 대한 마인드풀니스예요. 먼저 몸의 각 부분에 주의를 보내고, 유지하고, 옮기는 것에 주의를 기울여봅니다. 바디스캔의 목적은 몸의 이완이나 몸 감각의 특별한 체험이 아닙니다. 다만, 주의를 기울일 때, 뜻하지 않게 그런 경험을 할 수도 있습니다.
- 몸에 주의를 기울여 감각을 살펴볼 때 어떤 내부감각도 느껴지지 않을 수도 있습니다. 괜찮아요. 그 부위에 주의를 두고 바라본다는 것이 중요합니다.
- 몸의 각 부위에 냉철하고 분석적이기보다는 따뜻한 관심과 부드러운 주의를 보내주세요. '이 부위에서는 지금 어떤 감각이 일어나는지 한번 살펴봐야지' 하는 호기심으로 주의를 부드럽게 보내보는 거예요.

2. 자, 지금부터 각 부위에 주의를 보내봅니다. 한 부위에 10초가량 주의를 기울여봅니다. 먼저 양 발 끝에 주의를 기울여 감각을 느껴봅니다. 그런 다음 발바닥, 발등, 발목으로 주의를 이동하며 감각을 살펴봅니다. 종아리, 무릎, 허벅지, 고관절, 복부의 순서로 주의를 기울여봅니다.
3. 양 손, 손목, 팔, 팔꿈치에 주의를 기울여 바라보고, 가슴의 감각도 느껴보세요. 거기서 올라와 양 어깨, 목의 앞과 뒤에 주의를 기울여봅니다.
4. 턱, 입술, 뺨, 코, 귀, 눈, 이마를 느껴보고 얼굴 전체의 감각도 느껴봅니다. 머리 전체와 정수리에도 차례로 주의를 기울여봅니다.
5. 몸 전체의 감각을 동시에 바라보며 온몸으로 숨이 들어오고 나가는 것처럼 호흡해봅니다. 내쉬는 호흡에 몸의 노폐물이 빠져 나가고, 들이쉬는 호흡에는 맑은 산소와 밝은 빛, 에너지가 온다고 상상하며 온몸으로 호흡해봅니다.
6. 천천히 눈을 뜨고 손가락, 발가락도 천천히 움직여 봅니다. 천천히 일어납니다.

04

마음의 평온을 단기간에 경험해보고 싶다면 -만트라 명상

이번에는 처음 시작하는 분들이 가장 집중하기 쉬웠다고 말씀하시는 명상법을 소개합니다. 앞서 언급했듯, 주의를 한 가지 대상에 기울이는 명상은 집중명상입니다. 집중명상은 그 대상에 따라 종류가 다양합니다. 촛불을 대상으로 하는 촛불 명상, 그림 그리기에 주의를 기울이는 만다라 명상 등이 있어요. 집중명상 가운데 초심자들이 빠르고 강력하게 그 묘미를 체험할 수 있는 대표적인 명상은 만트라 명상입니다. 이 장에서는 만트라 명상에 대해 알아보는 한편, 나만의 만트라를 만들어보고자 합니다. 나를 위한 만트라를 주의의 대상으로 삼아 명상하는 시간을 가져보세요.

만트라 명상과 효과

어원으로 만트라(Mantra)의 의미를 파악해보면 '집중하는 도구'라는 뜻입니다. 단어의 의미대로 만트라는 만트라 명상에서 주의의 대상이 됩니다. 그럼 만트라란 무엇일까요? 만트라는 자신과 타인을 이롭게 하고 깨달음을 얻기 위한 짧은 단어나 문구, 주문을 가리킵니다. 만트라는 진언(眞言) 혹은 다라니라고도 하며, 많은 명상 전통에서 만트라를 활용합니다. 만트라 명상은 바로 이 만트라에 주의를 기울여 반복하여 되뇌는 명상이에요. 만트라를 되뇌는 행위 자체가 목적이 아닙니다. 만트라는 주의를 한 곳으로 모으는 도구라는 사실을 잊지 마세요!

이렇게 주의를 반복해서 한 곳으로 모으면 대상에 집중하게 되고, 깊게 몰입하게 됩니다. 집중하고 몰입하게 되면 다른 생각이나 번뇌들은 잠시 가라앉습니다. 마치 눈송이가 흩날리도록 흔들었던 스노우 볼을 내려놓으면 눈송이들이 내려앉는 것처럼요. 만트라를 되뇌는 것에 주의를 둠으로써 명상 직전까지 분주했던 생각, 욕구, 걱정들이 내려앉습니다. 그래서 만트라 명상을 하면 마음이 고요해지고 휴식을 취하는 효과를 누릴 수 있습니다. 더 나아가서는 마음의 평화와 기쁨도 느낄 수 있어요. 이런 상태에서 몸은 이완반응(relaxation response)을 경험하게 됩니다.

주의해야 할 것은 명상 후 일상으로 돌아오면 다시 번뇌와 걱정을 마주해야 하는 현실에 놓인다는 것입니다. 명상하는 도중에는 평화로웠는데 돌아온 일상은 시궁창일 수도 있겠죠. 만트라 명상으로 어느 정도 마음의 고요와 평안을 맛보았다면 일상까지 평안하도록 정진해봅니다. 그러려면 자신과 마음을 관찰해보는 것은 필수예요. 이에 관련된 명상도 뒤에서 소개하겠습니다.

여기에서는 만트라 명상을 통한 주의력 훈련과 이완에 초점을 맞출 거예요. 하다 보면 자연스럽게 마음이 고요해지고, 몸도 마음도 이완됩니다.

만트라를 활용해 이완반응을 이끌어내는 명상은 1975년 허버트 벤슨(Herbert Benson) 박사가 고안했습니다. 이는 치료에 적용되었으며 임상적으로도 증명되었습니다.

나만의 만트라 만들기

이 명상을 위해서는 나를 위한 맞춤 제작 만트라를 만드는 것이 좋습니다. 자신의 믿음이나 신념이 담긴 만트라는 여러 가지 효과를 경험하게 해줍니다. 그러니 스스로 느낄 때 받아들이기에 마음이 편안한 만트라로 하는 것이 좋아요. 아무리 의미가 좋은 만트라라도 자신이 느끼기에 마음이 편치 않다면 고르지 않는 것이 좋습니다. 일반적으로 많이 사용하는 만트라는 다음과 같아요.

- 소함(soham): '그는 나다.' → '모든 것이 나이고, 나는 내가 아닌 모든 것이다.' 이는 나와 다른 존재를 분리해서 보는 것이 아니라, 나와 만물이 하나라는 의미를 담고 있어요.
- 호오포노포노: 하와이에서 전통적으로 행해왔던 치유법입니다. '감사합니다. 사랑합니다. 미안합니다. 용서하세요'를 반복함으로써 마음의 치유와 정화가 일어납니다.
- 간단한 단어들: '사랑', '이완', '평안', '감사'
- 종교에 관련된 만트라

– 불교: '옴마니반메훔', '나무아미타불'
– 기독교: '하늘에 계신 우리 아버지', '믿음', '소망', '사랑'

위와 같이 일반적인 만트라를 사용해도 괜찮지만 자신을 위한 맞춤제작을 해봐도 좋습니다. 우리는 자신도 모르게 무의식에 부정적인 인식이 각인되어 있습니다. 그것은 마치 주문을 계속해서 외는 것처럼 반복됩니다. 어떤 일이 있을 때마다 자신도 모르게 속에서 올라오는 말을 들어보세요. '잘 될 리가 없지', '내가 그렇지 뭐…' 등. 무의식은 이 부정적인 말을 주문처럼 읊고 있습니다. 이를 긍정의 언어로 바꿔보면 어떨까요? '내가 잘 되기를.', '내가 나를 믿어주기를.' 등을 만트라 삼아 되뇌다보면 무의식에도 긍정적 영향을 줄 수 있어요.

[내 무의식에 긍정적 영향을 줄 만트라 만들기]

- 평소 내가 자주하는 부정적인 말은 무엇인가요?

"________________________________."

- 이를 긍정적으로 바꿔볼까요? "________________________________."

나만의 만트라를 찾았나요? 항상 같은 만트라일 필요는 없습니다. 그때그때 나를 위한 만트라를 떠올려 명상할 수 있습니다. 자, 이제 나를 위한 만트라로 명상하는 시간을 가져볼까요?

만트라 명상

1. 조용히 눈을 감고 편안하게 앉습니다. 손등이 위로 가도록 자연스럽게 올려놓습니다. 깊게 횡격막 호흡을 3번 합니다. 내쉬는 숨에 몸의 모든 긴장을 내려놓습니다. 호흡을 바라보며 외부에 있던 주의가 내부로 향합니다.
2. 만트라를 크게 소리 내어 10회 암송합니다. (소리를 내기 어려운 장소라면 입을 움직이면서 조용히 암송합니다.) 만트라가 짧다면 숨을 들이쉬었다가, 내쉬는 호흡에 읊습니다. 만트라가 길다면 들이쉬는 숨에 반을, 내쉬는 숨에 나머지 반을 읊습니다.
3. 들리지 않게 속삭이듯 입만 움직이며 만트라를 암송해봅니다.
4. 그 다음 입을 움직이지 않고 마음속으로 만트라를 되뇌어봅니다.
   (생각이 떠오르거나 주의가 다른 곳에 있다는 것을 알아차리면, 주의를 다시 만트라로 부드럽게 가져옵니다. 생각은 또다시 떠오를 수 있습니다. 그래도 괜찮습니다.)
5. 호흡과 만트라의 자연스러운 리듬을 느껴봅니다. 계속 하다보면 마음의 고요를 경험할 수도 있습니다. 그러면 만트라를 암송하는 것을 잊어버릴 수도 있어요. 그럴 때는 주의를 만트라로 다시 가져오지 않아도 괜찮습니다. 가만히 고요와 평온과 이완을 느껴봅니다.
6. 만트라를 가만히 놓아줍니다. 고요한 가운데 잠시 머물렀다가 천천히 눈을 뜹니다.

05

명상 중에 일어나는 어려움 다루기

앞의 명상 연습을 실천하면서 여기까지 잘 따라오셨나요? 호흡과 몸 전체의 감각을 바라보고, 만트라 암송에 주의를 기울이는 연습은 모두 명상 기초 체력 훈련이었어요. 친절하게 주의를 기울이는 훈련은 생각보다 쉽지 않습니다. 앞의 명상을 해보았다면 분명 어려운 점이 발견되었을 거예요. 아주 지극히 정상이에요! 당신은 잘 되지 않아 지나치게 애쓰고 투쟁했을지도 모릅니다. 혹은 여러 차례 장애물을 만나 명상을 포기하고 싶어졌을지도 몰라요. 하지만, 당신만 그런 것이 아닙니다. 명상을 해본 사람이라면 누구나 만나는 어려움이에요. 이번 장에서는 당신이 겪었을 난관과 그 어려움을 어떻게 다루는지 알아봅니다.

명상 방석에 앉는 것부터가 힘들다면?

일단, 명상하고자 자리에 앉는 것부터 난관일 수 있습니다. 말했다시피 명상 수련은 운동과 똑같아요. 막상 하고나면 몸과 마음이 건강해지고, 나와의 약속을 지켰음에 자기효능감도 상승됩니다. 그러나 운동복을 갖춰 입고 나가는 것까지가 힘든 것처럼 명상연습도 시작이 어려워요. 그런 경우 어떤 행위를 하고나서 바로 방석에 앉는 것을 습관화하는 것이 도움이 됩니다. 모닝루틴이나 나이트루틴에 명상을 넣어 활용해보기를 권합니다. 예를 들어, '일어나서 물을 한 잔 마신 후엔 바로 방석에 앉는다!'를 몸에 익숙하게 만들어보는 겁니다. 하기 싫은 마음과 상관없이 방석 위에 앉아 있는 자신을 발견하게 될 거예요!

앉았는데 마음이 진정되지 않아요!

널뛰던 마음이 한 순간에 고요해질 수는 없는 법입니다. 그래서 호흡명상 가이드 전에 '준비단계'에 대해 안내드렸어요. (잘 기억나지 않는다면 '명상 전 준비'를 다시 읽어보세요.) 자리에 앉은 후, 세 번 크게 심호흡을 하는 데에는 이유가 있습니다. 한 곳에 주의를 기울이기 전에 마음을 가라앉히기 위함입니다. 운동을 생각해보면 쉽게 이해가 될 거예요. 몸이 잔뜩 긴장된 상태로 갑자기 빨리 달리거나, 헤엄친다면 어떻게 될까요? 본격 운동에 들어가기 전에 준비운동으로 몸을 이완하고 여유를 주어야 합니다. 명상도 마찬가지예요. 심호흡 세 번으로 부족하다면 몇 번 더 해도 괜찮습니다. 날숨에 몸과 마음의 긴장을 내려놓아 봅니다. 몸도 마음도 여기에 와 있다면 환영의 미소를 머금으며 명상을 시작합니다.

생각이 자꾸 떠올라요!

명상을 하다 머지않아 당신은 깜짝 놀랄지도 모릅니다. '아니, 왜 생각이 끊임없이 떠오르는 거지?' 마음에 음소거 버튼이 있다면 눌러버리고 싶을 만큼 생각은 일어났다 사라지기를 반복합니다. 원래 계속 그랬습니다. 다만, 계속 알아차리다 보니 더 선명하게 보게 된 것뿐입니다. '생각을 정리하고 싶어서 명상을 시작한 건데. 왜 생각이 사라지지 않지?'라는 생각이 들었나요? 단호히 말하건대, 명상은 생각을 없애는 행위가 아닙니다. 마음은 자꾸 현재에 있지 못하고 과거와 미래로 갑니다. 이때 알아차리고 돌아오는 것이 중요합니다.

많은 직장인이 명상 중에 '명상이 끝나면 해야 할 일들'이 떠오른다고 말합니다. 할 일이 많은데 명상하려고 앉았다는 사실에 마음이 조급해진다고 해요. 어차피 앉아 있어도 이런 생각들 때문에 명상이 잘 되지도 않는데 시간 낭비라는 생각도 든다고 합니다. 이럴 땐 떠오르는 생각들을 그저 생각으로 바라봐주세요. '끝내야 할 일이 많다고 생각하고 있구나'라고 알아차려 봅니다. 생각을 생각으로 볼 수 있다면, 많은 일을 당장 해내야 한다는 생각에 압도되지 않습니다. 사실 몇 분 더 앉아 있는다고 할 일을 못하는 것도 아닙니다. 생각을 알아차리다 보면 불필요한 생각을 내려놓게 되어 오히려 생각이 정리돼요. 명상은 일에 도움을 줬으면 줬지 방해는 하지 않습니다!

특히나 자주 떠오르는 생각, 욕구

생각이 떠오를 때마다 알아차리다 보면 생각의 내용이 욕구인 경우가 많습니다. '명상 중에 신비체험을 하고 싶어!', '생각을 다 없애버리고 싶어!', '코

끝이 간지러워. 긁고 싶어' 등등. 만약 코끝을 긁고 나면 더 이상의 욕구는 일어나지 않을까요? 원하는 마음은 계속해서 일어납니다. 다음은 턱을 긁고 싶어질 수 있어요. 또는 '출출하다. 명상이 끝나고 나면 뭘 먹지?' 하는 생각이 떠오를 수도 있고요. 욕구는 충족된다고 해서 멈춰지지 않습니다. 따라서 욕구를 억누르지도 말고, 욕구를 따라 자동적으로 행하지도 않기를 권합니다. 생각을 알아차림 하다 보면 욕구는 일어났다가 사라지기 마련이고 또 다른 욕구가 올라오는 것을 보게 됩니다.

자주 떠오르는 생각들, 판단과 자책

또 자주 등장하는 생각들이 있습니다. 바로 판단과 자책이에요. 초심자의 경우 가장 많이 떠오르는 생각은 '내가 지금 명상을 잘하고 있는 걸까?'입니다. 앞에서 언급했다시피 잘된 명상, 잘못된 명상은 없어요. '잘했다', '못했다'는 판단임을 잊지 마세요. '난 왜 이렇게 명상을 못하지?' 이 또한 자주 떠오르는 생각입니다. 자책 역시 자신에 대한 판단이에요. 이런 생각들이 판단이라는 것을 인지하면 '판단하면 안 돼!' 하는 생각도 스윽 올라옵니다. 이 또한 판단이에요. 판단하는 생각이 일어날 때는 '아, 판단하는 생각이 올라왔구나' 하고 알아차리면 됩니다.

'왜 자꾸 판단하는 생각이 떠오르는 거지?' '난 소질이 없나 봐' '기분이 나쁜데. 이런 기분을 느끼고 싶지 않아!' 자책하는 마음은 비난으로 이어지기 쉽습니다. 또한 명상 도중 자기비난이 올라왔다는 것에 명상에 대한 회의감이 들 수도 있어요. 그러면 명상이 하기 싫어집니다. 명상을 하지 않는 자신에게 화가 나고 비난의 목소리는 더욱 커집니다. 악순환이 반복되다 보면 명상에서 손을 놓게 돼요. 존재모드로 바라볼까요? 이 모든 것은 떠오른 생각일 뿐, 실제가 아닙니다. 판단과 자책이 올라오면, '자책하는 생각이 왔구나' 알아차리고 '그럴 수도 있지' 해주세요. 그리고 주의를 부드럽게 주의의 대상으로 가져옵니다.

마음의 방황 다루기

1. 주의가 주의의 대상을 벗어나 방황하는 것을 알아차립니다.
2. 떠오른 생각을 판단하지 않고, '이런 생각이 일어났구나' 하며 생각을 생각으로 받아들입니다.
3. 생각을 생각으로 바라보며 잠시 머무릅니다. 생각을 알아차린다는 말은 '떠오른 생각을 알아차려서 핀셋으로 집어다 버리라'는 말이 아니에요.
4. 마음에 있던 것을 내려놓고 주의를 주의의 대상으로 부드럽게 가져옵니다.

극장에서 연극을 관람한다고 생각해볼까요? 연극이 시작되면 객석의 웅성거림도 분명 있지만 우리의 주의는 95% 이상 무대에 집중됩니다. 연극을 보다가 다른 곳에 스포트라이트(나의 주의)가 비춰져 있다면 알아차려 봅니다. 다시 스포트라이트를 부드럽게 무대 위로 비춰봅니다.

평소에 못 느끼던 감각까지 느껴져요!

명상하려고 앉으면 평소에 못 느끼던 미세한 감각까지 느껴질 수 있어요. 불편함을 느끼면 이를 바꾸고자 하는 욕구가 일어나기 마련입니다. 입술이 마르거나, 머리카락이 볼에 닿는 느낌이 느껴지면 움직여서 해결하고 싶은 욕구가 올라옵니다. 이때 바로 입술을 움직이거나, 손을 올려 머리카락을 넘기지 않도록 합니다. '마르고 건조한 느낌', '머리카락이 닿는 느낌'이라고 인식된 감각을 바라봅니다. 감각에 잠시 머무르며 살펴보세요. 욕구를 억누르지도 말고, 바로바로 충족시키지도 말고 잠시 멈춰 바라봅니다. 꼭 필요하다면 알아차리면서 천천히 움직여봅니다.

통증이 느껴져요. 원래 이런 건가요?

명상을 처음 시작하는 경우, 앉아 있는 자세만으로도 통증을 느낍니다. 등을 기대지 않고 척추를 세워서 앉는 자세가 익숙하지 않기 때문입니다. 특히 바닥에 앉는 경우, 척추뿐 아니라 고관절, 무릎 등 여러 부위에서 통증을 느낄 수도 있어요. 또한 알아차림에 깨어 있기 때문에 평소에 느끼지 못했던 불편감과 통증이 느껴지기도 합니다. 통증이 강렬하면 그만하고 싶은 마음이 듭니다. 혹은 통증을 없애려는 목적을 가지고 투쟁하듯 명상을 해내겠다는 생각이 들기도 합니다. 또는 자세를 좀 고쳐 앉으면 통증이 나아질 것 같다는 욕구가 올라올 수도 있습니다.

불편한 감각과 통증을 대하는 자세

불편한 감각과 통증을 다루기에 앞서 이것만은 꼭 기억해야 해요. 통증을 없애는 것이 목적이 아닙니다! 없애려 하거나 억누른다고 통증은 없어지지 않습니다. 게다가 싫은 것을 회피하는 것은 행위모드예요. '좋다', '싫다'를 판단하지 않고 바라보는 것이 존재모드죠. 통증과 그에 따른 생각들을 있는 그대로 인정하는 것이 먼저입니다. '너무 아파서 그만하고 싶은 마음이 들었구나' 등 떠오른 생각을 알아차려 봅니다. 통증을 없애겠다는 목적은 잠시 내려놓습니다. '통증 부위가 어떤지 살펴볼까?' 하며 주의를 통증 부위로 따뜻하게 가져갑니다. 통증 부위로 숨이 들어오고 나간다고 생각하며 천천히 통증 부위를 살펴봅니다.

말이 쉽지 강렬한 통증을 잠자코 바라본다는 것은 쉬운 일이 아닙니다. 처음엔 저도 투쟁하듯 했던 기억이 납니다. 번아웃 후 상반신이 찢기는 통증은 계속 되었습니다. 통증으로 명상 방석 위에는 앉지도 못했죠. 얼마간은 의자에 앉거나 누워서 명상을 했어요. 그러나 어떻게 해도 늘 강렬한 통증에 압도되었습니다. '이 통증으로 내 인생은 끝났어. 다시는 예전처럼 살 수 없겠지?'란 생각은 제 삶을 집어 삼켰습니다. 통증으로 잠 못 드는 밤이 계속 되었습니다. 겨울엔 아무리 가벼운 외투를 입어도 외투의 무게에 짓눌리는 통증에 눈물이 줄줄 나올 정도였어요.

그래도 통증 바라보기를 포기하지 않았습니다. 물론 처음엔 통증을 없애려는 목적으로 통증을 째려보았어요. '나의 몸이 어떤 상태이든 있는 그대로 온전하다'라는 가이드에 반발심도 가득했죠. 그렇게 통증을 바라보던 어느 날, 아무 사심 없이 통증을 살펴보게 되었어요. 그 감각은 강렬했다가 찌릿했다가 잠시 사그라들기도 하며 생명력이 있는 존재처럼 움직이더군요. 저를 끈질기게 괴롭혀 '통증'이라 이름 붙였던 이 감각. '이걸 '통증'이란 한 마디로 정의할 수 있는 걸까?' 통증을 있는 그대로 바라볼수록 통증과의 관계는 변화되어 갔습니다. 지긋지긋하게 여겨졌던 통증을 따뜻하게 바라보고 사랑도 보낼 수 있게 되었습니다.

명상 중 불편한 감각과 통증 다루기

1. 불편한 감각, 통증 그리고 그에 따라 올라오는 생각을 있는 그대로 인식해봅니다.
2. '좋다', '싫다'는 판단 없이 감각을 살펴봅니다.
- '이런 감각을 경험하고 싶지 않아!' 하는 생각에는 '그런 마음이 드는구나' 인정합니다. '혐오감'이라는 이름을 붙여보는 것도 좋습니다.
- 따뜻한 주의를 기울여 불편감과 통증을 바라봅니다. 있는 그대로 허용해봅니다.
3. 몸을 움직여 불편감을 바꾸려 하지 않습니다. 불편감과 통증도 감각 중에 하나라고 받아들여 봅니다.
4. 만약 너무 애쓰고 있는 자신을 발견한다면 천천히 알아차리며 움직여도 괜찮습니다. 다만 현재 느껴지는 감각, 움직이고자 하는 의도, 움직임의 감각에 주의를 기울이며 천천히 움직여봅니다.
5. 있는 그대로 감각을 느끼면서 이 감각에 대한 혐오감이 어떻게 변화하는지 살펴봅니다.

명상만 하면 잠이 와요

명상은 눈을 감고 시작하고, 하다보면 몸과 마음이 이완되기 때문에 졸음이 오기 쉽습니다. 피곤한 느낌은 신체가 휴식이 필요한지를 알려주는 신호예요. 만약 명상 도중 잠이 들었다면, '피곤했구나'라고 받아들여 보세요. 눈을 감은 동안 시각적 정보를 차단해 뇌가 휴식했고, 몸도 충분히 이완되었습니다. 이미 돌이킬 수 없는데 '잠들었으니 이번 명상은 망했어'라고 자신을 비난하는 것을 멈춰봅니다. 졸아도, 끝까지 명상을 해도 모두 자신에게 도움이 되는 경험으로 받아들여 보세요. 하지만 명상만 하면 잠드는 것이 습관이 되어서는 안 됩니다. 명상 도중 졸음이 온다면 눈을 반 정도만 살짝 뜨고 아래를 응시하며 명상을 이어가도록 합니다.

명상 도중 만나는 장애물들은 마음 근력을 강화할 수 있는 기회다!

사실, 명상 중 맞닥뜨리는 장애물들은 우리에게 마음 근력을 강화할 수 있는 기회를 줍니다. 명상이 근력운동과 같다는 것, 기억나시죠? 장애물은 마치 덤벨의 무게와 같습니다. 장애물에 바로 반응하지 않고 주의를 다시 주의의 대상으로 가져오는 것이 덤벨을 한 번 들어 올리는 거예요. 무게 저항이 없다면 똑같이 들어 올리는 동작을 해도 근력은 생기지 않습니다. 장애물을 만날 때마다 '마음 근력을 강화하는 기회가 왔어!'라고 생각해보세요! 그 기회가 왔을 때, 우리는 어떻게 할지 선택할 수 있습니다. 덤벨을 놔 버릴지, 다시 들어 올릴지는 당신에게 달렸습니다.

chapter

3

마인드풀하게 스트레스 관리하기: 마음정원의 시든 잎사귀 돌보기

'어후~ 스트레스 받아!', '오늘 하루도 어떻게든 버텨냈다…' 누구나 스트레스를 받으며 삽니다. 그 스트레스를 쌓아두면 내재화되고 결국 정원의 시든 잎처럼 시들시들해집니다. 지난 챕터에서는 우리의 마음정원을 가꾸기 위한 기초체력 훈련을 함께 했습니다. 이제 정원을 거닐며 당신의 마음정원에 시들시들해진 잎이 있는지 살펴주세요. 이번 챕터에서는 일상의 스트레스에 대해 다뤄볼 거예요. 스트레스에 짓눌리면 축 쳐지고 시들해진 잎처럼 생기를 잃습니다. 잎은 해충, 땡볕 같은 외부의 영향에 상할 수도 있고, 내부의 요인으로 인해 상할 수도 있어요. 이번 챕터에는 일상에서 마인드풀하게 스트레스를 알아차리고 관리하는 노하우들을 담았습니다. 이 방법들을 활용해 정원의 잎이 왜 시들었는지 살펴봅니다. 그리고 마인드풀하게 스트레스를 다뤄보세요. 시들었던 당신의 마음정원의 잎들이 생기를 되찾게 될 거예요.

01

지금 우리는 역대급 스트레스 환경에서 살고 있다.

기초 명상연습을 하는 동안은 고요와 평온을 경험하게 됩니다. 그러나 당신의 일상은 어떤가요? 여전히 해야 할 일이 많고, 사람들과 부대끼며 평온과는 거리가 먼 하루를 보내고 있을지도 모르겠습니다. 틱낫한 스님은 저서인 「틱낫한 명상」에서 베트남 민요의 노랫말을 소개합니다. "무엇보다 어려운 것은 집에서 도를 닦는 것이요, 그다음으로 어려운 건 무리 속에서 닦는 것이요, 세 번째로 어려운 건 사원에서 닦는 것이다." 그렇습니다. 우리의 터전인 직장, 가정에서의 삶은 사실 평온하기보단 괴로울 때가 많아요. 현대사회에서는 이 괴로움을 스트레스라 부릅니다. 이 장에서는 스트레스를 유발하는 자극들과 스트레스가 미치는 영향에 대해 알아보도록 하겠습니다.

먼저, 현재 나의 스트레스 정도부터 살펴볼까요?

<스트레스 척도(한국판 PERCEIVED STRESS SCALE)[4]>

1. 지난 한 달 동안, 예상치 못한 일이 생겨서 기분 나빠진 적이 얼마나 있었나요?
①전혀 없었다(0점) ②거의 없었다(1점) ③때때로 있었다(2점) ④자주 있었다(3점) ⑤매우 자주 있었다(4점)

2. 지난 한 달 동안, 중요한 일들을 통제할 수 없다고 느낀 적은 얼마나 있었나요?
①전혀 없었다(0점) ②거의 없었다(1점) ③때때로 있었다(2점) ④자주 있었다(3점) ⑤매우 자주 있었다(4점)

3. 지난 한 달 동안, 초조하거나 스트레스가 쌓인다고 느낀 적은 얼마나 있었나요?
①전혀 없었다(0점) ②거의 없었다(1점) ③때때로 있었다(2점) ④자주 있었다(3점) ⑤매우 자주 있었다(4점)

4. 지난 한 달 동안, 짜증나고 성가신 일들을 성공적으로 처리한 적이 얼마나 있었나요?
①전혀 없었다(0점) ②거의 없었다(1점) ③때때로 있었다(2점) ④자주 있었다(3점) ⑤매우 자주 있었다(4점)

5. 지난 한 달 동안, 생활 속에서 일어난 중요한 변화들을 효과적으로 대처한 적이 얼마나 있었나요?
①전혀 없었다(4점) ②거의 없었다(3점) ③때때로 있었다(2점) ④자주 있었다(1점) ⑤매우 자주 있었다(0점)

6. 지난 한 달 동안, 개인적인 문제를 처리하는 능력에 대해 자신감을 느낀 적은 얼마나 있었나요?
①전혀 없었다(4점) ②거의 없었다(3점) ③때때로 있었다(2점) ④자주 있었다(1점) ⑤매우 자주 있었다(0점)

4) 서울시 정신건강브랜드 블루터치 https://blutouch.net/health/test4.

7. 지난 한 달 동안, 자신의 뜻대로 일이 진행된다고 느낀 적은 얼마나 있었나요?
①전혀 없었다(4점) ②거의 없었다(3점) ③때때로 있었다(2점) ④자주 있었다(1점) ⑤매우 자주 있었다(0점)

8. 지난 한 달 동안, 매사를 잘 컨트롤하고 있다고 느낀 적이 얼마나 있었나요?
①전혀 없었다(4점) ②거의 없었다(3점) ③때때로 있었다(2점) ④자주 있었다(1점) ⑤매우 자주 있었다(0점)

9. 지난 한 달 동안, 당신이 통제할 수 없는 범위에서 발생한 일 때문에 화가 난 적이 얼마나 있었나요?
①전혀 없었다(0점) ②거의 없었다(1점) ③때때로 있었다(2점) ④자주 있었다(3점) ⑤매우 자주 있었다(4점)

10. 지난 한 달 동안, 어려운 일이 너무 많이 쌓여서 극복할 수 없다고 느낀 적이 얼마나 있었나요?
①전혀 없었다(0점) ②거의 없었다(1점) ③때때로 있었다(2점) ④자주 있었다(3점) ⑤매우 자주 있었다(4점)

나의 스트레스 척도: 총 ________ 점

13점 이하: 정상적인 스트레스 상태
14~16점: 스트레스의 영향을 받기 시작한 상태
17~18점: 스트레스가 정신질환으로 발전될 가능성이 높아진 상태
19점 이상: 전문가의 도움이 필요한 상태

※출처: 이종하, 신철민, 고영훈, 임재형, 조숙행, 김승현, 정인과, 한창수(2012), 한글판 스트레스 자각척도의 신뢰도와 타당도 연구, 정신신체의학, 20(2), 127-134

일상적인 직장인들의 스트레스

누구나 "나 요새 스트레스 받아"라는 말을 해본 적이 있을 거예요. 특히

직장인들의 스트레스가 이만저만이 아닙니다. 우리나라는 근무시간 조정에도 여전히 OECD 국가 중 많이 일하는 나라로 꼽힙니다. 이에 따른 긴 근무시간, 짧은 수면도 모두 스트레스 요인이 됩니다. 스트레스는 마음뿐 아니라 몸에도 영향을 미칩니다. 과거에는 몸과 마음을 따로 치료했으나, 마음과 몸을 연결된 하나로 보는 시각이 필요합니다. 스트레스는 몸에 나쁜 영향을 끼치고, 몸이 힘들면 결국 마음도 힘들어집니다. 최근 불면증 등 수면 문제로 괴로워하는 직장인들이 많아요. 수면 문제는 흔한 스트레스 징후 중에 하나입니다. 쌓이는 스트레스를 방치해두면 몸에도 마음에도 해롭습니다.

스트레스는 몸에 어떤 영향을 미칠까?

스트레스가 계속 되면 자율신경계의 균형이 깨지고 혈액순환의 부조화가 일어납니다. 근육의 긴장도도 균형을 잃고 경직되기 쉬워요. 그러면 외부 바이러스의 영향 없이도 인체 내에서 문제가 나타나기 시작합니다. 흔히 알고 있는 만성질환들은 스트레스로 인한 것이 많습니다. 우선 스트레스는 제2의 뇌라 불리는 장에 직격탄입니다. 스트레스가 쌓이면 소화기 계통에 문제를 일으킵니다. 누구나 그렇다고 여길 수 있지만, 이로 인한 일상의 불편함을 떠올려 보세요. 소화기계의 문제는 사실 당연한 것이 아닙니다.

스트레스는 면역력도 떨어뜨립니다. 면역력이 저하되면 바이러스를 이겨내지 못하고 감염되기 쉽습니다. 또한 스트레스는 과거에는 흔치 않았던 알레르기와 두드러기를 악화시키기도 해요. 스트레스 호르몬은 혈당을 증가 시켜 당뇨에도 영향을 줍니다. 현대인이 달고 사는 만성통증도 스트레스와 그로 인한 긴장 때문에 생긴다고 미국의 존 사노 박사는 말합니다. 그리고 스트레스를 계속 받으면 텔로미어가 짧아져 노화가 빨리 진행돼요. 게다가 스트레스 호르몬으로 인해 생기는 혈전은 혈류를 타고 이동하다가 여기저기를 막기도 합니다. 이는 뇌경색, 심근경색, 폐 색전증 등을 일으켜 목숨이 위험해질 수도 있습니다.

스트레스는 마음에 어떤 영향을 미칠까?

큰 스트레스는 마음에 상처가 됩니다. 자잘한 스트레스도 해소하지 않은 채 방치하다 보면 마음에 영향을 미칩니다. 세로토닌(행복 호르몬)은 장에서 90%가량 생성됩니다. 스트레스는 장에 영향을 미칩니다. 거기다 스트레스를 받는다고 매운 음식이나 술을 섭취하면 장은 큰 타격을 입습니다. 장에만 해로운 것이 아니라 행복감도 잘 느끼지 못하게 됩니다. 만성적 스트레스로 올 수 있는 대표적인 마음의 병이 우울증이에요. 우울증은 심한 우울감으로 오기도 하지만, 입맛이 없거나 만성피로, 불면증 등이 더 두드러지는 경우도 많습니다.

스트레스는 번아웃을 유발한다.

최근 몇 년 사이 번아웃을 겪는 직장인도 많아졌습니다. 번아웃은 '직장인 스트레스 만성피로 증후군'으로도 불립니다. 2019년에 WHO(세계보건기구)는 번아웃을 직업 관련 증상으로 분류했습니다. 직장에서의 과도한 업무와 성과 경쟁은 큰 스트레스로 다가옵니다. 계속해서 경주마처럼 앞만 보고 과도하게 일에만 몰두하면 지칠 수밖에 없어요. 이렇게 심신이 지친 상태에서는 의욕이 상실되고 무기력해지죠. WHO에서 제시한 '번아웃 증후군'의 증상은 이러합니다. '무기력하고 지친다', '직장과 일에 거부감이 든다', '업무능력 및 효율이 떨어진다.' 번아웃 상태가 되면 두통, 통증, 수면 장애 등 신체적인 증상들도 나타납니다.

그렇다면, 대체 스트레스란 무엇일까요? 일반적으로는 나쁜 일을 겪었을 때 스트레스를 받는다고 생각합니다. 하지만 좋은 일, 나쁜 일을 가리지 않고 '변화'가 일어나면 사람들은 이를 스트레스로 받아들입니다. 가까운 누군가를 잃거나, 새로운 일을 시작하는 등의 큰 변화에서부터 핸드폰 배터리가 없는 일상적인 상황까지. 이런 변화들은 삶에서 일어나지 않을 수 없습니다. 그래서 살아 있는 한 스트레스에서 완전하게 벗어날 수는 없어요.

우리는 역대급 스트레스 유발 자극 가운데 살고 있다.

우리는 'VUCA 시대'에 살고 있습니다. 급변하고(Volatility), 불확실하고(Uncertainty), 복잡하며(Complexity), 모호(Ambiguity)한 시대란 뜻입니다. 실제 비즈니스 환경이 이러합니다. 그 어느 때보다 스트레스 요인이 많을 수밖에 없습니다. 직장을 다니든 사업을 하든 급변하고 불확실한 환경에서 성과를 내야 하기 때문입니다. 계속해서 새로운 과제가 기다리고 있으며, 상황이 어떻게 바뀔지 예측도 어렵죠. 상사나 동료와의 관계, 고객이나 거래처와의 관계도 스트레스입니다. 잘 맞지 않는 경우 함께 하기 힘든데 계속 봐야 하니 꾹 참는 것이 스트레스를 유발합니다. 또 계속해서 새로운 사람을 만나야 하는 상황도 스트레스 요인이 되기도 합니다.

넘쳐나는 정보들 또한 스트레스를 유발합니다. 요즘은 핸드폰, 노트북, TV 등 정보를 접할 수 있는 통로가 너무나 많아요. 정보를 잘 아는 것도 중요하지만 우리는 과도하게 정보에 노출되어 있습니다. 밥을 먹을 때, 심지어 잘 때도 그렇습니다. 정보를 보면 뇌에서는 정보 처리를 합니다. 뇌에 너무 많은 정보가 계속 들어오면 어떻게 될까요? 우리 뇌를 컴퓨터라 생각하면 쉽게 답이 나옵니다. 컴퓨터에 동시에 여러 프로그램을 작동시키면 컴퓨터 속도는 느려지게 마련이죠. 그리고 우리가 정보에 집중할 때 자율신경계가 신체를 각성시킵니다. 초식동물이 포식자의 위험을 감지하고 집중해서 주위를 살필 때와 비슷한 현상이 일어나는 거예요.

현대사회의 생활환경 자체도 스트레스 유발 요인입니다. 스트레스 전문가 브루스 맥퀸 교수는 도시 환경이 사람들을 스트레스 자극에 취약하게 만든다고 언급했습니다. 늦은 시간까지 꺼지지 않는 네온사인, 광고판, 사람이 북적거리는 거리 등 도시의 환경은 자극이 많습니다. 그 밖에도 전자파, 미세먼지, 환경오염, 층간소음 등도 모두 자극입니다. 우리의 생활습관도 몸과 마음에 스트레스 유발 자극이에요. 술, 담배뿐 아니라 야식을 먹는 습관, 인스턴트 음식, 불규칙한 수면 등이 이에 해당됩니다. 그리고 전 세계적 팬데믹 상황에서 생명과 생계에 대한 불안, 사람들과 대면교류단절 등이 지속되고 있습니다. 우리는 지금 실로 역대급 스트레스 유발 자극들 가운데 살고 있습니다!

02

주목받고 있는 스트레스 관리법, 명상

앞에서 살펴보았듯 스트레스가 몸과 마음에 주는 영향은 치명적입니다. 어떻게 이렇게까지 위협이 될 수 있는지 궁금해집니다. 스트레스 자극을 받을 때 우리 몸에서는 대체 어떤 일이 일어나는 걸까요? 이번 장에서는 스트레스 자극을 마주할 때 일어나는 신체 반응에 대해 알아보겠습니다. 또한 이런 상황에서 마인드풀니스가 어떻게 도움을 줄 수 있는지도 살펴봅니다. 그리고 강렬한 스트레스 상황에서 나를 구조하는 응급 스트레스 명상도 함께 해볼게요.

싸우거나, 도망치거나, 억누르거나

스트레스 유발 자극을 마주하면 인체에서는 어떤 현상이 일어날까요? 변연계의 편도체가 자극을 위협으로 받아들이면 화재경보기가 울리듯 경보를 울립니다. 이 경보음은 두 가지 경로를 통해 온몸을 비상 상태로 각성시킵니다. 하나는 뇌간의 청반에서 노르아드레날린을 온 뇌로 보내는 것입니다. 또 다른 하나는 시상하부, 뇌하수체에서 부신을 자극해 아드레날린과 코티솔을 분비하는 것입니다. 그러면 온몸의 교감신경계가 활성화됩니다. 위협에 맞서 싸우거나 도망갈 태세가 갖춰지는 거죠. 심장박동이 빨라지고, 동공이 확대되는 등 생물 시간에 배웠던 바로 그 반응이에요! 이는 투쟁-도피 반응입니다.

과거 수렵시대에 맹수에게 잡아먹힐 위험 앞에서 이는 생명을 보호하는 데 큰 도움이 되었습니다. 하지만 맹수의 위협이 없는 지금도 인류는 여전히 투쟁-도피 반응을 보입니다. 예전처럼 목숨이 달린 위험이 아님에도 두려움이나 중압감을 느낄 때 이를 위협으로 받아들여요. 자기개념이나 지위가 위협당하거나, 자신의 의견이 거부되었을 때 비상상태가 됩니다. 직장 상사에게 지적을 받을 때 당신은 어떤가요? "알았다고요! 고치면 되잖아요!" 하며 폭발할 수도 있고, 빨리 도망가 버리고 싶을 수도 있습니다. 모두 투쟁-도피 반응입니다.

평상시에는 해마와 전전두엽이 경보를 울려대는 편도체를 진정시킵니다. 그러나 코티솔이 과다 분비되면 이들은 진정시킬 힘을 잃어요. 편도체는 이성을 잃고 미쳐 날뛰기 시작합니다. 감성지능으로 유명한 대니얼 골먼은 이성이 편도체에 납치돼버린 이 상태를 '편도체 납치(Amygdala hijacking)'라고 합니다. 자신도 모르는 사이에 불쑥 화가 나서 소리를 지르고, 물건을 내던져 본 적이 있나요? 그 순간 당신의 편도체가 납치되었던 거예요. 이 투쟁-도피 반응을 온몸으로 경험하고 나면 신체는 지칩니다. 그래서 스트레스 상황이 종료되면 신체는 원래대로 회복되고 휴식합니다.

직장에서는 아무리 스트레스 요인이 많다 해도, 우리의 투쟁-도피 반응을 받아주지 않습니다. 교감신경 활성화로 각성된 신체와 활개치는 감정을 그대로 표출한다면 어떻게 될까요? 직장인들은 사회생활을 위해 두려움, 위협을 느끼는 자신의 감정을 억누르는 경우가 많아요. 이미 스트레스 호르몬이 분비되어 몸과 마음은 요동치고 있는데도 말입니다. 감정을 억압하면 몸은 계속 각성된 상태로 있게 돼요. 스트레스가 사라지지 않고 몸에 계속 남아 있는 셈입니다. 만성적 각성상태가 되면 몸이 이완되지 못하고 다양한 질병을 초래합니다. 그 상태에서 스트레스가 계속 쌓이면 코티솔이 쉬지 않고 분비되어 뇌까지 망가질 수도 있어요.

사실 스트레스 유발 자극 자체가 곧 스트레스는 아닙니다. 그럼에도 위협으로 보이는 것마다 경보를 울리면 어떻게 될까요? 불이 나지 않았는데도 화재경보기가 계속 시끄럽게 울리는 집에 산다고 생각해보세요. 끔찍하지 않나요? 스트레스를 유발하는 자극을 우리가 어떻게 바라볼 것인가가 중요합니다. 어떤 경험이든 우리가 그 경험과 어떤 관계를 맺을지는 우리의 선택이기 때문입니다. 여기가 마인드풀니스가 필요한 지점이에요. 마인드풀니스는 스트레스 자극마다 경보음을 울려대거나 펀치 한 방으로 끄려고 했던 우리에게 도움을 줄 수 있어요.

명상은 경보를 울리는 편도체 활성을 저하시킨다.

평상시의 명상 훈련은 스트레스 유발 자극에 편도체가 날뛰지 않도록 도와줍니다. 한 연구에서 1만 시간 명상 훈련을 한 집단과 명상 초보자 집단에 부정적 소리(울부짖음)를 들려주었습니다. 같은 소리를 들었는데, 오랜 시간 명상을 한 집단은 초보 집단에 비해 편도체가 크게 반응하지 않았습니다. 마인드풀니스 명상이 뇌 구조를 바꾼다는 것 기억나시죠? 명상을 하면 스트레스에 반응하는 편도체의 회백질 밀도는 감소하고, 해마의 회백질 밀도는 증가합니다(2011년 사라 라자르, 브리타 휠젤 박사팀 연구). 기쁜 소식은 단지 명상 기초 훈련만으로도 편도체를 조절하는 능력이 생긴다는 거예요! 평소 명상을 꾸준히 하겠다는 의욕이 샘솟지 않나요?

명상을 하면 자극에 자동적으로 반응하지 않고 선택할 수 있다.

평소의 꾸준한 명상이 편도체의 활성화를 낮춘다 해도, 스트레스 자극을 피할 수는 없습니다. 유발 자극 앞에서 몸은 각성됩니다. 명상이 스트레스 자극으로 인한 신체의 각성이나 불쾌한 감정 자체를 없애지는 않아요. 스트레스 자극의 순간, 잠시 멈추고 알아차릴 수 있는지가 중요합니다. 자각하면 스트레스 유발 자극과 그로 인한 몸과 마음의 상태를 살필 수 있어요. 더 이상 자동적으로 반응하지 않게 됩니다. 마치 'Pause(일시정지)'를 누른 것 같은 상태가 돼요. 빅터 프랭클은 이 일시정지 상태에 대해 이렇게 말합니다. "자극과 반응 사이엔 공간이 있다. 그 공간에는 우리가 어떻게 할지 선택할 수 있는 힘이 있다."

자극에 바로 반응하지 않고 아주 잠깐 멈춤으로써 당신은 이 공간을 만들 수 있습니다. 이 찰나에 주의를 기울여 현재 맞닥뜨린 상황과 자신의 몸과 마음을 알아차릴 수 있어요. 그리고 객관적으로 자신과 상대방에게 좋은 선택을 할 수 있어요. 최상의 선택을 하지는 못하더라도 적어도 자극에 휩쓸려 다니지는 않을 수 있습니다. 또한 각성된 몸의 감각과 부정적 감정을 억누르지 않고 직면했기 때문에 각성이 누적되지 않습니다. 스트레스 자극의 순간 순간, 미루지 않고 다룸으로써 신체의 각성과 긴장이 해소됩니다. 그래서일까요? 미국 심리학회는 스트레스 대책 중 하나로 명상을 권하고 있습니다.

스트레스 유발 자극을 만나면 일반적으로는 싸우거나 도망가거나 억누릅니다. 투쟁-도피 반응이 나오는 대로 놔둔다면 사회생활이 어려울 거예요. 그렇다고 억누르면 몸에 스트레스 각성 상태가 쌓여 몸에 긴장이 풀리지 않게 되고요. 다행히도 평상시 명상 훈련은 자극에 자동적으로 반응하는 편도체의 활성화를 저하시켜 줍니다. 그리고 잠시 멈춰 몸과 마음을 알아차리고 자동적 반응이 아니라 선택할 수 있도록 도움을 줍니다. 그러니 꾸준한 명상연습은 스트레스 상황에서 우리를 구조한다는 것을 잊지 마세요. 그럼 스트레스 유발 자극과 마주했을 때는 당장 어떻게 하면 좋을까요? 스트레스 자극에 대처하는 응급용 명상을 소개합니다. 스트레스의 순간에 꼭 활용해보세요.

스트레스 자극을 만났을 때 편도체의 알람을 진정시키는 "응급 스트레스 명상"

1. 스트레스 자극의 순간, 알아차리고 멈춥니다.

우선 스트레스 유발 자극에 휩쓸리지 않으려면, 자극의 순간 멈출 수 있어야 해요. 자극을 마주할 때 자신에게 다음과 같이 알리는 것도 멈추는 데에 도움이 됩니다. '이건 스트레스 자극이구나', 혹은 동요를 부르듯 '그대로 멈춰라!' 그러면 자극에 자동적으로 반응하지 않게 됩니다. 자극과 반응 사이에 틈이 생깁니다.

2. 천천히 호흡하며 주의를 몸의 감각으로 가져와 몸에서 무슨 일이 일어나고 있는지 알아차려 봅니다.

주의를 자극에 각성되고 있는 몸의 감각으로 가져옵니다. 몸에서 어떤 일이 일어나고 있는지 알아차려 보세요. 여러 부위에서 동시에 긴박한 움직임이 느껴질 수도 있습니다. 신체 변화를 감지하는 뇌섬엽이 활발히 일하게 됩니다.

3. 두 발바닥을 지면에 단단히 딛고, 발바닥의 감각과 중력을 느껴봅니다.

앉아 있든 서 있든 이 상황에 대해 계속 생각하는 머리로부터 가장 먼 발바닥으로 주의를 보냅니다. 양 발바닥을 지면에 단단하게 디뎌보세요. 혼란스럽고 한없이 밑바닥으로 떨어지는 것처럼 느껴질지라도 이 두 발바닥이 나를 지탱해주고 있습니다. 더 이상 아래로 떨어지지 않으니 안심해도 됩니다. '휴우-.' 두 발바닥이 지면에 닿는 감각을 느껴보고 온몸으로 중력을 느껴보세요. 안정감이 찾아옵니다.

4. 5~10회가량 들숨보다 날숨을 천천히 길게 내쉬며 긴장을 내려놓습니다.

호흡은 마음을 반영합니다. 지금 호흡은 어떤가요? 초식동물처럼 스트레스에 짓눌려 가슴호흡을 하고 있었을 가능성이 큽니다. 횡격막 호흡을 천천히 깊게 하면 잔뜩 긴장했던 몸의 이완에 도움이 됩니다. 스트레스 자극을 받으면, 교감신경계가 활성화되어 투쟁-도피 반응이 일어납니다. 지금 신체 상태는 교감신경계 활성화로 불이 난 상태예요. 소화기로 불을 잠재우려면 진정시키고 이완을 일으키는 부교감신경계를 활성화시켜야 합니다. 들숨에는 교감신경계가 활성화되고, 날숨에는 부교감신경계가 활성화돼요. 횡격막 호흡을 천천히 하되 들숨보다 날숨을 길게 내쉬어보세요. 그리고 날숨을 조금씩 천천히 길게 내쉬면서 몸의 긴장도 내려놓아 봅니다.

03

스트레스 증폭은 이제 그만! -스트레스 알아차림 명상

몇 차례 언급한 바와 같이 현대인들은 역대급 스트레스 유발 자극 가운데 살고 있습니다. 이 자극들을 우리는 다 스트레스로 경험해야만 하는 걸까요? 앞서 명상을 오래한 집단은 명상 초보자 집단과 같은 소리를 듣고도 편도체가 크게 반응하지 않았다는 연구가 힌트가 됩니다. 스트레스를 일으키는 자극은 외부로부터도 오지만 내부적인 요인도 있습니다. 이번 장에서는 스트레스를 유발하는 외부요인을 어떻게 받아들일지에 대해 살펴볼 거예요. 그리고 누구나 겪어 보았을 스트레스의 내부자극 요인도 알아봅니다. 스트레스의 외부자극 요인과 내부자극 요인을 잘 다룰 수 있으면 삶은 한결 편안해져요. 그리고 스트레스와 새로운 관계를 맺을 수도 있습니다.

스트레스 외부자극 요인 바라보기: 소리 명상

이번엔 실습으로 시작해볼게요. 명상 자세로 안정감 있게 앉아서 눈을 감을 수 있는 곳이라면 어디든 괜찮습니다. 3~5분이면 충분합니다.

1. 편안한 자세로 앉아 눈을 살며시 감고 몸의 긴장을 내려놓습니다. 천천히 호흡합니다.
2. 들리는 소리에 주의를 기울여봅니다.
3. 가까이 들리는 소리, 멀리 들리는 소리를 모두 들어봅니다. 아무 소리도 들리지 않는 순간도 귀를 열어놓고 경험해봅니다.
4. 들리는 소리에 의해 감정이 일어나거나 소리에 대해 생각하고 있을 때 알아차립니다.
5. 다시 주의를 소리에 기울입니다. 소리를 있는 그대로 들어봅니다.

소리 명상 경험에 대해 기록해보세요

1. 들리는 소리를 있는 그대로 들을 수 있었나요?

2. 듣기 좋은 소리, 듣기 싫은 소리가 있었나요? 그런 소리를 들을 때 어떤 기분이 들었나요?

3. 소리를 듣고 생각이나 이야기가 떠올랐나요? 떠올랐다면 어떤 것이었나요?

4. 아무 소리도 들리지 않을 때는 어떠했나요?

5. 소리 명상 후 느끼거나 깨달은 점이 있다면 무엇인가요?

소리 명상 경험이 어땠는지 궁금합니다. 만약 조용한 곳이 아니었다면 시끌벅적했을 수도 있어요. 갑자기 울려대는 전화벨 소리에 마음이 조급해졌을 수도 있고요. '고요하게 명상하고 싶었는데' 하는 아쉬움이 올라왔을 수도 있습니다. 제가 명상을 시작한 지 얼마 되지 않았을 때의 경험이에요. 소리 명상에 들어갔는데 가까운 곳에서 공사 소리가 크게 들리기 시작했습니다. "위이이이이이잉!", "드르르르르르르르륵!" '왜 하필이면 지금 공사를 하는 거지?', '이 시끄러운 소리는 대체 언제 끝나는 거지?' 계속 명상을 이어간다는 것이 굉장히 도전적이었어요. 당장 자리를 박차고 일어나고 싶었지만 앉아 있어 보기로 했습니다.

실제 우리가 사는 삶의 현장은 이처럼 결코 고요하지 않습니다. 경적 소리, 핸드폰 울리는 소리, 음악 소리, 대화 소리, 공사 현장의 소리 등. 일상에서 당신은 이 소리들에 어떻게 반응하나요? 똑같은 구급차의 사이렌 소리를 듣고 사람들은 저마다 다르게 받아들입니다. '아, 시끄러워! 짜증나', '누가 다쳤나봐. 안 됐어', '집 근처인데 혹시 우리 가족이 다친 건 아닐까? 불안해' 등등. 당신의 소리 명상 경험으로 돌아가 볼게요. 어떤 소리에 대해 좋다, 싫다는 마음이 일어나지는 않았나요? 혹은 어떤 소리를 듣고 소리가 일어난 상황에 대해 추측하지는 않았나요? 소리와 연관된 어떤 이야기를 만들고 있지는 않았나요?

외부자극을 고통으로 받아들이는 자신을 알아차리기

소리는 스트레스를 유발할 수도 있는 우리가 통제할 수 없는 외부자극 요인 중 하나예요. 그러나 이를 스트레스로 받아들일지는 당신에게 달렸습니다. 우리는 보통 소리나 상황 자체가 스트레스를 일으킨다고 생각합니다. 그러나 알아차릴 수 있다면, 상황 자체가 아니라 상황에 대한 당신의 생각이 더 큰 스트레스를 일으킨다는 것을 발견할 거예요. 이 공식을 기억하는 것이 도움이 됩니다.

'상황 자체에서 오는 고통(1차 고통)' × '저항/당신의 해석'
= '우리가 느끼는 고통(2차 고통)'

우리는 상황에 대한 해석과 저항으로 고통을 증폭시킵니다. 상황에 대한 저항과 해석을 줄이면 어떻게 될까요? 상황 자체에서 오는 고통은 피할 수 없지만, 우리가 증폭시킨 고통은 크게 감소시킬 수 있습니다.

붓다는 "두 번째 화살은 맞지 말라"고 말합니다. 상황(첫 번째 화살)에 대해 해석을 덧붙이지 않고 '있는 그대로' 바라보는 연습을 해보세요. 그러면 스스로에게 두 번째 고통의 화살을 쏘지 않을 수 있습니다. 공사 현장 가까이에서 소리 명상을 했던 그날, 저는 두 번째 화살 쏘기를 멈추어 보았습니다. '너무 시끄러워서 명상을 할 수가 없잖아!', '대체 이 공사가 언제 끝나는 거지?' 하는 모든 저항을 멈춰 보았습니다. 소리를 있는 그대로 경험해보기로 했어요. 모든 걸 집어삼킬 것 같던 그 소리 또한 일어났다가 사라졌습니다. 계속해서 변하기도 했고요. 외부에서 들리는 소리는 제 마음대로 통제할 수 있는 게 아니었습니다.

모든 소리를 있는 그대로 받아들이게 되면서 삶에서 힘든 상황을 바라보는 시각도 변화되어 갔습니다. 힘든 상황에 대한 저항이 올라올 때, 알아차리고 내려놓을 수 있게 되었어요. 태국에 몇 달 머무르며 수행한 적이 있어요. 아침엔 수영 후 야외 수영장에 앉아 온몸으로 햇빛을 받으며 명상을 하곤 했죠. 공항 근처여서 비행기가 지나갈 때마다 소리가 굉장히 크게 울렸어요. 그 또한 자각 안에서 그저 소리일 뿐이었어요. 평온하게 앉아 호흡하며 굉음을 울리며 지나가는 소리에 가볍게 미소를 지을 수 있었습니다.

스트레스를 유발하는 내부자극 요인1: 욕망과 집착

소리와 같이 스트레스를 유발하는 외부요인도 있지만, 우리의 감정이나 마음도 스트레스 요인이 됩니다. 우리가 우리 스스로를 괴롭히는 것이죠. 사람에게는 생존 본능이 있습니다. 현대인은 불확실하고 급변하는 환경에서 살아남기 위해 노력합니다. 더 행복해지기 위해 애씁니다. '행복'할 수 있는 나름의 기준을 세우고 기준에 맞지 않으면 불행하다 여깁니다. 행복한 삶이라는 목표 아래, 자신에게 스트레스를 일으키고 있지는 않은지 살펴봐야 해요. 당신의 어떤 생각이 스스로를 스트레스 상황으로 몰아넣고 있나요?

행복의 조건들을 충족시키고자 한다면 이미 가지고 있는 것보다 없는 것부터 시선이 갑니다. 결핍에 집중하면 '그것만 이룬다면 행복해질 거야!' 하는 욕망이 일어납니다. 욕망은 이루어질 수도, 이루어지지 않을 수도 있어요. 그 욕망을 이룬다 해도 또 다른 욕망이 생깁니다. 살아 있는 한 욕망은 끊임없이 일어납니다. 문제는 이 욕망에 집착하는 거예요. 여기서부터 스트레스가 시작됩니다. 욕망을 이루지 못하면 삶이 끝난다고 여기는 것도, 혐오하는 대상을 피하려 애쓰는 것도 집착이에요. 집착의 상태에서는 원하는 것을 가지지 못할까 두렵고, 가지게 되어도 잃을까 두렵습니다. 욕망은 자연스럽게 일어나기에 그 자체는 문제가 되지 않아요. 욕망에 집착하는 순간, 알아차림이 필요합니다!

스트레스를 유발하는 내부자극 요인2: 완벽해야 돼!

행복의 조건을 충족하기 위한 노력은 욕망을 일으킬 뿐 아니라 삶을 숙제하듯 살게 합니다. 욕망이 담긴 목표를 빨리 이루고자 과제 지향적이 되기 쉽습니다. 빨리, 완벽하게 하고자 하는 생각은 마음을 조급하게 합니다. 완벽을 추구하는 성향이 강할수록 '이 일은 이렇게 되어야 해!'라는 자기만의 생각도 강해요. 생각대로 일이 착착 진행되지 않으면 불안감을 느끼고 스트레스를 받습니다. 비현실적으로 완벽한 결과를 기대합니다. 그래서 기대에 미치지 못하면 좌절감도 커요. 어떻게 보면 목표가 비현실적이기에 좌절감은 필연적으로 따라올 수밖에 없습니다. 비현실적인 목표를 빠르고 완벽하게 이루려 하는 것은 자신을 스트레스로 몰아넣는 셈입니다.

게다가 어떤 이들은 목표뿐 아니라 삶의 모든 면에서 완벽한 기준을 만들어냅니다. 예를 들어 커리어 우먼의 경우, 완벽한 직장인, 완벽한 아내이자 엄마가 되고자 애씁니다. 애쓰는 것 자체가 잘못 되었다는 것이 아니에요. 다만, 지나치게 완벽을 추구하는 경우, 하나라도 모자란 부분이 느껴지면 자신을 용납하지 못합니다. 이미 모든 면에서 애쓰고 있으면서도, 자신이 한 노력조차 인정해주지 않는 거죠. 무엇이 당신을 완벽주의자로 만들었을까요? '이걸 제대로 해내지 못한다면 나는 인정받지 못할 거야', '완벽하지 않은 나는 사랑받지 못할 거야' 하는 두려움이 있지는 않은지 살펴봐주어야 합니다.

스트레스를 유발하는 내부자극 요인3: 비교, 질투, 분리

현대인들은 급변하는 환경 속에서 살아남고자 경쟁이 익숙해졌습니다. 그래서일까요? 굉장히 사소한 것부터 남들과 비교하는 것이 습관이 되어버렸습니다. 입고 있는 옷부터 외모, 학력, 재산 등 비교하는 마음은 끊임없이 일어납니다. 자신이 조금이라도 낫다고 여기면 우월감을 느끼고, 부족한 것 같으면 낙담하거나 질투를 느끼기도 합니다. 요즘 많은 사람들이 특히 SNS상에서 다른 사람들과 자신을 비교하는 경험을 합니다. 실제 그 사람의 삶이 아니라 보여지는 이미지일 뿐임에도 비교하며 자괴감과 질투를 느낍니다. 어떤 사람이 자신보다 낫다고 느낄 때, 이를 위협으로 받아들이고 있지는 않은지 살펴보세요.

비교하면서 자신을 부족한 존재라고 느끼며, 나 자신을 사람들과 분리하는 것은 자신을 고립시키는 것입니다. 사실 우리가 좀 더 나아보이고 싶은 마음은 사람들과 가까워지고, 인정받고 사랑받고 싶은 마음에서일지 모릅니다. 비교하고 좌절하고 시기심이 일어나는 순간, 알아차림이 필요합니다.

스스로 스트레스를 증폭시키고 있을 때, '스트레스 알아차림 명상'

1. 스스로 스트레스를 증폭시키고 있는 순간, 알아차리기

평소 명상 훈련이 이 순간에 알아차림을 도와줍니다. 가장 좋은 것은 어느 순간에든 늘 자각하는 거예요. 그리고 있는 그대로 바라보는 것입니다. 스스로 증폭시키고 있는 순간을 알아차릴 수만 있어도 더 큰 고통으로 걸어 들어가는 자신을 구할 수 있어요. '이 상황은 바뀌어야 돼', '더 빨리 해내야 돼!', '왜 나한테만 고통스런 일들이 생기는 거야!' 이런 생각이 떠오르는 찰나를 포착해보세요. 어떤 상황에 대해 저항을 일으키거나, 자신을 스트레스로 내모는 생각이 떠오르는 순간 알아차려 봅니다!!

2. '이것이 스트레스구나.' 스트레스 맞이하기

알아차리면서 '스트레스 상황이 찾아왔구나', '이것이 스트레스구나' 하며 스트레스의 순간을 맞이해봅니다. 우리는 스트레스로부터 도망치고자 하는 것이 아니에요. 싫어하는 것을 피해 다니는 것 또한 집착입니다. 다만 증폭시키는 것을 멈추고 모든 경험 중에 하나로 스트레스 상황을 바라보세요.

3. 횡격막 호흡을 하면서 몸 스캔하기

'스트레스구나. 휴우~' 하고 숨을 몇 차례 길게 내쉬면서 당신의 따뜻한 손으로 가슴을 쓸어내려도 좋습니다. 심호흡을 하듯이 내쉬는 숨은 입으로 크게 내뱉어도 좋아요. 천천히 횡격막 호흡을 하면서 몸의 긴장이나 감각이 강하게 느껴지는 부분이 있는지 스캔해봅니다. 입, 턱, 목 등에 긴장이 있는지 살피면서 내쉬는 숨에 긴장을 풀어놓듯 내려놓아 보세요. 이미 몸은 위협을 느껴 스트레스 호르몬이 분비되었을지 모릅니다. 이럴 때 스트레스를 마주하지 않고 억압하면 몸에 긴장이 쌓여요. 그렇기에 잠시 몸을 구석구석 스캔하는 것은 중요합니다.

4. 상황별로 나에게 말을 건네 보기

몸을 스캔하면서 자신에게 말을 걸어보는 것도 좋습니다. 외부자극 요인에 해석을 덧붙이고 있는 것을 발견한다면, '지금 해석을 덧붙이고 있구나' 하고 말해주는 것입니다. 있는 그대로 바라볼 힘을 잃고 상황 속에서 헤매고 있는 자신을 일깨워줄거예요. 자기비난을 하고 있다면, '지금 내가 나를 공격하고 있구나'라고 말해줄 수도 있습니다. 완벽하지 못한 자신에게 실망을 느끼고 있다면 이렇게 말해봅니다. '하루 종일 애썼는데 이거 하나 못했다고 나를 무능하다고 몰아갔구나. 오늘 정말 애썼어', '모든 면에서 다 완벽하지 않아도 돼. 안심해', '혼자 하기 힘들면 도움을 구하는 방법도 있어. 넌 혼자가 아니야.'

04

스트레스 패턴을 비추어보는 -플래시온 스트레스 명상

우리는 앞서 스트레스를 마주했을 때 할 수 있는 응급 명상과 스트레스 알아차림 명상을 해보았습니다. 잘 실천한다면, 당장 마주치는 자극들에 대처할 수 있어요. 하지만 이제껏 역대급 스트레스 유발 환경에서 살아왔기에 스트레스가 잔류하고 있을 가능성이 큽니다. 이번 장에서는 내재화된 스트레스를 다시 떠올려 흘려보내는 작업을 함께 해볼 거예요. 하다보면 스트레스가 찾아오는 순간의 몸의 감각을 익힐 수 있습니다. 그리고 지난 스트레스 사건들을 통해 당신이 주로 무엇에 스트레스를 받는지도 살펴볼 수 있어요. 이런 작업들은 당신이 스트레스 경보 시스템을 갖춰 앞으로의 스트레스 자극들을 잘 다루도록 도와줄 거예요.

평소에 매일 명상 훈련을 한다 해도, 스트레스 상황에서 즉각 멈추는 것은 쉬운 일이 아닙니다. 앞서 배운 응급명상과 스트레스를 알아차리는 명상은 그 상황에서 멈춰야만 할 수 있는 명상이에요. 스트레스 자극의 순간, 알아차리고 멈춰서는 것 또한 숙련의 기간이 필요합니다. 당장 멈출 수 없다고 자신을 비난하지 않도록 합니다. 다만, 알아차리지 못하거나 억압한 스트레스는 몸속에 잔류해 있을 가능성이 커요. 스트레스가 내재화되면 만성 스트레스가 되고, 만성질환을 유발합니다. 스트레스를 억누르고 회피하면 당장은 편할 수 있지만, 쌓여서 더욱 심각해질 수 있습니다. 지나갔을지라도 꺼내서 봐줄 필요가 있어요.

지금 당신에게 스트레스가 쌓여 있는지 살펴보세요. **(해당사항에 ✓해 보세요.)**

- ☐ 부정적인 생각들이 계속해서 떠오르고 있지는 않나요?
- ☐ 과도하게 걱정이 많거나 불안감을 느끼지는 않나요?
- ☐ 슬픔과 외로움을 자주 느끼거나 조급해하지는 않나요?
- ☐ 최근 들어, 폭식이나 음주를 자주 하지는 않나요?
- ☐ 소화가 잘 되지 않거나 몸이 자꾸 긴장하고 있지 않나요?
- ☐ 불면증으로 고생하고 있지는 않나요?

하나라도 경험하고 있다면, 당신은 지금 스트레스 상태에 있음을 알아차려야 합니다. 자신의 몸, 마음, 생각, 행동 등을 알아차릴 수 있어야 이를 볼 수 있습니다. 호흡만 알아차릴 수 있어도 가능해요. 따라서 명상을 머리로 하려고 하지 말고, 직접 자주 해볼 것을 권합니다. 호흡에, 몸의 감각에, 자신의 내부에 주의를 기울여보세요. 평소와는 다른 감각이나 생각이 일어나고 있음을 발견할 수 있을 거예요. 이제, 당신의 잔류하는 스트레스를 꺼내보세요. '이미 지나간 건데 이제 와서 봐준다고 소용이 있을까?' 의문이 들 수 있어요. 하지만 늦었더라도 봐주는 것이 훨씬 낫습니다. 지난 스트레스를 다루는 작업은 앞으로 스트레스의 순간을 즉각 알아차리는 데에도 도움이 됩니다.

플래시온(Flash on) 스트레스 명상

: 지난 스트레스 상황을 떠올려 플래시를 비추듯 살펴보는 명상입니다.

1. 편안하게 명상 자세로 앉아 살며시 눈을 감고 몇 차례 천천히 호흡합니다.

2. 최근에 스트레스 받았던 상황을 떠올려 봅니다.

압도될 만큼 고통스러운 스트레스가 아닌 가볍고 다룰 수 있을 만한 스트레스 자극을 떠올립니다. 처음부터 너무 힘든 것을 떠올리면 스트레스에 압도될 수 있어요. 당시 어떤 상황이었는지, 상대방이 있었다면 상대방의 어떤 말과 행동에 스트레스를 받았는지 생생하게 떠올려 보세요.

3. 스트레스 상황을 떠올렸을 때, 자신이 경험하고 있는 것을 알아차립니다.

일어나는 생각과 감정, 몸의 감각 등을 알아차리고 있는 그대로 받아들여 봅니다. '나는 지금 무엇을 경험하고 있는가?'라고 자신에게 물어보는 것도 도움이 됩니다.

4. 스트레스의 정도를 1~10으로 수치화시켜 봅니다.

점수를 정확하게 매겨야 할 필요는 없습니다. 수치화를 통해 스트레스를 객관적으로 바라보고자 하면 뇌의 전두엽이 활성화됩니다. 인지를 담당하는 전두엽이 작용하면 스트레스 자극에 날뛰는 편도체는 잠잠해져요.

5. 횡격막 호흡을 하며, 주의를 복부에 기울여 호흡의 감각을 느낍니다.

이렇게 한 부위에 주의를 기울여 호흡의 감각을 알아차리면 마음이 금방 안정됩니다.

또한 스트레스 상황이 일어났던 과거의 불쾌한 경험에서 벗어나 온전히 현재에 머물 수 있습니다.

6. 주의를 온몸으로, 그리고 자신이 있는 공간으로 확장합니다.
한 곳에 있던 주의를 몸 전체로 넓혀봅니다. 주의를 확장하면 시야가 넓어지고 확장된 포용력으로 바라보는 힘이 생깁니다. 몸 전체를 스캔하면서 몸에 조이거나 긴장이 있는 부위가 있다면 그 감각을 살펴보세요. 그리고 자신이 있는 공간을 알아차립니다.

7. 지금 내가 앉아 있는 공간에서 관찰자가 되어 떠올렸던 스트레스 상황을 다시 바라봅니다. 스트레스 정도를 1~10으로 다시 수치화 해보세요.
자신이 앉아 있는 공간에서 스트레스 상황을 관찰자로 바라봅니다. 내가 상황 속에 들어가 있는 것과 떨어져 나와 객관적으로 보는 것은 다를 수 있습니다. 한층 균형 잡힌 관점으로 볼 수 있게 됩니다. 객관적으로 바라볼 때 느끼는 스트레스 정도는 어떠한지 처음의 수치와 비교해보세요.

8. 이제 당신이 선택할 수 있습니다.
상황을 객관적으로 바라보고 어떻게 해야 할지 당신이 선택할 수 있습니다. 스트레스 받은 나를 위로할 수도 있습니다. 반복되는 스트레스 요인이 있다면 어떻게 대응할 수 있을지를 고려해볼 수도 있습니다.

플래시온 스트레스 명상 저널링

위의 명상을 마치고 나서 명상 경험을 기록해보세요. 물론 언어라는 것이 있는 그대로 100%를 담아내기는 어려워요. 이 책을 쓰고 있는 저 또한 '책을 읽고 여러분이 직접 체험해보셨으면 좋겠다'는 마음으로 쓰고 있어요. 말과 글이 모든 것을 그대로 전달하고 표현하기는 어렵지만, 경험을 기록하는 것은 중요합니다. 명상하면서 일어난 경험들을 판단 없이 써내려가면서 명상 경험을 다시금 알아차릴 수 있습니다. 기록하는 과정에서 경험과 자신에 대해 발견해 나가는 거예요. 이렇게 기록하다 보면 마음이 안정되고, 생각과 마음을 관찰할 수도 있습니다.

위의 명상을 어떤 식으로 기록하면 좋을지 고민하고 있다면 아래를 참고해보세요. 어떤 내용을 중심으로 기록할지 길잡이가 되는 질문들을 제시해 두었습니다. 꼭 아래 항목에 맞춰서 질문에 답하듯 쓰지 않아도 됩니다. 아래 질문들을 바탕으로 일기 쓰듯, 혹은 자신에게 대화하듯 써도 좋습니다. 기록하는 형식은 자유예요!

플래시온 스트레스 명상 저널링 질문 TIP!

1. 떠오른 스트레스 상황(만약, 상대방이 있는 상황이었다면 그 사람의 어떤 말, 표정, 행동에 스트레스를 받았는지)에 대해 기록해보세요.

---

2. 그 상황의 경험을 기록해봅니다.

- 스트레스를 일으킨 트리거(촉발요인)는 무엇이었나요?

- 어떤 생각이 들었나요?

- 어떤 느낌과 감정이 일어났나요?

- 몸의 감각은 어떠했나요?

3. 스트레스 경험에 빨려 들어가지 않고 알아차리고 있는 그대로 느껴볼 수 있었나요?

그러고 나서 호흡에 주의를 기울인 경험은 어떠했나요?

4. 주의를 온몸으로 확장했을 때의 알아차림에 대해 기록해보세요.

5. 주의를 확장해 스트레스 상황을 떨어져 관찰자로 바라본 경험은 어떠했나요?

6. 내가 상황 안에 있을 때와 관찰자의 시각에서 보았을 때 스트레스 강도의 수치는 어떻게 변화되었나요?

7. 이 스트레스 상황에서 나와 모두를 위한 가장 좋은 선택은 무엇이었을까요?

스트레스를 받은 나에게 가장 필요했던 것은 무엇이었나요?

8. 이 명상을 통해 발견하거나 깨달은 점이 있다면 기록해봅니다.

플래시온 스트레스 명상 경험을 기록하다 보면 그동안 몰랐던 자신을 발견하게 됩니다. 스트레스를 불꽃 튀듯 일으키는 트리거(방아쇠)를 알아차릴 수 있어요. 유독 나를 스트레스 받게 하는 말이나 특정 상황이 있었나요? 예를 들면, 누군가가 언성을 높여서 말하면 그 내용과 상관없이 스트레스를 받는 자신을 알아차리게 될 수 있습니다. 그리고 그 상황에서 몸의 감각이 어떠한지, 자신이 주로 어떻게 반응하는지도 살펴볼 수 있어요. 당신이 자주 발을 헛딛고 휘청거리는 지점을 발견하게 되는 것입니다.

플래시온 스트레스 명상 저널링

플래시온 스트레스 명상은 스트레스 상황을 재경험함으로써 흘려보내는 효과만 있는 것이 아닙니다. 이 명상 경험을 꾸준히 기록하다 보면, 당신의 스트레스 트리거와 패턴을 발견할 수 있어요. 주로 자극받는 상황이나, 강렬하게 느껴지는 몸 감각을 알아차리는 것은 도움이 됩니다. 특히 스트레스 상황에서의 몸과 호흡의 변화를 알아차리는 것은 중요해요. 호흡의 변화와 몸의 감각을 스트레스 경보시스템으로 활용할 수 있기 때문이에요. 평소 호흡명상과 몸 구석구석에 주의를 보내는 바디스캔이 감지하는 데 도움을 줄 거예요. 당신에게 트리거가 되는 자극이나 신체 감각을 알아차릴 때 스트레스에 휩쓸리지 않고 멈출 수 있게 됩니다!

05

나만의 스트레스 처방전 만들기

지금까지 스트레스에 효과적인 명상법들을 함께 해보았습니다. 당신은 어쩌면 이런 생각을 했을지도 모르겠습니다. '스트레스 받아 죽겠는데 가만히 앉아 있는다고 얼마나 해소가 되겠어? 스트레스엔 맥주가 최고지!' '난 매운 걸 먹어줘야 스트레스가 바로 풀리던데!' 하는 생각들이요. 이번 장에서는 스트레스 해소에 도움이 되는 활동에 대해 알아볼 거예요. 스트레스 상황에서 자신에게 진정 필요한 것, 기분이 나아지는 활동은 당신이 가장 잘 발견할 수 있습니다. 그래서 당신의 적극적 참여가 필요합니다! 명상부터 스트레스 해소 활동까지, 당신은 이제 당신만의 스트레스 대처법을 만들 수 있게 될 거예요.

스트레스를 주로 어떻게 해소하시나요? 한껏 스트레스를 받은 날 무엇을 했는지 떠올려 보세요. 대부분의 사람이 내부보다는 외부에서 위로를 얻으려 합니다. 입이 얼얼할 정도로 매운 음식, 달달한 디저트 등 먹는 것으로 스트레스를 날리고자 합니다. 스트레스가 풀릴 때까지 폭식하기도 하고요. 카페인을 달고 살거나 술을 진탕 마시기도 합니다. 컴퓨터나 핸드폰을 통해 영상이나 SNS에 푹 빠져 현실을 잊기도 하죠. 아니면 가까운 사람들을 찾기도 합니다. 이런 행동들은 기분이 즉각적으로 나아지게 할 수는 있습니다.

그러나 기분이 안 좋을 때마다 무언가에 의존하게 되는 것이 문제예요. 당신의 스트레스 해결책이 술이라고 가정해보겠습니다. 스트레스를 받을 때마다 알아차리지 못한 채 자동적으로 술을 마신다면, 이는 문제가 될 수 있습니다. 만약, 스트레스를 받았는데 술을 마실 수 없는 상황이라면 어떻게 될까요? 스트레스를 해소할 수 없다는 답답함과 좌절감이 더해질 겁니다. 술이라서 나쁘다는 말이 아닙니다. 한 가지에 의존하는 것이 장기적 관점에서 스트레스 해소에 도움이 되지 않는다는 거예요.

앞서 '그게 아니면 안 돼!'라는 생각 또한 스트레스를 증폭시킨다는 것, 기억나시죠? 그게 없어도 괜찮을 수 있어야 합니다. '그게 아니면 스트레스를 풀 수 없어'라는 생각이 든다면, 이미 의존하고 있는 거예요. 그리고 한 가지에 의존하다 보면 중독이 될 가능성이 큽니다. 스트레스를 받으면 보통 마음에 들지 않는 현재의 상황과 마음을 바꾸고 싶어합니다. 그래서 자극적이거나 현실에서 도망갈 수 있는 방법을 택하게 돼요. 이런 것들에 의존하거나 중독되면 오히려 건강을 해치거나 스트레스 상황에 갇히게 됩니다.

따라서 스트레스를 푸는 행위도 마인드풀니스와 함께할 필요가 있습니다. 마인드풀니스라고 해서 앉아서 명상하고 바라보기만 하는 것이 아니에요. 조치를 취하거나 행동을 하는 것도 필요합니다. 스트레스를 다루는 명상으로 자신을 들여다보고, 가장 자신에게 필요한 것을 주는 거예요. 이 모든 과정 가운데 마인드풀니스가 함께 하도록 해봅니다. 매 순간 알아차림과 따스함으로 스트레스 받은 자신을 돌봐주세요. 마인드풀하게 스트레스를 해소해볼까요?

그럼, 어떤 활동들을 하면 스트레스 해소에 도움이 될까요? 이는 개개인마다 다릅니다. 그래서 평소 무엇을 할 때 당신의 기분이 나아지는지 알아두는 것이 좋습니다. 그리고 기분이 좋을 때 드는 생각이나 몸의 감각도 관찰해보세요. 마음이 편안하거나 입가에 미소가 절로 드는 그런 느낌들이요. 스트레스를 다루는 명상으로 충분히 스트레스를 흘려보낸 후에 당신은 선택할 수 있습니다. 스트레스 상황을 좀 더 깊이 들여다볼지, 아니면 기분이 나아지는 활동을 할지를 말이죠. 그런데 이런 활동에 익숙하지 않은 경우, 무엇을 해야 기분이 나아지는지 잘 모를 수 있어요. 그래서 지금부터 당신의 기분이 나아지게 하는 것들을 함께 찾아보려 합니다.

리프레시 스트레스 리스트를 작성해보자!

'리프레시(Refresh) 스트레스 리스트'란 스트레스 상태에서 생기를 되찾게 해주는 것들을 리스트화한 거예요. 무엇이 당신의 스트레스 받은 기분을 상쾌하게 하고, 생기를 되찾게 하나요? 부담 없이 쭉 써내려가 보세요. 그때그

때 스트레스를 다루고자 한다면 언제든 할 수 있는 쉬운 것일수록 좋습니다! 예를 들어 여행이나 휴가는 언제나 할 수 있는 건 아니죠. 바로 할 수 있는 것들을 적어보세요. 그리고 한 가지에 의존하지 않도록 많으면 많을수록 좋습니다! 먼저, 평소에 하면 기분이 좋아지는 것부터 적어보세요.

✍ 평소에 무엇을 할 때 당신의 기분이 나아지나요?

ex.
하늘보기/ 산책하기/ 따뜻한 차 마시기/ 재미있는 영화 보면서 실컷 웃기/ 일기쓰기

1. ______
2. ______
3. ______
4. ______
5. ______
6. ______
7. ______
8. ______
9. ______
10. ______

✍ 당신을 기분 좋게 하는 생각들을 적어보세요.

이제, 꼭 행동을 해야만 하는 게 아니라 생각하는 것만으로도 기분이 좋아지는 것들을 떠올려 보세요. 생각만으로도 기분전환이 된다니! 어떤 상황

에서도 바로 꺼낼 수 있어서 쉽고 휴대성이 아주 좋은 방법이에요.

ex.
- 오늘은 어떤 맛있는 저녁을 먹을지 생각해본다.
- 좋아하는 사람들 혹은 귀여운 동물과 함께 행복한 모습을 떠올린다.
- 좋아하는 여행지의 풍경을 떠올린다.
- 내가 가장 기쁘고 보람 있었던 순간을 떠올려본다.

1. ______
2. ______
3. ______
4. ______
5. ______
6. ______
7. ______
8. ______
9. ______
10. ______

적으면서 잠시 생각을 떠올리는 것만으로도 기분이 좋아지는 것, 경험하셨나요?

✍ 기분이 나아지게 하는 활동 가운데 새롭게 시도해보고 싶은 것은 무엇인가요?

이번엔 아직 해보진 않았지만 해보면 기분이 나아질 것 같은 활동들을 써보세요. 이는 단순히 스트레스 해소를 넘어섭니다. 새로운 시도를 하다 보면 당신은 어느새 스트레스 자극에 강해져 있을 거예요.

ex.
- 새로운 취미활동 찾아 구체적으로 적기
- 오랫동안 연락을 못했던 친구에게 연락해보기
- 땀이 날 정도로 운동하기
- 좋아했던 노래 찾아서 듣기
- 식물 키워보기

1.
2.
3.
4.
5.
6.
7.
8.
9.
10.

처음에는 어려울 수 있지만, 편안하게 써 내려가다 보면 몇십 개도 나올 수 있습니다. 최소 위의 30개 이상은 써볼 것을 권합니다. 많을수록 당신은 스트레스 방탄복을 촘촘히 짤 수 있습니다.

리프레시 스트레스 리스트 활용하기

목록을 다 작성했다면 실천해보는 것이 중요해요. 리스트 중에 한 가지만 해보는 것이 아니라 스트레스 정도에 따라 다양하게 시도해보면 좋습니다. 가벼운 스트레스엔 기분 좋은 생각 떠올리기부터 실천해보세요. 플래시온 스트레스 명상으로 스트레스 상황을 객관적으로 바라본 후 조치를 취해보는 겁니다. 그래서 이전에 자동적으로 행동하던 것과는 다릅니다. 예를 들어, 몸이 스트레스로 힘들어하는데 알아차리지 못하면 적절한 조치를 취하기 어려워요. 몸을 쉬지 못하게 하는 행동으로 스트레스를 풀려는 시도를 하게 될 수 있어요. 몸이 힘든데 격렬하게 운동을 하거나 술을 들이붓는 것은 도움이 되지 않습니다. 그러나 잠깐의 명상을 통해 몸 컨디션의 난조를 알아차리면, 이에 적합한 조치를 선택할 수 있습니다.

리프레시 스트레스 리스트 활용법

1. 스트레스를 다루는 명상하기:응급 스트레스 명상, 플래시온 스트레스 명상 등
2. 리스트 중 하나를 선택해 실천해보기
3. 리스트 중 하나를 실천한 후에는 스트레스 감소 정도를 수치화해보기
4. 계속 실천해보면서 스트레스에 따라 나에게 적절한 조치를 알아가기
5. 직접 경험을 통해 리프레시 리스트를 수정해 나가면서 활용하기

리스트를 실천해보고 직접 효과를 경험해보는 것이 가장 중요해요. 리프레시 스트레스 리스트는 언제든 꺼내보기 쉬워야 합니다. 막상 스트레스가 닥쳤을 때, 스트레스에 사로잡혀 뭘 해야 좋을지 떠오르지 않을 수 있기 때문입니다. 위에 작성한 리스트를 휴대폰 사진으로 남겨두는 것도 좋습니다. 그리고 여러 차례 경험을 통해 리스트가 업데이트 되면 핸드폰 메모장에 잘 정리해보세요. 스트레스의 순간, 당신은 자신에게 아주 요긴한 처방전을 선물할 수 있게 될 거예요.

나만의 스트레스 처방전 만들기!

이제 '나를 위한 스트레스 처방전'을 만들어보겠습니다. 마인드풀하게 스트레스 관리하기 파트를 잘 따라왔다면 어렵지 않을 거예요. 모든 과정에서 알아차림, 그리고 나 자신을 보살피는 따뜻한 의도와 함께 합니다. 아래 세 단계 모두를 하면 좋겠지만 실천할 수 있는 것부터 골라서 처방전을 만들어 보세요. 예를 들어, '나는 저녁에 플래시온 스트레스 명상을 할 시간은 없을 것 같아. 우선 스트레스가 올 때 스트레스 알아차림 명상을 한 다음에 리프레시 스트레스 리스트를 활용하기! 이것부터 해볼래.' 이렇게 하나하나 자신의 상황에 맞게 실천해 나가는 것이 도움이 됩니다.

1. 스트레스를 다루는 명상을 합니다.

- 스트레스 자극의 순간에: '응급 스트레스 명상'
- 스트레스를 스스로 증폭시키는 것을 알아차렸을 때: '스트레스 알아차림 명상'
- 잔류하는 스트레스를 다시 봐주거나, 스트레스 상황이 지나간 후에: '플래시온 스트레스 명상'

2. 플래시온 스트레스 명상으로 알아차린 후에 그다음을 선택할 수 있습니다.

1) 스트레스로 인한 몸의 반응이 흘러갈 때까지 온전히 느껴보기
2) 스트레스 받은 자신에게 적절한 리프레시 스트레스 리스트 활용하기
3) 1, 2번을 통해 마인드풀하게 스트레스를 다룬 경험을 기록해보기

3. 플래시온 스트레스 명상 저널링: 스트레스를 다루는 명상의 경험을 기록해보세요.

스트레스 상황에서 느낀 생각, 감정, 감각을 알아차리고 기록해봅니다. 그리고 주의를 확장해서 스트레스 상황을 객관적으로 살펴봅니다. 자신의 스트레스 트리거와 패턴이 있는지 살펴보세요. 리프레시 스트레스 리스트를 활용한 것에 대해서도 기록해보면 좋습니다.

스트레스와 새로운 관계 맺기

일반적으로 스트레스는 피하고 싶은 대상입니다. 마인드풀니스의 마음가짐을 기억합니다. 모든 경험을 '좋다, 나쁘다' 판단하지 않습니다. 스트레스 자극도 수많은 경험 중 하나일 뿐이에요. 역대급 스트레스 자극 가운데 사는 우리는 살아 있는 한 자극을 피할 수는 없습니다. 스트레스에 적절한 조치를 취하지 못하면 해로울 수 있다는 것은 유의하세요. 그러나 '스트레스 때문에 건강이 나빠질 거야'와 같은 생각에 빠져들지 않도록 합니다. 그러고 나서 스트레스를 여러 경험 중 하나로 대해보세요.

스트레스 상황에서 잠시 멈춰 명상을 하면, 놀란 자신을 안정시킬 수 있습니다. 객관적으로 보는 시야도 확보됩니다. 자동적으로 반응하기 전에 멈춰서서 스트레스와 새로운 관계 맺기를 선택할 수도 있습니다. 스트레스와의 전쟁을 끝내고 호기심으로 바라볼 여유가 생길 수도 있습니다. 이 장에서 안내한 스트레스를 다루는 방법들을 실천해보세요. 그리고 당신만의 스트레스 처방전을 만들어 활용해보세요. 역대급 스트레스 자극 가운데 당신의 든든한 방탄복이 되어줄 거예요. 당신의 마음정원의 시들었던 잎들이 생기를 되찾고 있어요!

chapter

4

마음을 만나고 나를 돌보기 : 마음정원의 상한 줄기와 뿌리 치유하기

명상을 통해 마음을 들여다보면 일상에서 왠지 모르게 자꾸 마음에 걸리는 부분을 발견할 수도 있고 오래 묵은 마음의 상처가 드러나기도 합니다. 시들고 축 쳐진 잎들을 보살핀 당신은 그럼에도 왜 식물이 잘 자라지 못하는지 궁금합니다. 혹시 잡초가 있는 것은 아닌지 살펴봅니다. 줄기나 뿌리가 상하지는 않았는지 살펴봅니다. 이럴 때는 마음을 깊이 들여다보고 나를 스스로 돌보는 것이 필요합니다. 저는 지금 우리 모두에게 나 자신을 잘 돌보는 것이 필요하다고 생각해요.

먼저는 마음에서 일어나는 것들을 있는 그대로 마주해봅니다. 부정적인 감정들까지도 있는 그대로 만나보세요. 그리고 필요한 것으로 따뜻하게 돌봅니다. 번아웃을 경험하며 부정의 늪을 헤매일 때 제가 저를 돌본 명상과 저널링을 여러분도 해보실 수 있게 책에 담았습니다. 책을 읽으며 나의 마음의 소리를 들어보고 내 마음을 솔직하게 적어보면서 나를 알아가고 나를 잘 돌보는 여정이 되기를 바랍니다. 이 과정에서 있는 그대로 보지 못하게 하는 잡초 같은 인지적 오류들이 발견될 수도 있어요. 과거의 상처로 줄기나 뿌리가 상해 치유가 필요할 수도 있습니다. 당신의 정원은 당신의 따뜻한 관심과 손길에 치유되고 있습니다. 당신의 마음정원은 그동안 당신이 돌봐주기를 기다리고 있었을지도 몰라요.

01

떠오르는 생각과 감정을 알아차리고 바라보자 -생각 버스 명상

'생각이 너무 많아서 생각을 없애 버리고 싶어요', '중요한 일을 할 때도 잡념이 떠나질 않아서 괴로워요', '기분 나쁜 생각이 계속 이어져서 하루를 망친 것 같아요.' 많은 사람들이 생각과 감정 때문에 힘들다고 말합니다. 명상을 배우러 오는 대다수의 직장인은 '생각이 너무 많아서 생각을 정리하고 싶어요'라고 말합니다. 명상을 찾는 이유 중 '스트레스를 해소하고 싶다' 다음으로 많습니다. 생각은 왜 이렇게나 많이 떠올라서 우리를 괴롭히는 걸까요? 이걸 없애고 좀 편안해지는 방법은 없을까요? 마인드풀니스 명상은 어떤 도움을 줄 수 있을까요?

잠시, 타이머를 설정하고 1분간 생각을 지켜봅니다.

1분 생각 바라보기

1. 자리에 바르고 편안하게 앉아 부드럽게 눈을 감습니다.
2. 천천히 깊게 세 차례 호흡합니다.
3. 자연스럽게 떠오르는 생각들이 있다면 알아차려 봅니다.
4. 생각이 떠오를 때마다 '하나, 둘' 개수를 세어봅니다.
5. 타이머가 울리면 천천히 눈을 뜹니다.

1분 생각 바라본 경험 저널링

몇 가지 생각이 일어났나요? ______

생각의 내용을 붙잡거나 빨려드는 경험을 했다면 그때, 알아차릴 수 있었나요?

______

생각을 바라보는 경험은 어땠나요? ______

1분간 당신의 경험이 궁금합니다. 평소에 생각이 많아 머리가 터질 것 같은 하루하루를 보내지만, 막상 이렇게 가만히 생각을 지켜볼 기회는 많지 않았을 거예요. 당신은 그 짧은 시간에 수많은 생각이 떠올랐음에 놀랐을 수도 있습니다. 어떤 생각은 꼬리에 꼬리를 물듯이 이어지는 것을 발견했을 거예요. 떠오른 생각을 없애려고 애쓰는 자신을 보았을지도 모릅니다. 어쩌면 막상 명석을 깔아주니 아무 생각도 떠오르지 않았을 수도 있습니다. 모두 생각을 바라볼 때 일어날 수 있는 일이에요.

생각을 없애는 수단으로 명상에 접근하는 분들이 많습니다. 하지만 마인드풀니스 명상의 목적은 생각을 없애는 것이 아닙니다. 생각은 아주 자연스럽게 일어나는 거예요. 일부러 없앨 수 없습니다. 오히려 특정 생각을 없애려 할수록 거세게 일어나는 경험을 해본 적 있지 않으세요? 마인드풀니스는 판단하지 않고 현재 일어나는 것을 알아차리는 것입니다. 생각이 일어날 때, '생각이 왔구나' 하고 알아차려 봅니다. 명상 중에 생각이 많이 일어났다고 명상에 소질이 없는 것이 아니에요. 생각이 일어날 때 알아차린다면 아주 잘하고 있는 거예요.

1분간 지켜보는 동안 몇 가지 생각이 일어났나요? 하루 24시간 동안 몇 개 정도의 생각들이 오고갈까요? 평균적으로 하루에 5만 가지 이상의 생각이 떠오릅니다. 한 시간에 2천 개가 넘는 생각들이 오고가는 것입니다. 당신은 쉴 새 없이 일어나는 이 수많은 생각을 없애고 싶어합니다. 두더지 게임을 떠올려볼게요. 생각이 떠오를 때마다 두더지 잡듯이 망치를 들고 세게 내리치려면 온 신경을 곤두세우고 있어야 합니다. 한 시간에 2천 번 넘게 생각을 없애려고 힘껏 망치를 휘두르다간 당신의 에너지가 다 고갈될 거예요. 생각을 없애려는 마음을 내려놓고, 이 끊임없이 일어나는 생각들과 어떻게 공존할지를 익혀 나가는 편이 훨씬 낫습니다.

생각을 생각으로, 감정을 감정으로 바라보자.

생각과 감정은 복합적이고 연쇄적으로 서로 자극하면서 일어납니다. 대상과 접촉할 때의 느낌뿐만 아니라 생각과 감정을 일으키는 요인은 상당히 많습니다. 체내 호르몬의 영향 그리고 몸이 편안한지 아닌지, 현재 뇌의 상태가 어떠한지 등 신체적 요인이 있습니다. 자신의 과거 경험과 그로 인한 기억과 느낌도 영향을 줍니다. 또 교육 환경이나 문화, 외부로부터 축적된 정보도 요인이 됩니다. 기분이 어떠한지도 큰 영향을 끼칩니다. 감정을 들여다보면 느낌, 생각, 몸의 감각, 욕구 등이 복합적으로 작용한다는 것을 발견할 수 있을 거예요.

생각과 감정은 상호 영향을 주면서 강력해집니다. 여기에 빨려 들어가게 되면 생각을 생각으로 보기 어려워져요. 슬픈 생각이 슬픈 감정을 낳고, 슬픈 감정은 슬픈 생각을 불러일으킵니다. 이때 생각을 떨어져서 보지 않으면, 생각을 생각으로 보기 힘들어요. 생각과 감정에 딱 달라붙어서 '내가 곧 슬픔'이 되어 버리기 쉽습니다. 그리고 생각을 그저 생각이 아니라 사실로 여기게 되기 쉬워요. 행위모드가 되어 생각을 실제로 여기게 됩니다. 이럴 때 존재모드로 돌아와 생각을 정신적 사건으로 바라볼 수 있어야 합니다.

쉴 새 없이 일어나는 생각, 감정에 빨려들지 않고 건강하게 공존하기 위해서는 조금 떨어져 바라보는 연습이 필요합니다. 평소에 일어나는 생각과 감정을 알아차리는 연습을 하는 것이 좋습니다. 생각, 감정이 연합하여 더 강력해지기 전에 알아차려 보세요. '생각일 뿐이구나' 하고 생각을 생각으로 받아들이는 연습을 해보는 거예요. 이제까지 생각을 실제로 여겨 괴로웠다면 생각과 새로운 관계를 맺는 계기가 될 거예요. 당신에게는 이제 마법의 주문이 있습니다. '음, 생각이 찾아왔구나', '이건 생각일 뿐이야.' 그렇습니다, 이건 실제가 아니에요. 단지 머릿속에서 떠오른 생각일 뿐입니다.

마인드 원더링: 당신의 마음은 방황하고 있다.

그렇다면 아무것도 하지 않고 있으면(대상과의 접촉을 줄이면) 생각이 좀 덜 떠오를까요? 쉰다고 아무것도 하지 않고 잠시 앉아 있을 때 당신은 어떤가요? '세상에! 난 왜 이렇게 생각이 많을까? 벌써 한 시간이 지났다고? 다른 사람들은 이렇진 않을 거야…….' 과연 다른 사람들은 안 그렇고 당신만 그럴까요? 2010년, 매튜 킬링스워스(Matthew Killingsworth) 박사는 2천 명 이상을 대상으로 과거와 미래를 오가며 마음이 떠도는 '마인드 원더링(mind wandering)'에 대해 연구했습니다. 평균적으로 깨어 있는 시간의 47% 이상 마인드 원더링 상태였습니다. 대다수는 깨어 있는 시간의 절반을 마음이 방황하는 상태로 보내고 있는 것입니다.

디폴트 모드 네트워크

생각은 과거와 미래를 오가기도 하고, 상상을 하기도 하며, 어떤 생각에 꽂혀서 파생된 생각들을 펼치기도 합니다. 깨어 있는 시간의 절반을 우리는 이렇게 보내고 있습니다. 무엇이 마음을 계속 방황하게 하는 걸까요? 아무것도 하지 않고, 주의를 끄는 것도 없을 때 활성화되는 뇌 부위(두뇌 앞부터 뒤까지 중간선 아래 부분)를 '디폴트 모드 네트워크'라고 합니다. 디폴트 모드 네트워크가 활성화되어서 가만히 있어도 마음이 이리저리 떠도는 것입니다. 이는 뇌가 사용하는 총 에너지의 60~80%나 사용합니다. 휴가를 내고 쉰다 해도 디폴트 모드 네트워크가 과도하게 작동하면 뇌는 쉬지 못해요. 분명 몸은 쉬었는데 피곤한 것은 뇌가 쉬지 못했기 때문이에요.

마인드풀니스 명상은 방황하는 마음에 도움이 된다.

마인드풀니스 명상은 떠도는 마음에 도움을 줍니다. 저드슨 브루어(Judson Brewer) 박사는 10년 이상 명상을 해온 사람들이 마인드풀니스 명상을 할 때 뇌를 연구한 결과를 2011년에 발표했습니다. 그는 명상을 하는 동안 디폴트 모드 네트워크 부위의 활동이 감소하는 것을 발견했습니다. 마음은 디폴트 모드 네트워크가 과도하게 활성화되어 가만히 있어도 떠돌고 있었습니다. 마인드풀니스 명상을 하면 디폴트 모드 네트워크의 활동이 저하되어 마음의 방황이 줄어듭니다. 뇌도 에너지 소비를 덜하고 모처럼 쉴 수 있게 되는 거예요. 또 명상을 할 때, 마음은 방황하며 이야기를 만들어내는 것을 멈추고 지금 여기의 경험에 주의를 기울이게 됩니다.

생각과 감정이 서로 자극하며 강렬해질 때도 마인드풀니스 명상은 알아차릴 수 있도록 도와줍니다. 사실, 우리는 일상에서 마음이 방황하고 있는지, 생각에 빨려들어가고 있는지 알아차리지 못할 때가 많아요. 마음에게 '그만 방황하란 말이야!', '그 생각 좀 없애지 못하겠어?' 하며 다그치는 것은 마음의 방황을 멈추는 데 도움이 되지 않습니다. 당신을 비롯한 대부분의 사람이 깨어 있는 시간의 절반을 방황하고 있다는 것을 잊지 마세요. 그래서 수시로 '지금 마음이 어떻지?', '지금 마음이 어디에 가 있지?' 하고 물어보는 것이 도움이 됩니다. 질문을 던져 방황하고 있는 것을 알아차렸다면, 부드럽게 지금 여기로 초대해봅니다.

마음을 당신이 원하는 대로 지휘하고 통제하는 것은 불가능해요. 위에서도 언급했지만 마음은 여러 가지 요인이 복합적이고 연쇄적으로 작용해 일어납니다. 마음은 마치 날씨와 같아요. 비 오는 날을 싫어한다고 해서 하늘에 화를 내봤자 내리던 비가 뚝 그치지 않습니다. 떠오르는 생각과 감정이 당신의 마음에 들지 않아서 화를 내고 있지는 않나요? 비 내리는 것이 싫어서 하늘에 화를 내는 것과 같습니다. 우리가 원하는 대로 완벽하게 떠오르는 생각들을 통제할 수는 없어요. 그러나 떠오르는 생각과 이전과는 다르게 관계를 맺을 수 있습니다. 또한 생각을 객관적으로 명료하게 볼 수 있어요. 생각을 명료하게 봄으로써 행동을 선택할 수도 있습니다.

생각과 감정을 알아차리는 '생각 버스 명상'

자, 이제 생각과 감정을 알아차리는 명상을 함께 해보겠습니다. 절대 생각과 감정을 없애는 것이 목적이 아니에요! 생각이 많이 떠올랐다고 실패한 명상이라고 자책하지 않도록 합니다. 생각이 떠오를 때마다 알아차리는 것이 중요해요. 주의의 10% 정도는 호흡에 두고 생각을 알아차려 봅니다. 호흡은 몸과 마음을 연결해주는 역할을 합니다.

1. 명상 자세로 앉아 눈을 감고, 몇 차례 천천히 호흡합니다.
2. 이제 호흡은 배경으로 두고, 마음에 떠오르는 생각과 감정을 알아차려 봅니다. 생각/감정이 떠오를 때마다, '생각/감정이 일어나는구나', '생각/감정이 왔구나' 하고 알아차립니다.
3. 이번에는 당신은 '버스 정류장', 떠오르는 생각/감정은 '버스'라고 상상해봅니다. 그저 오는 버스를 환영하고, 갈 때는 잘 가라고 인사해봅니다.
4. 떠오르는 생각/감정에 대해 좋고 싫음이 자꾸 올라온다면, 생각이 떠오를 때마다 '1번 버스', '2번 버스'라고 이름을 붙여봅니다. 그리고 어떠한지 지켜보세요.
5. 버스 정류장인 당신은 버스를 타거나 따라갈 수 없습니다. 당신의 마음에 들지 않는 버스를 정류장에 서지 못하게 할 수도 없습니다. 어떤 버스든 올 때는 '왔구나', 갈 때는 '가는구나' 하면서 바라봅니다. 버스에 올라타려는 자신을 발견하면, '아, 나는 정류장이었지!' 하고 알아차려 보세요.

6. 생각/감정을 분석하거나 내용에 주의를 주지 않습니다. 생각/감정이 떠오르면 바라보고, 떠날 때는 미련 없이 내려놓습니다. 다음 생각/감정이 떠오르지 않으면 생각/감정이 일어나지 않은 상태에 고요히 머물러봅니다.
7. 천천히 호흡을 합니다. 부드럽게 눈을 뜹니다.

생각과 감정을 알아차리는 '생각 버스 명상' 경험을 기록해보자.

✍ 생각/감정이 떠오를 때마다 알아차릴 수 있었나요?

✍ 어떤 생각/감정들이 떠올랐나요?

✍ 자신을 버스 정류장, 생각/감정을 버스라고 상상해보니 어땠나요?

✍ 생각/감정을 알아차리면서 깨달은 점이 있다면 무엇인가요?

✍ 앉아서 '생각 버스 명상'을 할 때 말고도 일상에서 마음을 알아차리는 것이 중요합니다. 평소 지금 생각과 마음을 알아차리기 위해서 자신에게 어떻게 물어보고 싶은지 적어보세요.

마음을 있는 그대로 바라보는 '마음 하늘 명상'

이제 생각과 감정이 일어나는 순간의 알아차림에 더해 어떻게 변하고 흘러가는지 바라보는 명상을 해볼 거예요. 당신의 마음을 하늘이라고 상상해봅니다. 떠오르는 생각과 감정들은 구름이라 여겨봅니다. 생각을 바라본다고 해서 생각의 내용에 포커스를 맞추지 않도록 합니다. 내용을 따라가다 보면 생각, 감정에 빠져들기 쉬워요. 생각, 감정에서 한 발 물러나서 관찰하는 입장으로 지켜봅니다. 명상하는 동안 자신이 원하는 경험을 끌어오려고 애쓰는 경우도 많습니다. 그럴 경우, 실제 일어나는 경험에서 멀어지기 쉽습니다. 마음에서 떨어져 관찰자의 자리에서 마음을 있는 그대로 봅니다.

1. 명상 자세로 앉아 눈을 감고 몇 차례 천천히 호흡합니다.
2. 당신의 마음을 하늘로 이미지화 해봅니다. 마음에 떠오르는 생각과 감정은 구름이라고 상상해보세요. 마치 벤치에 앉아서 하늘을 바라보듯이 마음에서 떨어져 마음을 바라봅니다.
   구름은 뭉게뭉게 피어났다가 먹구름으로 변하기도 했다가 바람에 실려 사라지기도 합니다. 일어나고 사라지는 생각과 감정, 마음의 작용을 있는 그대로 지켜봅니다.
3. 일어나는 생각과 감정의 내용에는 주의를 두지 않고 그저 바라봅니다. 어떤 생각을 붙들고 있다면 알아차리고 놓아줍니다. 마음을 있는 그대로 지켜봅니다.
4. 이제 호흡으로 돌아옵니다. 하늘을 바라보듯 마음을 있는 그대로 바라본 경험을 고요히 내려놓습니다. 천천히 호흡하며 고요히 눈을 뜹니다.

'마음 하늘 명상' 저널링

✍ 벤치에 앉아 하늘을 바라보듯 마음을 바라본 경험은 어땠나요?

✍ 생각, 감정에서 떨어져서 볼 수 있었나요? 그것이 어려웠다면 어디서부터 빨려들어갔는지 알아차릴 수 있었나요?

✍ '마음 하늘 명상'을 통해 발견한 점이나 깨달은 것이 있다면 적어보세요.

생각과 감정을 바라보다 보면, 내 마음이 이렇게 수다쟁이였나 싶을 거예요. 쉴 새 없이 재잘거리는 생각과 감정의 내용에 주의를 주는 것은 맞장구쳐주는 거나 다름없다는 것을 발견할 것입니다. 신나서 더 크게 떠드는 것도 보게 될 거예요. 내용에 주의를 기울이지 않고, 떨어져서 생각을 바라보다 보면 여러 가지 의문과 깨달음도 찾아옵니다. 생각과 감정이 계속 변화하고 있다는 것을 알아차릴 수도 있습니다. '음……. 이렇게 계속 변하는데 이 생각을 나라고 할 수 있을까?', '이걸 '내' 감정이라고 할 수 있을까?' 의문이 일어날 수도 있습니다. 생각과 감정을 바라보는 명상을 꾸준히 하면서 직접 경험해보기를 바랍니다.

당신은 생각을 없애고 싶어하지만 생각은 살아 있는 한 자연스럽게 일어나는 것입니다. 아무것도 하지 않아도 디폴트 모드 네트워크의 활성화로 마음은 여기저기를 떠돕니다. 당신뿐 아니라, 대다수의 사람이 깨어 있는 시간의 절반을 마인드원더링 상태로 지내고 있어요. 명상은 디폴트 모드 네트워크의 활동을 감소시켜 주어 마음의 방황을 줄여줍니다. 또한 생각과 감정이 복합적으로 일어나 강력해질 때, 알아차릴 수 있도록 도와줍니다. 생각과 감정을 알아차리고 바라보는 명상을 꾸준히 하는 것이 중요해요. 또한 일상에서 '지금 무슨 생각해?' 하고 물어보세요. 수도 없이 생각이 떠올라 생각에 휘말려 들어갈 때, 현재의 경험으로 돌아올 수 있게 도와줄 거예요.

02

'부정적 감정을 느껴도 괜찮아' –부정적 감정을 마주하는 명상

떠오르는 생각과 감정을 바라보면 '정말 많은 생각과 감정들이 오가는구나!'를 경험하게 됩니다. 그리고 또 하나를 알아차릴 수 있어요. '내가 부정적인 생각을 이렇게나 많이 하다니!' 우리의 생각은 '부정적'인 것에 꽂혀 있을 때가 많습니다. 그런데 부정적인 생각과 감정은 반복해서 떠올리거나, 없애려 하면 걷잡을 수 없이 증폭됩니다. 명상을 다음과 같은 이유로 찾는 분들도 많습니다. '부정적 감정을 없애고 싶어요', '명상을 하면 감정에 휩쓸리지 않을 수 있게 되나요?' 이번 장에서는 부정적 감정을 다루는 명상을 해봅니다.

부정 편향적인 뇌

생각을 지켜보다 보면 '내가 이렇게 부정적인 사람이었나?' 싶을 거예요. 늘 강조하지만, 당신만 그런 것이 아닙니다. 하루에 하는 5만 가지가 넘는 생각 중에 80% 정도가 부정적이고, 90%는 전날과 비슷한 생각이라고 해요. 부정적인 생각을 반복해서 하고 있는 것입니다. 왜 그럴까요? 뇌가 부정 편향적이기 때문입니다. 뇌는 왜 부정적인 것에 꽂혀 있을까요? 부정적인 경험, 정보, 감정 등은 생존과 직결되어 있기 때문이에요. 과거에는 생명을 위협하는 동물이나 재해에서 살아남기 위해 부정적인 것들에 민감할 수밖에 없었습니다. 생존해야 행복을 누릴 기회도 있다고 본능적으로 알았던 걸까요? 인류는 대대로 행복보다는 생존 위주의 생리 시스템이 이어져왔습니다.

현대인들은 과거와 같이 생명을 위협받지는 않지만 여전히 불안감을 느낍니다. 긍정적 정보보다는 부정적 정보에 예민하고 더 빨리 반응합니다. 스트레스 발생 과정에서 보았듯, 부정적 정보를 발견하면 정확히 확인해보기도 전에 편도체 알람이 울리기 시작해요. 또한 긍정적 경험보다는 부정적 경험을 더 오래 붙들고 있습니다. 이를 두고, 신경 심리학자인 릭 핸슨은 그의 저서 「행복 뇌 접속」에서 다음과 같이 말합니다. "우리의 뇌는 부정적 경험에는 벨크로처럼 들러붙지만, 긍정적 경험에는 테플론처럼 떨어진다."[5] 바바라 프레드릭슨은 이 벨크로처럼 들러붙은 부정적 감정 하나는 3번의 긍정적 경험을 해야 비로소 회복된다고 말합니다.

부정적 생각과 감정이 일어날 때 당신은 어떻게 대하는가?: 덩치 키우기, 억압, 도피, 무시

당신은 부정적 생각과 감정을 어떻게 대하나요? 대부분은 골똘히 그 생각

5) 릭 핸슨, 〈행복 뇌 접속〉, p75

을 키우거나, 해결하고자 뛰어들거나, 마주하기 싫어서 억누릅니다. 부정적인 생각에 골똘히 집중하는 것은 불에 기름을 붓는 거예요. 부정적인 것에 집중할수록 연이어 떠오르고 부정적 감정에 빠져들기 쉽습니다. 해결하고자 뛰어드는 것도 마찬가지예요. 생각은 문제가 되는 것을 해결하는 데에 총력을 기울입니다. 부정적 생각과 감정이 자신을 괴롭히면 이를 문제라 여기고 해결하기 위해 애씁니다. '왜 화가 나지?' 하면서 원인을 찾으려고 노력해요. 안타깝게도 그런 노력들은 부정적인 감정을 더욱 증폭시킵니다. 해결하려다 오히려 부정적인 감정에 휘말리게 되는 거예요.

또 흔히 하는 방법은 부정적인 생각, 감정을 회피하거나 억누르는 것입니다. 억압하고 무시하는 것이 얼마나 도움이 안 되는지는 한 번씩 경험해보았을 거예요. 반복해서 떠오르는 부정적인 생각과 감정에 대해 '이 생각만큼은 떠오르지 않았으면 좋겠어!' 하거나 '이 감정을 느끼지 않을 거야!'라고 다짐해본 적이 있나요? 강하게 무시하고 없애려 할수록 정확히 당신이 떠올리기 싫어하는 바로 그 생각이 떠오를 것입니다. 부정적인 생각, 감정은 우리를 고통스럽게 합니다. 부정적 생각, 감정을 피하려는 것은 고통을 피하고자 하는 본능이에요. 고통과 함께 있는 것이 너무 아프기 때문이죠.

억누름과 회피는 다양한 형태로 나타납니다. 부정적 감정을 마주하기 싫어서 일을 쌓아놓고 한다면 이것도 회피예요. 모든 것을 억지로 긍정적으로 바꾸려 하는 것도 일종의 회피입니다. 살다보면 부정적 감정이 올라올 수도 있고, 원하지 않는 일이 일어나게 마련입니다. 이를 받아들이지 않으려 하는 것입니다. 힘든 감정을 피하고 싶어서 TV를 보거나 자기계발에 몰두하는 것도 회피의 또 다른 모습입니다. 이는 모두 고통을 피해 다른 곳에 시선을 두는 거예요. 눈앞에 있는데 눈을 감고 보이지 않는다고 하는 것과 같아요. 회피함으로써 부정적 생각과 감정을 잠시 멈출 수는 있습니다. 하지만 없어진 것은 아니에요.

고통과 함께 있는 것이 힘들어서 부정적 생각과 감정을 계속 억누르거나 도망가면 어떻게 될까요? 억누른다고 완벽하게 억눌러지지도 않을 뿐더러 부작용이 생깁니다. 모든 감정에 둔감해지게 돼요. 딱히 기쁜 것도 없고, 자신의 감정이 어떤지 잘 느끼지 못하게 됩니다. 감수성이 메마르고 삶이 무미건조해집니다. 그리고 억눌러 쌓여온 감정은 어떤 계기를 만나면 눌러온 힘만큼 거세게 솟구쳐 올라올 수 있습니다. 컴퓨터 바탕화면에 있던 '부정적 감정' 폴더를 드라이브로 옮겼다고 해서 존재 자체가 사라진 것이 아닙니다. 잠시 바탕화면에서 사라져 내 눈에 보이지 않을 뿐이에요. 클릭 한 번이면 언제든 활화산처럼 살아날 수 있습니다.

저는 번아웃으로 쓰러졌을 때 '내 인생은 끝났다'고 생각했어요. 당시 전 부정적인 생각과 감정을 증폭시키기도, 억누르기도 잘했습니다. '왜 나에게 이런 일들이 한꺼번에 일어났지?'에 집중하다 보니 부정적인 감정이 불붙듯 일어났습니다. 해결하려고 할수록 더 불길이 거세져서 도망가기도 했어요. 일부러 잠을 자거나 영화를 보거나 책에 빠져보기도 했습니다. 푹 자도, 영화나 책을 즐겨도, 내가 성장하는 느낌이 들어도 그때뿐이었어요. 현실로 돌아오면 또다시 끔찍했습니다. 아픈 몸과 마음, 바뀌지 않는 상황에 지쳐 있는 상태였어요. 의도적으로 감사할 것을 떠올리고자 하면 '쥐어 짜 봐도 감사할 게 없는데? 이런다고 뭐가 바뀌나?' 하는 저항이 강하게 올라왔습니다. 이는 부정적 감정과 마주하기 전까지 계속되었어요.

부정적 생각과 감정도 사실은 나를 돕고 있다.

부정적인 생각과 감정이 전 너무 싫었어요. '기본적으로 긍정적이고 밝았던 내게 이런 암흑이라니!' 꾹 눌러왔다가 활화산처럼 터져 나오는 거센 감정들에 거친 반항아가 된 것 같았습니다. 하지만 이런 부정적 생각과 감정도 나름의 역할이 있었어요. 마치 몸의 통증이 '나 지금 여기 아파요!'라고 알리는 것처럼 부정적 감정도 메시지를 전합니다. 뭔가 잘못되었다는 느낌, 욕구를 충족하지 못한 느낌, 결핍 등을 자신에게 알려줘요. 그리고 우리의 신체를 상황에 대비할 수 있도록 도와줍니다. 표출하면 상대방에게도 당신의 감정을 알려줍니다. 부정적 감정 또한 우리를 보호하고, 변화가 필요하다고 알려주고, 대비할 수 있도록 도와주고 있는 거예요.

부정적 생각과 감정을 어떻게 대할지는 선택에 달려 있다.

설마 부정적인 감정이 없어져야 비로소 행복할 수 있다고 생각하고 계신가요? 안타깝게도 생각과 감정은 살아 있는 한 자연스럽게 일어납니다. 부정적 생각과 감정을 완전히 없앤다는 것은 불가능해요. 평생 부정적 생각과 감정이 따라다닌다는 것인데 매번 따지거나 피하는 게 나을까요? 우리는 부정적 감정을 어떻게 대할지도 선택할 수 있어요. 지금까지와는 달리 부정적 감정에 다가가는 선택을 해볼 수도 있습니다. 예전처럼 따지는 것(당장 해결하려고 달려드는 것)이 아니라 대화를 시도해보는 거예요. 부정적 감정에 다가가면 자신의 마음을 비로소 이해하게 되고, 치유가 일어나며, 깨달음의 기회가 되기도 합니다.

"어떤 감정을 느끼든 괜찮다."

부정적 생각과 감정은 고통을 낳습니다. 오래 방치해두면 곪아요. 가장 좋은 것은 부정적 감정이 올라올 때마다 마주하는 것입니다. 부정적 감정을 만나주는 것이 고통으로부터 자유로워지는 첫걸음이에요. 처음 부정적 감정과 마주하고자 하면 두려울 수 있습니다. 용기가 필요해요. 마주하기 싫은 대상이지만 '이 부정적 감정은 어떻지?' 하는 호기심을 대동해보세요. 그리고 '질투를 느끼다니. 나는 나쁜 사람인가 봐'와 같은 부정적 감정에 대한 판단은 넣어두세요. '무엇을 느끼든, 어떻게 느끼든 다 괜찮아'라고 자신에게 말해주세요. 어떤 감정을 느끼든 괜찮습니다. 정말이에요!

부정적 감정에 휩쓸리지 않고 대상으로 바라보는 첫걸음: 라벨링

부정적 감정을 떠올릴 때 우리의 뇌는 다시 그 상황이 벌어진 것처럼 반응합니다. 상황이 장면으로 떠오르고, 기분을 상하게 했던 상대방의 말이 떠오를 수도 있어요. 이에 편도체가 알람을 울리고 그때와 비슷한 신체 반응이 일어납니다. 이때, 먼저 할 수 있는 것은 '라벨링(Labeling): 지금 느끼고 있는 감정에 이름을 붙여보는 것'입니다. 감정에 이름을 붙이면 부정적 감정을 활활 타오르게 하는 편도체가 진정됩니다. 그리고 자신과 부정적 감정을 분리해 부정적 감정을 대상으로 바라볼 수 있게 됩니다. 그러면 감정에 휘둘리지 않고 객관적으로 보게 됩니다.

그럼, 라벨링은 어떻게 하는 것일까요? '두려움', '슬픔', '불안' 등의 감정을 표현하는 단어로 할 수 있습니다. 문장으로 하는 방법도 있는데 이때 주의할 점이 있습니다. '나는 두려워', '나는 슬퍼'라고 이름을 붙이면 자신과 감정이 분리되지 않아요. '나=두려움', '나=슬픔'이 되어 버리기 때문에 떨어져서 관찰하기가 어렵습니다. 감정은 당신 그 자체가 아닙니다. 문장으로 할 경우, "이게 '불안'이라는 거구나", "나는 '두려움'을 느끼고 있어", "나는 '슬픔'을 경험하고 있어"와 같이 하는 것이 좋습니다.

부정적 감정을 몸에서 만나본다: 몸의 감각에 주의 기울이기

감정에 이름을 붙인 후엔 어떻게 그 감정과 만나면 좋을까요? 우리는 흔히 감정을 자꾸 머리로 해결하려 합니다. 사실 감정은 호르몬 작용과 관련된 신체적 반응이에요. 그래서 몸의 감각으로 생생하게 느낄 수 있습니다. 몸의 어디에서라도 느껴질 수 있기에 몸 전체에 마음이 있다 할 수 있습니다. 감정을 몸의 감각으로 만나봅니다. 감정의 실재를 경험하게 됩니다. 평소 바디스캔 명상을 꾸준히 해왔다면 감정을 몸에서 발견하는 것은 어렵지 않을 거예요. 감정을 몸의 감각으로 경험하면 총천연색의 고화질로 만날 수 있어요!

뇌 과학자 질 볼트 테일러의 '90초 법칙'에 따르면 감정의 화학 성분은 90초면 혈류에서 빠져 나갑니다. 그러나 우리는 감정으로 며칠을 끙끙 앓아

눕기도 합니다. 그 감정을 붙들고 있기로 선택했기 때문이에요. 감정을 일으킨 생각을 반복해서 떠올리는 것이 악순환을 일으킵니다. 감정의 화학 성분이 온몸을 돌아 흘러나가는 것을 있는 그대로 느껴보는 것은 어떨까요? '나는 지금 몸에서 분노를 경험하고 있어' 하면서 의도적으로 감각에 주의를 기울여보는 것입니다. 그러면 뇌섬엽과 전두엽이 일하게 되어 진정되고 상황을 객관적으로 바라볼 수 있게 됩니다. 이때 우리는 감정에 휘둘리지 않게 돼요. 더 나은 방향으로 선택할 수 있게 됩니다.

몸의 감각에 주의를 둘 때, 아무것도 느껴지지 않아도 괜찮습니다. 몸의 감각에 주의를 기울인다는 것 자체가 중요해요. 감각에 주의를 기울이면 감각이 느껴지지 않을지라도 감정에 휩쓸리지 않고 현존할 수 있습니다. 그럼 어디부터 살펴보아야 할까요? 물론 정답은 없지만 막막하다면 긴장되는 부분이 있는지 살펴봅니다. 현대인들은 주로 목이나 어깨에 많은 긴장을 느낍니다. 호흡의 변화나 가슴의 조임, 심장의 두근거림을 살펴봐도 도움이 됩니다. 이때 싫은 감각을 알아차리면 피하고 싶기도 합니다. 그럴 때는 잠시 호흡으로 돌아와 평정심을 회복하고 다시 감각으로 돌아가면 됩니다. 호기심과 친절, 그리고 평정심으로 몸에서 감정을 만나봅니다.

부정적 감정을 만나보자, '부정적 감정을 마주하는 명상'

부정적 감정을 만나는 경험은 뜨거운 욕조에 들어가는 것과 같습니다. 뜨거운 물에 한 번에 첨벙 들어가면 뜨거운 온도에 깜짝 놀라고 피부도 벌겋게 익을 거예요. 부정적 감정을 만났던 제 처음 경험이 그랬습니다. '자, 이제 가장 힘겨웠던 감정부터 만나보자! 한 방에 힘든 감정을 싹 다 해결해주겠어!' 가장 뜨거운 물의 온도에 다이빙하듯 뛰어들었으니 어떻게 되었을까요? 압도되어서 바로 뛰쳐나왔습니다. 이러면 다시는 마주하고 싶지 않게 돼요. 힘든 감정을 만날 때는 온도 체크부터 해보는 것이 먼저예요. '이 정도면 발을 넣어볼 만하다' 정도의 부정적인 감정을 꺼내봅니다. 그리고 한 발 한 발 넣어보세요. 온도에 익숙해질 즈음 따뜻함을 느낄 수 있습니다.

[STEP1. 부정적 감정이 일어났던 경험 떠올리기]

1. 명상 자세로 앉아 부드럽게 눈을 감고 여러 차례 편안하게 호흡하며 긴장을 내려놓습니다.
2. 불쾌하거나 부정적인 감정이 들었던 경험을 떠올려 봅니다. 이때 너무 힘든 사건보다는 가볍게 다뤄볼 수 있는 정도의 일을 떠올립니다. 불쾌한 경험을 만나다가 압도될 것 같을 때는 언제든 빠져나올 수 있음을 기억하세요.
3. 상황을 떠올릴 때 어떤 생각, 감정이 일어나나요? 살펴봅니다. '지금 떠오르는 생각은 뭐지?', '지금 나는 어떤 감정을 경험하고 있지?'

[STEP2. 라벨링: 감정에 이름 붙이기]

4. 감정에 이름을 붙여봅니다. 여러 감정이 느껴지는 경우, 가장 강한 감정에 이름을 붙여보세요. 아주 정확하게 하려고 애쓰지 않아도 괜찮습니다. '이것은 불안이야', '이것이 분노구나' 하면서 그 감정을 맞이해보세요.

[STEP3. 몸의 감각으로 감정을 알아차리고 만나보기]

5. 감정은 몸으로 느낄 수 있습니다. 몸 전체를 훑으며 스캔해봅니다. 감정은 몸의 어디에서 느껴지는지 알아차려 봅니다.
6. '나는 지금 불안을 경험하고 있어', '분노는 어떤지 살펴볼까?' 호기심과 평정심을 가지고 몸의 감각과 변화를 느껴봅니다. 이 감각과 함께 할 수 있나요? 싫어서 밀어내고 싶은 마음이 올라와 평정심이 흔들릴 때는 잠시 호흡으로 돌아옵니다. 평정심을

회복하고 나서 다시금 몸의 감각 탐사를 시작합니다.

[STEP4. 힘든 감정과 함께 있어주기]

7. 강렬하게 감각이 느껴지는 곳이 있나요? 그 부위에 주의를 주며 머물러 봅니다. 부정적 감정, 감각과 함께 할 수 있나요? 함께 있을 수 있다면 숨이 그곳으로 들어오고 나간다고 상상하며 부드럽게 호흡합니다. 강렬한 감각을 없애고자 하는 마음은 내려놓습니다. 강렬한 감각에 머물며 천천히 부드럽고 따뜻하게 호흡합니다. 날숨을 들숨보다 길게 쉬어도 좋습니다. 이것은 진정에 도움이 됩니다.
8. 감각의 변화와 있는 그대로 함께 있어 봅니다.

[STEP5. 지금 여기로 돌아오기]

9. 강렬한 감각이 약해지면 주의를 온몸 전체로 확장합니다.
10. 몇 차례 천천히 호흡합니다. '지금 상태는 어때?' 하고 물어볼 수도 있습니다.
11. 명상의 경험을 내려놓고, 고요히 눈을 뜹니다.

부정적 감정을 만나는 명상 저널링

✍ 어떤 상황이 떠올랐나요?

✍ 그 상황을 떠올렸을 때 일어나는 생각, 감정을 기록해봅니다.

✍ 부정적 감정에 동화되지 않고 이름을 붙여볼 수 있었나요? 부정적 감정의 이름은 무엇인가요? 이름을 붙여보니 어떠했는지 기록해보세요.

✍ 감정이 몸의 어느 곳에서 느껴졌나요? 그 부위에서 감각이 어떻게 느껴졌는지 적어봅니다. ex. 긴장, 조임, 딱딱함, 찌릿찌릿함 등

✍ 강렬한 감각과 함께 있을 수 있었나요? 밀어내고 싶은 마음이 올라올 때 어떻게 했나요?

✍ 몸의 감각으로 힘든 감정을 만나 함께 있어본 경험이 어땠는지 기록해봅니다.

✍ '부정적 감정을 마주하는 명상' 경험에 대해 자유롭게 적어보세요.

우리는 부정적인 감정을 마주하기 싫어합니다. 해결하려고 파고들어 부정적 감정을 더 키우거나, 억누르고 회피해왔습니다. 억누르고 피한다고 부정적인 감정은 사라지지 않아요. 감정은 몸으로 발현됩니다. 그래서 우리는 부정적 감정을 실재적으로 몸의 감각으로 만날 수 있습니다. 이것이 힘든 감정을 있는 그대로 마주하는 방법입니다. 힘든 감정을 만나는 것은 때로 두렵기도 합니다. 호기심과 친절을 양옆에 든든하게 팔짱 끼고 만나보세요. 어떤 감정도 나쁘거나 잘못된 것은 없습니다. 그저 몸의 감각으로 경험하는 것이 그 감정의 실체입니다. 당신은 어떤 감정을 느껴도 괜찮습니다. 감정을 해결하려는 마음을 내려놓고 몸의 감각으로 감정을 만나보세요.

03

힘든 마음을 돌봐주세요
-토닥토닥 내 마음을 돌보는 명상

'감정은 알아차리면 없어진다'는 말은 여러 번 들어보셨을 거예요. 그러나 없애고자 하는 의도로 다가가면 저항이 일어납니다. 그저 만나주고, 있는 그대로 느껴봅니다. 부정적 감정을 몸의 감각으로 마주하는 것은 감정을 있는 그대로 느껴주는 거예요. 감정이 일어나고 흐르며 변하는 모든 순간에 함께 할 수 있었나요? 우리는 힘든 감정과 함께 있어줄 수도, 안아줄 수도 있습니다. 가장 사랑하는 사람이 괴로워할 때 당신이 어떻게 해주었는지 떠올려 보세요. 당신이 힘들 때 바로 당신이 당신 곁에 있어줄 수 있습니다. 나 자신이 내 마음을 보살피고 돌봐주는 거예요.

힘든 감정이 떠오르는 때가 힘든 감정을 만나는 기회다.

고통을 유발하는 부정적 감정은 보통 원하는 대로 되지 않을 때 일어납니다. 이 감정을 마주하는 대신 맥주 한 캔을 따거나, TV를 켜면 잠시 마음이 편해질 수는 있어요. 하지만 욕구가 제대로 충족된 건 절대 아니에요. 진정 원했던 것도, 그로 인해 일어난 감정도 이해되지 못한 채 남습니다. 이것은 고통을 일으킵니다. 이는 외부의 환경이나 조건을 바꾼다고 해결되지 않아요. 힘든 감정에 다가가 살펴보고 이해하는 과정이 필요해요. 즉, 우리의 마음을 들여다보고 안아주는 것이지요. 고통이 떠오르는 때가 바로 고통을 만나고 안아주고 비로소 자유로워지는 기회가 됩니다.

힘든 감정을 마주하는 것이 치유로 들어가는 문이다.

우리는 이번 명상에서 오늘 하루 중 겪었던 힘든 감정을 만나볼 거예요. 저는 학생 때부터 매일은 아니지만 저널링을 늘 해왔어요. 힘들었던 감정을 적어서 찢어버리기도 하고, 힘든 상황을 써보기도 했어요. 부정적 감정에 나름 잘 대처해왔다고 생각했습니다. 그런데 쓰러지고 나서는 힘든 감정을 종이 위에 토해내면서 오히려 부정적 감정이 증폭되는 걸 느꼈습니다. 주변 사람들의 위로도 소용없는 깊은 슬픔에 잠겨 있었어요. 상황이 나아질 수 있다는 기미도 희망도 보이지 않았습니다. '상황이 확 나아질 수 없다는 건 너무 절망적이야. 그런데 이런 마음으로 계속 산다면 너무 끔찍하겠다.'

그때부터였어요. 어느 누구도 나를 위로할 수 없다면 나라도 나를 위로해줘야겠다는 마음이 들었습니다. 매일 밤 그날의 힘들었던 감정들을 만나 들어주고 돌봐주기 시작했어요. 처음엔 굉장히 어색했습니다. '이렇게까지 해야 하나?'라는 생각도 들었어요. 그래도 내가 이토록 힘들어하는데 나를 위해 한번 해보자는 마음이 컸어요. 매일 만나면서 점점 힘든 감정에 대한 거부감이 줄어들게 되었습니다. 내 안에 살고 있는 힘들어하는 룸메이트를 만나는 기분이었어요. 피하려고 혹은 억지로 만나려고 애쓰지 않는 가운데 묵혀뒀던 룸메이트와의 찐한 대화가 시작되었습니다. 저에게 이는 치유로 들어가는 문이었어요.

고통을 만나는 건 우리의 마음을 만나는 것과도 같아요. 드디어 외부가 아니라 내면과 만나는 거죠. '잘 해낼 수 있을까?', '지금 맞게 하고 있는 걸까?' 여러 생각이 들겠지만, 당신 자신을 믿어주세요. 우리 모두에게는 치유의 힘이 있다는 걸요. 고통을 마주하는 것이 치유의 첫걸음이니 이미 시작한 거나 마찬가지예요. 붓다는 자신을 찾아온 마라(마왕, 내면의 갈등)를 내쫓지 않고 차를 대접하며 대화를 나눴어요. 나를 찾아온 마라, 마음의 고통, 힘든 감정과 차 한 잔 하면서 대화한다고 생각해보세요. 그럼 좀 마음이 편해질 거예요.

우리 자신을 돌보는 데 도움이 되는 셀프 컴패션

고통받고 있는 존재가 고통에서 자유롭기를 바라는 마음이 연민입니다. 동정과는 다른 의미예요. 괴로워하는 사람을 보면 돕고 싶은 친절한 마음이 일어날 때가 있습니다. 특히 나에게 소중한 사람이 고통스러워할 때는 더욱 그렇죠. 나와 가장 가까운 존재는 누구일까요? 이 연민의 마음을 나 자신에게 보내봅니다. 자기 연민(Self-Compassion)이 우리의 삶에 주는 도움은 수많은 연구를 통해 밝혀졌습니다. 크리스틴 네프, 크리스토퍼 거머 박사는 그들의 저서 「나를 사랑하기로 했습니다」에서 다음과 같이 말합니다. "자기 연민은 우리가 가장 필요할 때 스스로에게 좋은 친구, 즉 내면의 적보다는 내면의 동지가 되는 것을 배우는 수행이다."

매일 저녁, 마음을 돌봐주세요.

매일 저녁, 오늘 하루 겪었던 힘든 감정을 떠올려 보세요. 내가 나에게 친절한 친구가 되어 힘든 감정을 만나 봅니다. 그날그날 힘들었던 마음을 돌봐줄 수 있게 되고, 하루를 따뜻하게 마무리할 수 있을 거예요. 상황을 떠올려 본 후에는 앞 장에서와같이 떠오르는 감정에 이름을 붙이고 몸의 감각으로 느껴 보세요.

[STEP1. 부정적 감정 만나기]

1. 부정적 감정을 유발한 상황을 떠올려 봅니다.

물어봐 주세요.

- "지금 어때?"
- "지금 무엇을 경험하고 있어?"

2. 라벨링: 느껴지는 감정에 이름을 붙여보세요.

'이것이 외로움이구나', '지금 슬픔을 경험하고 있구나.' 이름을 붙여봅니다.

3. 감정으로 인해 일어난 몸의 감각을 가슴을 열고 있는 그대로 느껴 봅니다.

우리는 몸에서 마음을 만날 수 있어요. 강렬한 감정은 보통 강렬한 감각을 일으켜요. 강렬한 감각과 더 있으면서 살펴볼 수 있는지 스스로에게 물어봐 주세요. 압도될 것 같거나 지나치게 힘들면 언제든 호흡으로 돌아올 수 있습니다.

물어봐 주세요.

- "지금 몸에서 무슨 일이 일어나고 있어?"
- "어디에서 가장 감각이 강렬하게 느껴져?"
- "감각이 어떻게 변화하고 있어?"
- "감각을 좀 더 살펴볼 수 있을까?"

✍ 몸의 감각을 관찰하는 데에 당신에게 도움이 되는 질문이 있다면 기록해봅니다.

"　　　　　　　　　　　　　　　　　　　　　　　　　　　　"

[STEP2. 힘든 감정과 함께 있어주기]

4. 따뜻하게 힘든 감정과 함께 있어 주세요.

힘든 감정을 알아차리고 몸에서 느끼면서 이제 따뜻한 마음으로 감정과 함께 있어 봅니다. 알아차림에 따뜻한 친절을 더해보는 거예요. 감각의 변화를 알아차리면서 '여기 있구나' 하고 함께 있어 봅니다. '이런 감정을 느끼다니 나는 좋은 사람이 아니야', '이런 감정을 느끼는 내가 싫어'라는 부정적 생각이 떠오를 수도 있습니다. 생각을 알아차리면서 다정하게 있어 주세요. 그러면 느끼고 있는 감정이 무엇이든 괜찮다는 마음의 여유 공간이 생깁니다. 아래와 같이 말해주었을 때 어떤 기분이 드나요? 몸의 감각에 변화가 있나요? 이 감정, 감각과 조금 더 함께할 수 있을까요? 힘들면 언제든 호흡으로 돌아올 수 있음을 잊지 마세요.

✍ 감정, 감각과 함께할 수 있는지 물어봐 주세요.

- '이런 감정을 느껴도 괜찮아.'
- '누구나 이런 감정을 느끼는 때가 있어.'
- '이 감정, 몸의 감각과 조금 더 함께할 수 있겠니?'
- "______________________________"

5. 무엇이든 판단 없이 들어봅니다.

내가 나의 부모라면 나를 어떻게 대하고 싶은가요? 친구와 다퉈서 속상한 일을 이야기하고 있는데 다 듣지도 않고 "그건 네 잘못이지!" 하면 더 얘기하고 싶을까요? 부정적 감정이라는 룸메이트는 정말 오랜만에 용기를 내어 표현하기 시작했어요. 판단하기 시작하면 다시 입을 굳게 다물지도 모릅니다. 부모님에게 속상한 일을 이야기할 때 당신은 무엇을 바랐나요? 잘잘못을 가려주기를 바랐던 걸까요? 무표정하게 듣는 둥 마는 둥 하는 걸 바랐을까요? 옆에 앉아서 따뜻한 눈길로 바라보면서 "그런 일이 있었어? 속상했겠다" 하고 들어주기를 바라지 않았나요?

모든 상담은 판단하지 않고 경청하는 것이 기본입니다. 힘든 감정에 대해 판단하지 않고 함께 있으면서 들어주세요. 내가 나의 상담자가 되어보는 거예요. 진짜 솔직하게 모든 걸 이야기해도 넉넉하게 받아줄 수 있는 존재가 있다면 어떨까요? 한없이 마음이 열리고 솔직해지지 않을까요? 그러면서도 안전하다고 느낄 거예요. 내가 나에게 바로 그런 존재가 돼줄 수 있어요. 가장 친한 친구 같은 그런 존재요. 그 존재가 되어 힘들어하는 내 곁에 있어주세요.

✍ 함께 있어주며 판단 없이 듣는 마법의 주문!

- 함께 있어주기: ex. "내가 여기 있어." "내가 함께 있을게." "내게 기대도 좋아."

"____."

- 판단하지 않고 듣기: ex. "무슨 이야기를 하든 다 들을게." "그랬구나." "그런 감정을 느낄 수밖에 없었겠다."

"____."

나의 완벽하지 않은 모습까지도 있는 그대로 받아들이는 것이 마인드풀니스예요. 부정적 감정이라고 쳐내지 않고 따뜻하게 함께 있어 봅니다. 억지로 수용하려고 애쓰는 것도 내려놓아 보세요. 힘든 감정에 따뜻함으로 머무르면서 알아차리다 보면 감정이 진정될 수 있어요. 그리고 받아들이는 과정도 자연스럽게 일어납니다. 어떤 과정에서든지 애쓰고 있다면 알아차려봅니다. 곁에 있어주는 것만으로도 든든하지만, 때로는 적극적인 보살핌이 필요할 때도 있어요.

[STEP3. 마음을 돌보아주세요.]

세상에서 내가 건강하기를, 행복하기를, 잘 되기를 누구보다 진심으로 바라는 존재는 누구일까요? 나의 아픔을 가장 잘 알고 있는 존재는 누구죠? 그리고 가장 나와 가까이 있으면서 24시간 내내 붙어 있는 존재는 누구일까요? 다른 누구도 아닌 바로 나예요! 마음을 돌보다 보면 마치 내가 나의 양육자가 된 것 같아요. 맞아요. 어린 시절 마음의 상처는 부모님이 내가 원하는 방식으로 돌봐주지 못해서 생기는 경우가 많아요. 나는 지금 나에게 어떤 위로가 필요한지도 살펴볼 수 있어요. 그래서 나에게 진정으로 위로가 되는 방식으로 나 자신을 돌봐줄 수 있습니다.

나를 돌보는 것을 셀프-패런팅(self-parenting)이라고도 해요. 내가 나의 양육자가 되어 나 자신을 돌보는 거예요. 힘든 감정을 경험하는 나를 아이라고 생각해봅니다. 어떻게 하면 아이가 안정감을 느낄 수 있을까요? 애착(attachment) 연구에 따르면 '보살핌(seen)', '달래기(soothed)', 그리고 '안전(safe)'이 충족될 때 안정적인 애착을 느낍니다. 앞에서 함께 있어주면서 판단 없이 듣는 것부터가 시작이에요. 힘들어하는 나와 함께 해주고 무엇이든 이해해주는 누군가가 있다는 건 생각만 해도 든든하지 않나요?

돌봄에 도움이 되는 TIP들!

1) 촉감으로 달래기

그럼 힘들어하는 나를 어떻게 위로해줄 수 있을까요? 우는 아이를 어떻게 달래면 좋을까요? 안아주거나 등을 쓰다듬어주는 걸 많이 보셨을 거예요. 촉감으로 돌보아주면 옥시토신이 분비되어 돌봄 시스템이 활성화됩니다. 이때 평온과 안정을 느낄 수 있고 나에게 더욱 친절해질 수 있어요. 손을 얹는 것만으로도 따뜻함이 배가 됩니다. 감정이 강렬하게 느껴지거나 긴장한 부위에 손을 부드럽게 올려보세요. 힘들어하는 친구의 어깨를 토닥이듯이, 손을 꼭 잡아주듯이. 강렬한 감각을 없애고자 손을 얹는 게 아니에요. 따뜻하게 함께 있어주는 거예요. 자연스럽게 긴장이 이완될 수도 있지만 아니어도 괜찮습니다. 때로는 친구에게 힘든 마음을 이야기하고도 마음이 풀리지 않을 때도 있어요. 그럴지라도 곁에서 손잡고 들어준 것만으로도 고마웠던 경험이 있을 거예요. 손을 올려놓은 채로 그 부위로 숨을 쉰다고 그려보며 부드럽게 호흡을 해볼 수도 있습니다. 내쉬는 숨에 긴장을 내려놓아 보세요.

2) 힘든 감정에 가장 위로가 되는 말을 들려주세요.

힘든 상황에서 당신에게 가장 위로가 되는 말이 있나요? "내가 함께 있어"처럼 같이 있다는 것만으로도 위로가 될 때도 있어요. 누군가 당신을 위로하러 찾아온다면, 어떤 말을 들으면 위로가 될까요? "진짜 속상했겠다. 나라도 그랬겠어!"와 같이 내 편을 들어줄 때 위로가 되기도 해요. "내가 편안하기를" 하며 나에게 자애를 보내는 것도 도움이 됩니다. 다만 편안한 상태에 대한 갈망과 집착을 내려놓기를 권합니다. 괜찮지 않은데 '괜찮아'라고 위로하는 경우도 많이 봤는데 이때 저항이 일어날 수도 있어요. 어렵다면 소중한 사람이 나와 같은 괴로움을 겪고 있을 때 무슨 위로의 말을 해주고 싶은지 떠올려 보세요.

나에게 위로가 되는 말을 적어보세요.

---

3) 나에게 위로가 되는 존재가 있나요?

내가 돌봄과 보호를 받고 있다고 느끼는 존재가 있나요? 그 존재의 다정한 얼굴을 떠올려 봅니다. 그 존재가 나를 위로하는 목소리 톤은 어떤가요? 몸의 감각에 변화가 있는지 알아차려 보세요. 편안함과 위로를 느끼는지 살펴봅니다. 더 크고 지혜로운 나, 미래의 나를 떠올려 봐도 좋아요.

✍ 당신에게 위로와 안정감을 주는 존재는 누구인가요?

4) 위로와 안정을 주는 모든 것들

나에게 위로가 되었던 것들은 나를 돌보는 자원으로 활용할 수 있어요. 반려동물을 안거나 쓰다듬기, 따뜻하고 부드러운 담요 덮기, 따뜻한 차 마시기 등. 이것들은 명상이 끝나고 난 뒤에 해볼 수 있어요. 마음을 돌보는 명상 후에 따뜻한 차 한 잔 음미하며 마시기! 생각만 해도 따뜻해집니다.

✍ 나에게 위로와 안정을 주는 모든 것들을 써볼까요?

6. 이제 내 마음을 돌봐주세요.

위에 알아본 자신을 위로하는 자원들로 우리 자신을 돌봅니다. '지금 나에게 진정으로 필요한 것은 뭐야?' 하고 물어보는 것이 도움이 됩니다. 나를 친절하게 돌보는 자기 연민이 담긴 질문이에요. 저는 이 질문을 저에게 합니다. 힘든 감정을 경험하고 있는 나에게 따뜻하게 물어보는 거죠. '지금 정말 필요한 건 뭐야?' 지금 이 순간 필요한 돌봄이 무엇인지 가슴의 소리를 들어봅니다. 그리고 진정 필요한 돌봄으로 자신을 보살펴 주세요. 부정적인 감정을 느끼는 자신을 비난했던 이전에는 감정을 그대로 인정해주기 쉽지 않았을 거예요. 부정적 감정을 돌보면서 점점 어떤 감정이든 있는 그대로 인정하게 됩니다.

✍ 어떻게 마음을 돌봐주면 좋을까요? 나에게 있는 자원들로 기록해보세요.

ex. 손을 배 위에 올리고 천천히 호흡을 해요.
긴장된 어깨에 손을 올리고 위로의 말로 어루만져요.
나를 소중히 여겨주는 존재가 나를 다정하게 안아주는 모습을 그려봅니다.

[STEP4. 본심 듣고 그 감정을 돌보기]

여기서 말하는 본심이란 겉으로 드러난 표면 감정에 숨어 있는 진짜 감정이에요. 예를 들어, 횡단보도를 건너는데 갑자기 차가 튀어 나왔을 때 우리는 화내며 소리를 지를 수 있어요. 그럼 우리는 지금 느끼는 감정이 '화'라고 단정 지을 때가 많습니다. 하지만 그렇게 잔뜩 화난 감정 아래에는 어떤 본심이 있는지도 가능하다면 살펴봅니다. '갑자기 튀어 나와서 정말 깜짝 놀랐어! 안전하지 못할까 봐 너무 무서웠어…….' 안전에 대한 욕구가 결핍되었을 때 무서워하는 마음은 누구나 느낄 수 있는 감정이에요. 따뜻한 돌봄을 받아 마음이 부드러워지면 이면의 본심도 솔직하게 대화해볼 수 있습니다.

본심을 들어보는 이 단계는 필수는 아니에요. 힘든 감정을 돌보며 마음이 부드럽게 풀어졌을 때 자연스럽게 대화해보면 좋습니다. 본심을 처음부터 발견하기는 어려울 수도 있어요. 매슬로우의 인간 기본 5대 욕구를 참고해보면 도움이 될 거예요. '안전하고 싶어', '사랑받고 싶어', '인정받고 싶어'는 인간이라면 누구나 느끼는 욕구들입니다. 만약 느끼고 있는 부정적 감정이 '분노'라면 충분한 돌봄으로 분노가 가라앉고 나서 물어볼 수도 있어요. '분노가 진짜 감정이니?' 분노 아래 슬픔이 있다는 걸 발견했다면 라벨링을 다시 하고 슬픔을 몸의 감각으로 느끼고 돌봐주세요.

안전하지 못해서 두려웠다면, "내가 최선을 다해 보호해줄게"라고 다독여 줄 수 있어요. 사랑받고 인정받고 싶었는데 그러지 못해 슬프다면 내가 나에게 사랑을 주는 것은 어떨까요? 처음에는 나 자신을 사랑하는 것이 어려울 수 있어요. 내가 나에게 자애의 마음을 보내봅니다. '내가 나를 있는 그대로 사랑하기를', '내가 나를 있는 그대로 인정하기를.' 마음을 돌보는 명상이 거듭되면서 어느 순간, 나의 모든 면을 있는 그대로 받아들이는 순간이 찾아옵니다. 있는 그대로 사랑한다는 말이 마음에 와닿게 되는 거죠. '사랑받고 싶었구나', '내가 나를 있는 그대로 사랑해.' 본심을 이해하고 돌보면서 자신에 대한 사랑과 신뢰도 쌓이게 됩니다.

토닥토닥 내 마음을 돌보는 명상

자, 이제 마음을 돌보는 명상을 함께 해볼까요?

[STEP1. 부정적 감정 만나기]

1. 부정적 감정을 유발한 상황을 떠올려 봅니다.(가벼운 정도의 부정적 감정을 떠올려 주세요.)
2. 라벨링: 느껴지는 감정에 이름을 붙여보세요.
3. 감정으로 인해 일어난 몸의 감각을 가슴을 열고 있는 그대로 느껴 봅니다.

[STEP2. 힘든 감정과 함께 있어주기]

4. 따뜻하게 감정과 함께 있어주세요.
5. 무엇이든 판단 없이 들어주세요.

[STEP3. 마음을 돌보기]

6. 나에게 가장 필요한 것으로 자신을 돌봐주세요.

ex. 따뜻한 손을 얹기 등 촉감으로 돌보기, 위로가 되는 말, 나를 돌보는 존재 떠올리기 등

[STEP4. 본심 듣고 그 감정을 돌보기]

7. 표면으로 드러난 감정 아래 숨은 본심이 있다면 그 감정을 돌봐주세요.

마음을 돌보는 과정은 따뜻한 물로 목욕하는 과정과도 비슷해요. 처음엔 굳이 바쁜데 시간 들여 뜨거운 목욕탕에 들어가고 싶지 않을 수 있어요. 부정적 감정을 없애는 것이 목적이 아님을 기억하세요. 그저 모든 감정 가운데 부정적 감정도 만나보는 것입니다. 다룰 수 있을 만한 부정적 감정부터 차근차근 발을 담가 봅니다. 몸의 감각을 느끼면서 따뜻하게 함께 있어주고 이야기도 들어보세요. 나를 돌보는 따뜻한 마음이 배양됩니다. 뜨거움은 진정되고 그저 따뜻해집니다. 그 따뜻함에 온몸의 긴장이 풀어지듯, 따뜻한 돌봄에 마음도 안정됩니다. 매일 저녁, 혹은 힘든 순간 내가 나의 가장 친한 친구가 되어 마음을 돌봐주세요.

04

불안과 두려움을 다루는 여러 가지 방법들

불안과 두려움을 호소하는 분들이 점점 더 늘어나고 있습니다. 누구나 불안과 두려움을 경험합니다. '앞으로 어떻게 먹고 살지?', '회사는 언제까지 다닐 수 있을까?', '나만 뒤쳐지고 있는 건 아닐까?' 급변하는 사회에서 미래를 생각하면 걱정이 되고 불안하기도 합니다. 이외에도 여러 가지 이유로 우리는 불안과 두려움을 가지고 살아가고 있어요. 이번 장에서는 불안과 두려움을 다루는 명상을 함께 하고자 해요. 실질적으로 불안과 두려움을 직면하고 함께 나아가는 데에 도움이 되기를 바랍니다.

불안, 두려움이란?

먼저 불안과 두려움에 대해 살펴볼까요? 두려움은 지금 마주한 위협 앞에서 올라옵니다. 순식간에 공포에 휩싸이게 되죠. 두려움은 이 위협으로부터 생존하도록 돕는 역할을 해요. 두려움은 대상이 비교적 구체적이에요. 반면, 불안은 미래의 맞닥뜨릴지도 모르는 위협에 대해 느끼는 감정입니다. 불안은 앞으로의 위협에 대비하도록 해요. 그런데 늘 초조하고 이유 없이 불안을 느낀다면 불안이 만성화된 것은 아닌지 살펴볼 필요가 있어요. 불안이 오래 지속되면 긴장이 쌓여서 만성 긴장 상태가 됩니다.

우리가 불안과 두려움을 느끼는 원인은 다양합니다. 당장 혹은 앞으로 닥칠 위협에 대한 걱정과 불안, 두려움은 서로 상호작용을 하며 증폭됩니다. 비현실적으로 이상이 높은 경우에도 불안을 느끼기 쉬워요. 원하는 것을 얻지 못할까 봐, 갖고 있던 것을 잃을까 봐, 싫은 경험을 마주할까 봐 불안합니다. 이는 원하는 상태에 대한 집착, 그리고 원치 않는 상황은 피하고자 하는 집착으로부터 비롯돼요. 또한 마음이 과거나 미래에 있을 때 불안이나 두려움을 느끼기 쉬워요. 과거의 공포를 느꼈던 순간이나 미래에 대한 걱정이 떠오를 때 우리는 불안과 두려움을 느낍니다. 과거의 경험으로부터 만들어진 신념도 우리를 두렵게 합니다.

이 불안과 두려움이 부정적 감정의 뿌리인 경우가 많아요. 안전하지 못할까 봐 두려워서 분노하고, 버림받을까 두려워 슬퍼지기도 합니다. 가장 큰 두려움은 죽음에 대한 거예요. 미래에 먹고살 걱정을 하는 것도 근본적으로는 생존에 대한 불안을 느끼기 때문이에요. 그런데 선사시대 같은 목숨의 위협이 줄어든 지금은 '나'라는 관념이 위협을 느끼는 경우가 더 많습니다. '사람들이 나를 어떻게 볼까?' '거부당하면 어떡하지?' '상처받고 싶지 않아' 하는 불안이 올라옵니다.

불안과 두려움을 느끼는 건 자연스러운 일이에요. 적절한 불안감은 우리를 조심하게끔 도와주기도 합니다. 그러나 불안과 두려움에 사로잡혀 버리면 문제가 될 수 있어요. 풀을 뜯으러 들판에 나온 사슴을 생각해볼까요? 맹수의 공격을 알아차리면 사슴은 필사적으로 도망을 갑니다. 그러다가 위협이 무사히 지나가면 몸을 부르르 떨며 두려움을 털어내 버립니다. 만약 맹수의 공격에 대한 불안과 두려움이 너무 커서 다시는 들판에 나오지 않고 웅크리고만 있다면 어떻게 될까요? 온 생각이 맹수를 피하는 것에만 집중되어 다른 것은 보지 못하게 될 거예요. 불안과 두려움이 커지면 마음의 여유도 없어지고 우리의 시야는 좁아집니다.

두려운 것을 피하는 것에 온통 초점이 맞춰져 새로운 도전, 만남, 기회를 피하게 됩니다. 들판에 나가면 또 맹수를 만날까봐 너무 두려워서 들판에 나가지 못하게 되는 거예요. 물론 이 또한 자신을 보호하기 위한 방법입니다. 하지만 웅크리고만 있으면 맹수가 공격했던 그 사건과 두려움에 더 깊이 빠져들게 돼요. 들판에 나갈 때마다 필연적으로 일어날 사실로 믿게 되기도 합니다. 어떤 일이 일어날지는 들판에 나가봐야 아는 거예요. 어떤 날은 맛있게 풀을 뜯으며 나비를 구경하는 경험을 하는 날도 있을 거예요. 불안과 두려움은 새로운 시도를 막곤 합니다. 어쩌면 새로운 시도가 두려움에서 벗어나게 해줄지도 모르는데 말이죠.

불안과 두려움은 새로운 경험들을 막을 뿐만 아니라 선택과 결정을 막기도 합니다. 결정을 어렵게 했더라도 행동하고 추진하는 것을 더디게 합니다.

'해도 될까?', '했다가 실패하면 어쩌지?' 이런 생각들이 앞을 가로막아요. 두려운 것들을 피해 도망 다닐수록 삶은 두려움을 피하기 위한 싸움이 되어 버립니다. 피하는 데에 온 에너지를 다 쓰게 되죠. 당신이 원하는 삶은 고통과 두려움을 피해 다니는 삶인가요? 아니면 두렵더라도 진정 원하는 삶을 사는 것인가요? 눈을 감고 마음 깊은 곳으로부터의 소리를 들어보세요.

'토닥토닥 내 마음을 돌보는 명상'으로 불안, 두려움 마주해보기

조금은 두렵더라도 불안과 두려움을 함께 마주해봐요. 불안과 두려움이 일어나는 것을 막지 않고, 일어나는 것을 허용해봅니다. 그동안 불안과 두려움으로부터 자신을 보호하고자 했던 모든 것을 내려놓는 것이 쉽지 않을 수 있어요. 불안과 두려움을 호기심과 따스함으로 있는 그대로를 경험해봅니다. 불안하고 두려울 때, 앞의 '토닥토닥 내 마음을 돌보는 명상'으로 불안, 두려움을 돌봐주세요.

불안, 두려움 명상 저널링

✍ 불안, 두려움을 느꼈던 상황을 생생하게 떠올릴 수 있었나요? 그 상황에서 생각과 감정에 빨려들어가지 않고 감정에 이름을 붙여볼 수 있었나요?

✍ 불안과 두려움을 몸에서 찾아볼 수 있었나요? 호흡과 감각을 지켜보니 어떠했나요?

✍ 불안, 두려움을 친절하게 돌볼 수 있었나요? 비판이나 돌보기 싫다는 마음이 올라왔다면 알아차릴 수 있었나요? 그 마음 또한 친절하게 대할 수 있었나요?

✍ 그 상황에서 당신에게 가장 필요했던 것은 무엇이었나요? 어떻게 돌보았을 때 불안과 두려움이 진정되고 위로가 되었는지 적어보세요.

ex.
- 나를 안아주며 '내가 여기 있어'라고 해주었을 때 가장 안심이 되었다.
- 내가 신뢰하는 존재를 떠올리며 '이 사람도 불안을 경험한 적이 있었을까?' 질문해보았다. 사람이라면 누구나 불안을 경험할 수 있다는 생각에 위로가 되었다.
- 가슴에 손을 얹고 '지금 불안을 느끼는구나. 살아 있다는 증거야.' 살아 있기에 이런 감정도 느낀다는 걸 알아차리니 위로가 되었다.

✍ 불안과 두려움을 다루는 명상을 할 때마다 기록해봅니다. 자신이 불안과 두려움을 느끼는 상황, 그때마다 떠오르는 생각들, 보이는 반응들을 기록해보세요. 불안과 두려움을 경험할 때의 공통점들을 발견할 수도 있어요.

몸을 활용한 불안을 돌보는 방법들

이번에는 불안하고 두려울 때 바로해 볼 수 있는 몸을 활용한 명상법들을 소개합니다. 불안을 느낄 때, 긴장이 일어날 수 있고, 몸이 떨리기도 합니다. 두려움을 느낄 때는 심장이 빨리 뛰기도 하고요. 평소에 바디스캔을 꾸준히 한다면 이러한 몸 감각의 변화를 알아차리는 데에 도움이 됩니다.

알아차리고 호흡 바라보기

불안과 두려움이 갑자기 올라올 때는 알아차리고 이 순간의 호흡으로 주의를 가져옵니다. 불안할 때 호흡은 들쭉날쭉합니다. 천천히 횡격막 호흡을 하며 호흡을 바라보는 것만으로도 도움이 됩니다.

마인드풀 근육 이완법

하나는 점진적 근육 이완법(Progressive Muscle Relaxation)을 활용한 마인드풀 근육 이완법이에요. 불안을 몸으로 감지할 수 있다면 불안을 다루는 데에 도움이 돼요. 불안으로 잔뜩 긴장해 있는 몸을 알아차리는 것이 첫 번째예요. 그리고 이완해봅니다. "이완을 잘할 수 있으면 진작 했죠!" 하는 목소리가 여기까지 들리네요. 맞아요. 긴장을 풀고 이완하는 감각을 잃어버리신 분들이 많아요. 그래서 신체의 각 부위에 의도적으로 긴장을 주었다가 이완함으로써 이완의 감각을 느껴봅니다. 긴장을 줄 때는 5초 정도 약하게 긴장을 유지해보세요.

1. 목까지 받쳐주는 의자에 기대어 앉거나 매트에 누워 편안한 자세를 취합니다.
2. 천천히 호흡하면서 몸의 감각을 느껴봅니다.
3. 얼굴과 목에 주의를 두고 긴장감을 감지해봅니다. 횡격막 호흡으로 숨을 들이쉬고 멈추면서 5초 정도 얼굴과 목 부위에 약한 긴장을 줍니다. 숨을 내쉬면서 긴장을 주었던 힘을 내려놓습니다. 긴장 상태와 비교하여 이완의 감각을 느껴봅니다. 두세 차례 편안하게 호흡을 하며 내쉬는 숨에 '편안하다' 혹은 '이완'이라고 말해봅니다.
4. 1) 얼굴과 목 2) 팔과 손 3) 어깨, 가슴, 복부 등 4) 다리와 발 순서로 3번과 같이 긴장을 주었다가 이완해봅니다.
5. 이제 마지막으로 천천히 세 차례 호흡하며 날숨에 몸 전체에 남아 있는 긴장을 내려놓아 봅니다.

불안을 기록해보는 저널링

알 수 없는 불안을 느끼는 경우에는 기록을 해보는 것도 도움이 됩니다. 우리는 상황을 예측할 수 없을 때 불안을 느낍니다. 공포영화의 뿌옇고 앞이 보이지 않는 어두컴컴한 분위기만으로도 불안이 올라옵니다. 이렇게 막연할 때 더 불안하고 두려워집니다. 그래서 함께 불안을 써봄으로써 구체화 해볼 거예요.

1. 지금 느끼고 있는 불안에 대해 떠오르는 것들을 적어봅니다.

구체화되고, 한 걸음 떨어진 대상으로 볼 수 있게 돼요. 그리고 계속해 나가다 보면 내가 불안을 느끼는 패턴을 발견할 수도 있어요. '엇, 나는 이 생각이 떠오르면 불안을 느끼는구나!'

2. 불안과 두려움에 대해 기록해보았다면 이제 분류를 해볼 차례예요.

달라이 라마는 "해결할 수 있는 일은 걱정할 필요가 없다. 해결할 수 없는 일은 걱정해봐야 소용이 없다"라고 말했습니다. 대비할 수 있는 불안과 대비할 수 없는 불안으로 구분해봅니다. 대비가 가능한 불안이라면 대비해보고, 대비할 수 없는 경우라면 걱정을 내려놓을 수 있도록요.

3. 이제 대비할 수 있는 불안을 쭉 써볼까요? 그중에서 중요하면서도 급한 것부터 순서대로 나열해봅니다.

4. 그런 후에 중요하면서 급한 것부터 그 불안을 느끼게 하는 상황을 예상해봅니다. '내가 불안을 느끼는 일을 대비하고자 준비할 수 있는 건 뭐지?' 하고 질문을 해보세요. 그리고 할 수 있는 것들을 쭉 적어보세요.

다만 한 번에 대비를 끝내버리고자 할 때는 그에 대한 부담감과 불안이 올라올 수 있어요. 당장 실천할 수 있는 구체적인 것부터 적고 직접 해보세요. 실천하다 보면 대비해 나가고 있다는 사실에 불안이 잦아들 수 있어요. 그리고 대비하고 있다 해도 언제든 변수가 생길 수 있어요. 모든 상황을 통제하려고 할 때 마음은 굉장히 힘들어집니다. '변수는 언제든 생길 수 있어. 그렇다고 아무 대비도 안 하며 불안해하는 건 나를 위한 게 아니야. 지금 주어진 상황에서 최선을 다해 대비하고 있어. 변수가 생기면 거기에 맞게 또 해 나가면 돼.'

변수는 절대 생겨서는 안 된다는 마음을 내려놓아 보세요. 최악의 상황도 한 번 떠올려 봅니다. '최악의 상황이라 봐야 이것보다 더 하겠어? 그런 일이 일어날 수도 있지' 하고 가볍게 다뤄보는 거예요. 마크 트웨인(Mark Twain)은 이렇게 말했습니다. "나의 삶에서 최악의 상황은 실제로 결코 일어나지 않았다"라고요.

5. 자, 이번에는 대비할 수 없는 불안에 대해 적어보세요.

불안을 느끼는 일에 대해 내가 할 수 있는 것이 없는 경우입니다. 대비할 수 없는 불안감은 객관적으로 떨어뜨려 놓고 보면 극단적인 경우가 많아요. 과거의 경험이나 외부의 정보로부터 만들어진 신념인 경우도 있습니다. 불안한 생각 속에 있으면 잘 보이지 않아요. 불안을 일으키는 생각을 적어봅니다. 대상으로 놓고 객관적으로 보세요. 그리고 불안해하는 마음을 돌봐주세요.

불안을 기록해보는 저널링

1. 내가 느끼는 불안에 대해 기록해봅니다.

-
-
-

2. 이 가운데 중요하고도 급한 것이 있나요? 중요하고 급한 것부터 순서대로 적어보세요.

-
-
-

3. 대비할 수 있는 불안과 대비할 수 없는 불안으로 분류해봅니다.

내가 대비할 수 있는 불안)

-

-

내가 대비할 수 없는 불안)

-

-

4. 대비할 수 있는 불안의 경우, 지금부터 내가 준비할 수 있는 것들을 적어봅니다. 어떻게 실천하면 좋을지도 기록해보세요.

[대비할 수 있는 불안 1]

대비책 1)

대비책 2)

대비책 3)

5. 대비할 수 없는 불안은 그 내용을 써보세요.

-

-

-

-

-

-

6. 대비할 수 없는 불안을 객관적으로 바라보는 입장에서 '정말 그래?' 하고 질문을 던져보세요. 느낌이 어떤가요?

-

7. 불안에 대해 기록해본 소감을 적어봅니다.

-

불안, 두려움과 함께 나아가기

누구나 불안과 두려움을 느낍니다. 불안이 올라오고 두려울 때마다 '이런 감정은 누구나 느끼는 거야'라고 친절하게 대해 주세요. 불안과 두려움은 비판이나 위협을 받을 때 느껴집니다. 이렇게 불안과 두려움에 떨고 있는 자신을 우리만큼은 따뜻하고 친절하게 대해 주기로 해요. 자신을 친절하게 대하면 두려움을 내려놓고 새로운 경험에 한 걸음 더 나아갈 수 있는 힘이 생깁니다. 그리고 새로운 경험을 하다 보면 시야가 넓어지고, 작은 성취감들도 쌓이죠. 그러면서 자신에 대한 신뢰도 생깁니다. 두려운 것들을 피하는 삶이 아니라 원하는 삶, 나다운 삶을 살아갈 힘이 생깁니다.

불안과 두려움을 영원히 느끼지 않고 살 수는 없어요. 그러나 우리는 불안, 두려움이 있는 가운데에서도 용기를 낼 수는 있어요. '불안하고 두려워도 해볼 거야!' 하는 용기 말이에요. 나뿐만 아니라 대다수의 사람들이 새로운 시도 앞에서 두려움을 느껴요. 한 번도 경험해보지 못한 걸 시작하는데 아무렇지 않을 사람이 있을까요? 어떤 일이 펼쳐질지 알지 못하기에 두려운 거예요. 그렇다고 계속 피하기만 하면 안전지대(comfort zone) 안에서만 살게 됩니다. '두려워도 해볼까?' 하는 마음으로 한번 해보는 거예요. 두려움을 내려놓고 한 걸음 내디뎠을 때 깨달음이 있을 수도, 성장할 수도 있어요. 가능성이 열리는 거죠.

불안과 두려움은 우리를 굉장히 힘들게 해왔지만 이제 피하기보다는 마주해보세요. 이 때 '토닥토닥 내 마음을 돌보는 명상'이 도움이 될 거예요. 그리고 불안, 두려움이 갑자기 올라올 때는 이번 장에서 함께 해본 '호흡 바라보기', '마인드풀 근육 이완법'을 해봅니다. 그리고 막연한 불안감이 지속될 때 저널링도 해보시길 권해 드려요. 불안의 대상이 구체화되고 대비할 수 있는지의 여부를 살피면서 불안을 객관적으로 바라볼 수 있게 됩니다. 불안, 두려움은 언제든 올라올 수 있어요. 불안, 두려움을 마주하고 돌보며 한 발 한 발 나아갈 여러분을 응원합니다!

05

내 마음의 패턴을 알아차리고 대화해보자 -마인드풀 마음 저널링

우리는 지금까지 함께 마음을 마주하는 연습을 해보았습니다. 불현듯 떠오르는 불안과 두려움을 다뤄보기도 했어요. 명상 외에도 마음을 관찰하고 돌보는 데에 도움이 되는 방법이 또 한 가지 있습니다. 바로 저널링이에요! 저널링은 일기 쓰기 같은 거예요. 기존에 혹은 예전에 쓰던 일기는 보통 오늘 있었던 일들을 쭉 써보는 거였다면 지금부터는 마음에 대한 일기를 써볼 거예요. 나를 알아가고 자신에게 다정해지는 데에 굉장히 도움이 되었던 방법이기도 합니다! 매일 저녁 마인드풀 마음 저널링으로 나의 마음과 만나보는 건 어떨까요?

저널링이 왜 도움이 되는지 궁금하실 거예요. 생각과 감정을 표현하는 것은 중요합니다. 사실 표현을 하면서 저절로 해소되기도 해요. 하지만 일상에서 자기감정을 표현하고 대화하는 것은 쉽지 않습니다. 다행히 저널링을 통해 나의 감정을 표현하고 나와 대화할 수 있어요. 쓰다 보면 생각과 감정을 마인드풀하게 바라보는 힘도 점점 생깁니다. 생각을 생각으로 감정을 감정으로 바라볼 수도 있게 됩니다. 나의 마음정원에 어떤 잡초가 자라 있는지, 줄기나 뿌리가 상했는지도 볼 수 있게 돼요. 처음엔 오늘 일어났던 생각과 감정들에 대해 막 써보는 것도 좋아요. 쓰면서 일어난 일에 대해 어떤 생각과 감정이 일어났는지를 발견하며 나를 알아갈 수도 있습니다.

마인드풀 마음 저널링 가이드

마인드풀 마음 저널링 하는 방법은 다음과 같습니다. 앞의 '토닥토닥 내 마음을 돌보는 명상'과 함께 해봐도 좋아요.

STEP1. 저널링 노트를 펴두고, 잠시 편안하게 호흡합니다. 눈을 감고 오늘 일어난 감정 중에 다뤄보고 싶은 감정을 일으킨 상황을 떠올려 봅니다.

STEP2. 그 상황에서 느꼈던 감정을 라벨링 해봅니다. 감정표현을 참고해서 느껴지는 감정을 적어보세요.

명상할 때는 라벨링을 정확하게 하지 않아도 괜찮아요. 저널링을 하면서는 어떤 감정인지 조금 더 세밀하게 보도록 합니다. 보통 우리는 부정적 감정을 느낄 때, '화, 짜증, 분노, 슬픔' 등으로 표현해요. 긍정적 감정을 느낄 때는 '기쁨, 즐거움' 등으로 뭉뚱그려 표현합니다. 사실 감정의 스펙트럼은 굉장히 넓고, 그 감정을 표현하는 언어도 다양합니다. 어떤 감정들이 있는지 궁금하실 거예요. 감정 표현들을 알아두면 느끼는 감정을 좀 더 명확하게 표현하는 데에 도움이 됩니다. 감정 표현들을 나의 감정을 풍부하게 표현하는 재료로 활용해보세요.

여러 가지 감정 표현들

사람은 기본적으로 일곱 가지 감정(칠정(七情))을 느낍니다. 다음은 일곱 가지 감정을 바탕으로 한 구체적인 감정 표현들이에요. 떠오르는 감정이 무엇인지 잘 표현하기 어렵다면 아래 표를 참고해보세요. 지면상 모든 감정들을 다 담지는 못했어요. 떠오르는 감정의 표현이 표에 없다면 일곱 가지 기본 감정 중에 무엇인지 살펴봅니다.

희(喜): 기쁨	노(怒): 노여움	애(哀): 슬픔	락(樂): 즐거움	애(愛): 사랑	오(惡): 미움	욕(欲): 욕구
기쁜	괴로운	구슬픈	즐거운	다정한	미운	기대하는
감격스러운	괘씸한	걱정되는	명랑한	순수한	지겨운	간절한
짜릿한	꼴사나운	낙담한	상쾌한	애틋한	끔찍한	갈망하는
만족스러운	배신감	불쌍한	신나는	포근한	원망스러운	초라한
반가운	분개한	불안한	편안한	호감 있는	억울한	호기심
뿌듯한	모욕적인	서러운	경쾌한	감사하는	짜증스러운	후회스러운
든든한	실망한	외로운	희망찬	사랑스러운	죄책감	초조한
행복한	가혹한	우울한	자신 있는	열망하는	귀찮은	찜찜한

STEP3. 감정 표현을 말로 내뱉으면서 감정을 충분히 느껴주세요. 이때 그 감정에 대한 생각을 더해 감정을 증폭시키지 않도록 합니다. 그리고 감정이 몸에서 어떻게 느껴지는지 알아차려 보세요.

감정을 억압하지 않고 충분히 느껴주는 것이 중요해요. 그런데 자칫 감정을 증폭시키게 될 수 있으니 주의하세요. 저널링을 막 시작했을 때 제가 했던 실수이기도 해요. 스스로 부정적 감정을 증폭시키고 있다면 알아차리고 내려놓습니다. 그래서 이 저널링은 그냥 기록일지가 아니라 '마인드풀 마음 저널링'이에요. 마음에서 무엇이 일어나고 있는지 늘 마인드풀하게 바라봐 주세요.

증폭시키지 않은 상태에서 있는 그대로의 감정을 느껴봅니다. '이게 서러움이구나', '억울함을 경험했구나' 하면서요. 그리고 이 감정이 몸의 어느 곳에서 느껴지는지 감각을 관찰해봅니다. 때로는 눈물이 흐를 수도 있어요. 눈물이 나오면 흐르게 놔두세요. 억지로 눈물을 그칠 필요가 없습니다. 다만, '증폭시키지 않는 선'에서 감정을 느껴주세요. 억압했거나 돌아봐주지 못한 힘든 감정은 관심을 필요로 합니다. 다시금 관심을 갖고 느껴주면 자연스럽게 흘러가고 사라지기도 합니다.

STEP4. 따스하게 가장 필요로 하는 위로와 돌봄을 제공합니다.

앞의 '토닥토닥 내 마음을 돌보는 명상'에서 함께 연습했던 거예요. 같은 감정을 느꼈어도 가장 안정을 느끼고 위로가 되는 돌봄은 사람마다 달라요. 지금 내게 무엇이 필요한지는 자신이 가장 잘 알 수 있습니다. '지금 나에게 가장 위로를 줄 수 있는 건 뭐야? 어떻게 하면 좀 편안해질 것 같니?' 하고 나 자신에게 물어봅니다. 내면의 목소리가 원하는 것으로 돌봐주세요. 토닥토닥 쓰다듬어 주어도 좋고, 위로가 되는 말을 반복해서 들려줘도 좋습니다. 가장 위로가 되고 마음이 스르륵 풀어지는 순간이 있었나요? 기록해봅니다.

STEP5. 마음이 진정되고 편안한 상태에서 눈을 감고 다시 그 상황을 바라봅니다. 무엇에 마음이 반응했는지 살펴보고 부정적 감정을 일으킨 트리거(촉발요인)를 기록해봅니다.

부정적 생각과 감정은 여러 가지 요인에 의해 일어납니다. 부정적 감정을 일으킨 트리거를 발견해봅니다. 상대방의 말이나 표정이었나요? 아니면 상황을 바꿀 수 없는 것에 대한 무력감이었을까요? 부정적 감정이 일어난 요인을 발견할 수 있다면 적어봅니다. 자주 저널링을 하다 보면 내 안에 부정적 감정을 일으키는 트리거들의 공통점도 발견해볼 수 있을 거예요. 때로는 과거로부터 형성된 자동적 사고, 잘못된 신념들도 트리거가 될 수 있어요. '지금 실수를 했으니 완벽하지 않은 나는 사랑받지 못할 거야' 같은 생각들이요. 부정적 감정을 일으킨 트리거를 적어봅니다.

STEP6. 트리거에 즉시 반응했던 감정 속에 숨은 본심이 있었는지도 살펴봐주세요.

트리거에 자동 반응한 감정 안에 본심이 있었나요? 본심은 보통 인간의 기본적인 욕구에 관한 내용들인 경우가 많아요. '인정받고 싶었는데 그러지 못해서 슬펐어', '안전하고 싶었어' 같은 본심이 있었는지 따뜻하게 물어봐 주세요. 본심을 발견하는 과정은 처음엔 어려울 수 있어요. 저 또한 그랬습니다. 하지만 본심을 발견해 가다보면 무엇에 결핍을 느낄 때 부정적인 감정을 느끼는지도 살펴볼 수 있어요.

STEP7. 본심을 이야기해준 나에게 고마움을 표현해주세요. 그리고 본

심이 필요로 하는 것으로 돌봐주세요.

마인드풀 마음 저널링

✍ 오늘 감정이 일어났던 상황을 떠올려 봅니다.

✍ 그 상황에서 느낀 감정은 무엇이었나요? 그 감정을 충분히 느껴주세요. 그러고 나서 느낀 감정에 대한 감정 표현을 적어보세요.

✍ 가장 위로가 되는 돌봄은 무엇이었나요? 그때의 느낌은 어땠나요?

✍ 마음이 진정된 상태에서 부정적 감정을 일으킨 트리거를 발견할 수 있었나요? 트리거를 기록해봅니다.

✍ 트리거에 자동 반응해 거세게 일어난 감정 안에 숨은 본심은 뭐였나요? 본심을 발견했다면 고마움을 전하며 따뜻하게 돌봄을 제공해봅니다.

✍ 트리거를 발견할 때마다 기록해보세요. 특정 상황이나 언어표현, 혹은 주입된 신념들일 수 있습니다.

저널링이 쌓이면 내 마음에 부정적 감정을 일으키는 트리거와 신념들이 보입니다. 자동적으로 연이어 일어나는 부정적 생각들도 발견할 수 있어요.

이것들이 당신의 마음정원의 잡초예요. 이 잡초들이 있는 그대로 보지 못하게 합니다. 저널링은 이렇게 나를 차근차근 알아가도록 도와줘요. STEP5에서 발견한 자동적 사고와 신념들이 있다면 질문도 해봅니다. '정말 실수하면 사랑받지 못하는 거야?', '평생 실수를 안 하는 사람이 존재할까? 그럼 세상에 사랑받을 수 있는 사람이 있을까?' 등의 질문을 하고 어떤 생각이 드는지 알아차려 보세요. 질문을 하다 보면 이제까지 에너지를 주고 있던 잡초(자동적 사고, 잘못된 신념들)가 자연스럽게 뽑히게 돼요.

이렇게 하다보면 내 마음의 오랜 습관, 즉 생각과 감정의 패턴을 발견할 수도 있습니다. 저널링을 통해 이것들이 계속 되풀이되고 있다는 걸 볼 수 있어요. 그러면 패턴에 빠지기 전에 잠시 멈추는 데에 도움이 됩니다. '어? 또 그 생각이 올라와서 나를 부정적 감정으로 끌고 들어가려고 하네!' 하고 알아차리게 되는 거죠. 그러면 멈추고 선택할 수 있는 자유가 주어져요. 부정적 감정의 소용돌이에 빠져들지 않을 수 있게 됩니다. 이런 면에서 저널링은 내 마음 관찰 기록일지와 같아요. 나를 알아가고 싶다면 저널링으로 마음과 자주 만나보시길 권합니다. 이어서 같은 이야기, 마음의 패턴이 반복되어 나타나는 이유에 대해 알아볼 거예요. 그리고 과거의 상처를 가슴으로 만나봅니다.

06

과거의 상처받은 나를 안아주세요 -마음허그 명상

마음을 관찰하는 명상과 저널링을 하다보면 마음에 반복되는 이야기를 발견하게 됩니다. 고요한 가운데 무의식에 있던 것들이 의식으로 올라오기도 해요. 반복해서 떠오르는 과거의 상처, 그로 인해 형성된 생각, 감정, 사고방식이 보이기 시작합니다. 반복되는 이야기는 어린 시절 양육자와의 애착관계, 그리고 과거의 경험으로부터 비롯됩니다. 지금 어떤 상황에서 반복해서 느끼고 있는 감정은 사실 과거에 그 뿌리가 있는 경우가 많아요. 이번 장에서는 과거로 돌아가 감정을 재경험하는 명상을 해볼 거예요. 당신의 마음정원에 상한 줄기와 뿌리를 발견해 돌봐주세요.

반복되는 이야기와 마음의 패턴

명상과 저널링으로 마음을 관찰하다 보면 되풀이되는 이야기를 알아차리게 됩니다. 반복되는 이야기는 여러 가지예요. 명상 중에 반복해서 떠오르는 사건과 감정이 있을 수 있습니다. 그리고 어떤 상황에서 자동적으로 비슷한 생각과 감정이 떠오르는 마음의 패턴도 발견돼요. 마음에 길이라도 난 것처럼 특정 상황에서 비슷한 생각과 감정이 떠오르는 거죠. 자동적으로요. 그리고 내가 나를 어떻게 생각하는지, 사고방식 등도 일상에서 팝업처럼 반복적으로 떠오릅니다.

저를 가장 잘 돌볼 수 있는 건 자신임을 느끼고부터 저는 매일 저녁 마음을 만났습니다. 마음을 돌보는 명상과 저널링을 하다보니 되풀이되는 이야기를 발견하게 됐어요. 제 사고방식도 알게 되었고, 특정 상황에서 마음의 패턴들도 보이기 시작했습니다. 반복되는 이야기를 관찰할 때 저널링은 정말 많은 도움이 됐어요. 저널링한 노트를 살펴보면 반복되는 내용이 한눈에 보였어요. 그래서 명상할 때도, 일상생활에서도 알아차리는 데에 도움이 되었습니다.

이런 반복되는 이야기는 과거의 경험으로부터 옵니다. 아이였던 나와 양육자와의 애착관계는 무의식 형성에 큰 영향을 미칩니다. 어린 시절의 경험으로 무의식이 형성된 거예요. 어린 시절의 경험 가운데 겪은 생각과 감정을 동일시하게 되면서 자기 자신의 정체성도 만들어집니다. 어린 시절 사랑받지 못했다면 '나는 사랑스럽지 않은 사람이야'와 같은 정체성이 생기는 거예요. 물론 똑같은 경험을 했어도 사람마다 느끼는 감정과 경험에 대한 해석이 다릅니다. 그래서 똑같은 경험을 하고도 사람마다 자기에 대한 개념은 다를 수밖에 없어요.

또한 주변 사람들이 자주 했던 말, 어떤 문화권에서 어떤 교육을 받았는지도 큰 영향을 미칩니다. 이는 자신에 대한 정체성뿐 아니라 사고방식 전체에 영향을 줍니다. 다른 사람들과 이 세상은 어떤 곳인지에 대해 생각하는 방식에도 영향을 줘요. 어린 시절 "세상에 믿을 사람 하나 없어"라는 말을 매일 들은 아이는 사람들을 어떻게 생각할까요? 커서 경험을 통해 달라질 수도 있겠지만, 마음을 여는 데까지는 시간이 걸릴 확률이 높아요. 우리도 모르는 사이에 이런 식으로 보고 듣고 주입된 정보들이 우리의 사고에 새겨집니다. 그리고 지금까지도 영향을 미치고 있어요.

명상은 무의식을 의식화한다.

명상을 하다 보면 무의식이 의식의 표면으로 올라옵니다. 여러 가지가 올라올 수도 있고, 같은 이야기가 반복해서 올라올 수도 있어요. '명상을 하면 생각이 잠잠해지는 줄 알았는데 더 선명하게 맴맴 도는 것 같아. 명상을 잘못하고 있는 건가? 명상을 괜히 시작했나?' 하며 걱정할 필요는 없어요. 명상은 나를 관찰하고 만나는 과정입니다. 과거의 사건이 반복해서 떠오른다면 감정이 해소되지 않았기 때문이에요. 되풀이되는 이야기는 우리의 관심이 필요하거나 이해받기를 원하는 감정이 고개를 내민 거예요.

과거의 사건이 의식의 표면으로 떠오른 것은 이를 돌볼 수 있는 기회가 됩니다. 명상은 이 되풀이되는 이야기를 떨어져서 바라보게 합니다. 명상 중에는 반복되는 이야기가 떠오를 때 알아차리고, 이로 인해 일어나는 감정을 몸의 감각으로 느껴봅니다. 이렇게만 해도 마음에 굳어진 생각과 감정의 패턴이 녹아내리기도 합니다. 이렇게 의식의 표면으로 올라온 것은 통찰의 기회를 주죠. 명상을 통해 무의식이 의식화되었다면 마음이 관찰하기 좋게 현미경 위에 올려진 상태예요. 머리로 분석하지 않습니다. 가슴으로 만나봅니다.

과거의 상처를 다시 경험하기

우리는 부정적 감정을 일으키는 반복해서 떠오르는 사건을 다시 경험하고자 합니다. 현재 어떤 상황에서 떠오른 부정적 감정과 비슷한 감정을 느꼈던 과거로도 다시 가볼 거예요. '명상은 현존하는 건데, 왜 과거로 가나요?'라는 의문이 들 수 있습니다. 무의식의 형성은 어린 시절에 거의 대부분 형성되죠. 반복해서 떠오르는 상처의 초기 경험은 어린 시절에 있는 경우가 많아요. 만약 명상하려고 앉아 있는데 옆에서 아이가 구슬프게 울고 있다면 어떻게 하면 좋을까요? "자, 그만 울고 조용히 해줘" 하고 명상을 시작해볼까요? 그렇게 하더라도 아마 울고 있는 아이가 자꾸 신경 쓰일 거예요.

명상을 통해 우리는 무의식에서 수면 위로 떠오른 상처를 발견했어요. 이게 내 안에 울고 있는 아이라고 생각해보세요. 이제는 관심을 가져줄 것 같아서 소리 내어 울기 시작했는데 다시 무의식으로 집어넣는 것과 같아요. '나 지금 명상해야 하니까 그만 울고 네 방에 들어가 있어!' 하는 거죠. 물론 명상은 현존하는 것이 맞습니다. 그러나 해결되지 않아 마음에 상처로 묵직하게 남아 현재까지 영향을 주는 과거는 재경험이 필요합니다. 내 마음정원의 상한 뿌리를 마주하는 과정입니다. 가슴으로 만나보세요. 과거의 고통을 이해하고 안아줄 때 고통의 쓴 뿌리가 치유되어 당시 상황도, 현재도 더 있는 그대로 볼 수 있게 될 거예요.

상처받은 나를 가슴으로 안아주는 마음 허그 명상

1. 편안하게 앉아 눈을 감고 부드럽게 호흡합니다.

2. 과거로 가는 문을 두드려 봅니다.
과거의 상처를 경험한 나에게 부드럽게 말을 건네 보세요. '내가 이제야 그때의 아픔을 돌아봐 줘서 미안해', '그때 어땠는지 말해줄 수 있니?'

3. 반복해서 떠오르는 과거의 상처 혹은 오늘 경험한 힘든 감정과 비슷한 감정을 느낀 어린 시절의 장면을 떠올려 봅니다.
여러 가지 방법으로 과거를 재경험 해볼 수 있습니다. 반복되어 떠오르는 상처를 재경험하는 방법이 있어요. 그리고 어린 시절부터 나이순으로 재경험 해볼 수도 있어요. 혹은 오늘 겪은 힘든 감정과 비슷한 감정을 느낀 과거를 재경험 해볼 수도 있습니다. 저는 긴 시간에 걸쳐 세 가지 방법을 다 해보았어요. 경험상 바쁜 직장인의 경우, 오늘 경험한 힘든 감정과 비슷한 감정을 느낀 과거를 재경험 해보는 것을 권합니다. 트라우마나 큰 상처는 압도당할 수 있습니다. 다룰 수 있는 것부터 재경험 해봅니다. '토닥토닥 내 마음을 돌보는 명상', '마인드풀 마음 저널링'을 통해 가슴으로 만나고 안아주는 연습을 먼저 충분히 해주세요.

4. 과거의 상처와 부정적 감정을 떠올렸을 때 어떤 감정이 드나요? 감정을 라벨링하고 감정 표현을 반복하면서 몸 전체를 스캔하며 감각을 느껴봅니다.
초기 상처는 굉장히 오래전 일임에도 그때의 감정이 생생하게 느껴집니다. 감정을 라벨링 하고 되뇌어보세요. 상처받은 마음이 어디에 있나요? 몸을 스캔해봅니다.

5. 강렬한 감각이 느껴지는 부위가 있다면 토닥토닥 위로해봅니다.
감정이 감각으로 느껴진다면 따뜻한 손길을 보내봅니다. 과거의 상처받은 나를 토닥토닥 위로해봅니다.

6. 과거에 상처받은 나의 감정이 어땠는지, 본심은 무엇이었는지 열린 마음으로 듣고 공감해주세요.

과거의 나는 무엇에 상처를 받았을까요? 할 수 있다면 어린 시절의 나의 모습을 떠올려봅니다. 어린 시절 당시 나의 이야기를 들어보세요. 감정을 읽어주세요. 그리고 본심은 무엇이었는지 물어봅니다. '그랬구나. 그것 때문에 속상했구나' 하며 함께 있어주세요. 상처받았던 니의 마음을 가슴으로 만나는 과정입니다. 그리고 그때의 감정에 관심을 가지고 이해하는 과정이기도 해요.

7. 아이에게 '지금 가장 필요한 게 뭐야?' 하고 물어보세요. 그리고 따뜻하게 돌봐주세요.

그 순간 가장 필요했던 것을 말할 거예요. 사랑받고 싶었는데 차별당했던 게 속상했다면 '사랑받고 싶다'고 할 거예요. 그러면 사랑을 듬뿍 표현해주세요. '내 이야기는 들어주지도 않고 혼부터 냈어. 그냥 내 이야기 좀 들어줬으면 좋겠는데'라고 한다면 따뜻하게 이야기를 다 들어주는 거예요. 아이가 잘 몰라서 대답하지 못할 수도 있어요. 그럴 땐 하고 싶은 걸 물어보거나 그저 따뜻하게 함께 있어주세요.

8. 지금의 내가 상처받은 나에게 해주고 싶은 말을 부드럽게 들려주세요.

가슴으로부터 전하고픈 말이 있나요? 고마운 마음, 미안한 마음, 위로의 말, 사랑한다는 말, 뭐든 좋습니다. 따뜻하게 말해주세요. 저는 저에게 사랑한다는 말을 해본 적이 없었어요. 오글거려서 사랑을 표현하는 게 너무 어색했거든요. 그런데 이 명상을 계속하다 보니 사랑이 움트기 시작했습니다. 가슴으로부터 들려주고 싶은 말이 진심으로 사랑한다는 말이었어요. '내가 너를 있는 그대로 사랑해. 아주 많이 사랑해. 넌 정말 소중해.'

9. 명상을 마친 후, 잠시 눈을 감고 충분히 따뜻하게 머물러봅니다.

일하면서 바쁘다 보니 저는 과거의 상처를 꺼내지 않고 살아왔어요. 쓰러지고 나서야 '토닥토닥 내 마음을 돌보는 명상'과 '마인드풀 마음 저널링'으로 그날그날의 마음을 돌보았습니다. 그러다 보니 연관된 과거의 상처들도 올라오기 시작했어요. 그래서 상처받은 과거의 나를 돌보는 명상을 하게 되었습니다. 울고 있는 나를 어떻게 돌봐야할지, 상처받은 내가 무엇을 진정으로 필요로 하는지 처음엔 바로 알지 못했어요. 계속해 나가면서 '과거와 현재의 나 전문가'가 되어갔습니다. 이제 저 자신이 언제든 함께 하고 기댈 수 있는 저의 찐한 친구가 되었어요. 나를 알아가는 것도 사랑도 돌봄도 연습이 필요합니다.

이번 장의 명상을 순서대로 충분히 해보시길 바랍니다. 생각을 바라보고 몸으로 감정을 느껴보고 마음을 돌보는 것까지 차근차근 해보세요. 나의 마음정원을 있는 그대로 바라보고, 상한 곳을 돌보아주며 치유되는 과정이에요. 정원 가꾸기가 한 번에 되지 않듯이 마음정원을 돌보는 것도 마찬가지입니다. 처음부터 강렬한 고통을 뿌리 뽑고자 하면 K.O패 당하기 쉬워요. 날마다 마음과 만나는 시간을 가져보는 것이 좋습니다. 마음을 안아주는 명상들을 하다보면 자연스럽게 나를 향한 따뜻한 친절이 피어납니다. 나 자신을 잘 돌보는 것은 누구에게나 필요합니다. 이번 장의 명상을 하며 마음을 따뜻하게 돌보실 수 있기를 진심으로 바랍니다.

상처받은 나를 가슴으로 만나는 '마음 허그 명상 저널링'

✍ 마음 허그 명상 경험을 써도 좋고 그려봐도 좋습니다. 자유롭게 표현해보세요.

chapter

5

온전히 나답게 내 삶 꽃피우기 : 마음정원 가득 꽃 피우기

당신의 애정 가득한 손길로 마음정원이 치유되기 시작했습니다. 이제 우리 자신과 삶을 사랑하고 온전히 나답게 나아가는 여정을 함께 해봅니다. 당신의 마음정원의 토양에 양분을 충분히 주고, 물을 주며 가꾸어봅니다. 그동안 밖에서 답을 구하려고 노력해왔지만 실은 이미 당신 안에 지혜와 사랑이 있었음을 발견하게 될지도 몰라요. 당신의 마음정원의 보물을 발견해보세요. 우리 자신이, 삶이 꽃 피어나는 것을 느껴보세요. 나다움을 발견해보세요.

이번 챕터에는 전해 내려오는 명상의 지혜와 꾸준히 수행하며 제 안에서 길어낸 지혜를 통해 번아웃에서 자유로워진 경험을 담았습니다. 정원에 꽃들이 피어나지 못하게 가로막고 있던 돌덩이, 쓰레기 같은 부정적 자기신념 등이 뽑혀지고 나니 좀 더 넓어진 시각으로 삶을 편안하고 즐겁게 살게 되었어요. 마치 마음의 정원에 나다운 꽃들이 활짝 피어나듯이요. 여러분도 책의 안내를 따라 직접 나에게 적용하고 써 보면서 여러분 안의 지혜를 발견해 보세요.

01

나를 소중히 여기고 사랑하는 연습 -마인드풀 셀프 러브

'Love Yourself!(자기 자신을 사랑하라)'라는 메시지 많이 들어보셨죠? 나 자신을 사랑하는 것이 쉬웠다면 진작 했을 거예요. 그러나 익숙하지 않은 탓에 쉽지가 않습니다. 나를 소중히 여기고 사랑하는 건 왜 중요할까요? 사실 우리 모두는 존재만으로도 듬뿍 사랑받을 가치가 있습니다. 사랑해야 할 이유를 굳이 찾을 필요가 없죠. '내가 아무 조건 없이 소중한 존재라는 걸 받아들이기 어려워' 하는 분도 있을 거예요. 제가 과거에 그랬거든요. '그래도 한번 나를 사랑해볼까?' 하는 마음이 들도록 제 경험에서 우러나온 바를 적어봅니다. 나를 사랑하면 삶을 사랑하게 되고, 한층 편안해집니다. 여러분은 자기 자신을 사랑하고 있나요? 어떻게 나를 사랑할 수 있을까요?

먼저 '사랑하다'의 의미부터 생각해봅니다. "어떤 사람이나 존재를 몹시 아끼고 귀중히 여기다", "남을 이해하고 돕다"(출처: 네이버 국어사전)라는 뜻이에요. 나를 사랑하는 것은 몹시 아끼고 귀중히 여기며, 이해하고 도와줄 대상이 내가 되는 거예요. 그럼 어떻게 귀중히 여겨줄 수 있을까요? 여러분은 언제 사랑받고 있다고 느끼세요? 어떤 대상이 되었든 관심을 가지고 알아가는 것이 첫 번째예요. 판단 없이 '있는 그대로 괜찮아'라며 함께 있어주는 것이 사랑입니다. 그리고 따뜻한 마음으로 돌보고 도와주는 거예요.

마인드풀 셀프 러브

STEP1. 나에게 관심을 가지고 알아가고 이해합니다. 솔직하고 다정한 친구가 되어주세요.

STEP2. 어떻게 느끼든 '있는 그대로 괜찮아' 하며 받아들이고 함께 있어주세요.

STEP3. 내가 가장 필요로 하는 것은 무엇인지 돌보고 도와줍니다.

STEP4. 나에게 고마움을 표현합니다.

"마인드풀하게 나를 사랑하는 연습을 해보세요. 나를 있는 그대로 인정하고, 존중하고, 사랑하고, 믿는 마음이 자랍니다. 다른 존재를 이해하고 감사하는 마음도 더불어 일어납니다."

몸을 소중히 여기고 사랑하기

몸을 소중히 여기는 것부터 시작해볼까요? 직장인들은 보통 몸이 피로한 경우가 많습니다. 몸의 건강은 상당히 중요합니다. 몸과 마음은 연결되어 있어요. 몸의 컨디션이 좋지 않으면 마음에도 영향을 미칩니다. 잠을 설친 날은 짜증 같은 부정적 감정이 더 잘 일어납니다. 강렬한 통증이 계속되면 어떨까요? 아무렇지 않게 해왔던 일상생활이 불편해집니다. 손목에 통증이 강하면 컵을 들기도, 세수를 하기도 힘듭니다. 같은 일을 하는 데에도 시간이 배로 걸리게 돼요. 보통 우리는 몸을 방치해 놓다가 아프면 그제야 신경을 씁니다. 이미 늦은 다음이죠. 저 또한 번아웃으로 쓰러지기 전까지 몸을 잘 돌봐주지 않았으니까요.

STEP1. 몸의 건강을 책임질 사람은 나 자신이에요. 몸에 관심을 가지고 알아차려 보세요.

저는 아프면 병원에 의지하는 편이었습니다. 쓰러졌을 때도 마찬가지였죠. 유명하다는 병원을 여기저기 다녀봤지만 뚜렷한 원인과 해결책을 알 수가 없었어요. 건강은 의사의 손에만 달려 있다고 생각했었는데 아니었어요. 건강은 저에게 달려 있었습니다. 사실 쓰러지기 전에 몸의 신호가 분명히 있었는데 바쁘다고 무시했습니다. 몸에서 일어나는 증상은 나에게 보내는 시그널이에요. 휴식이 필요할 때 몸이 피로감을 느끼는 것처럼요. 몸의 총 책임자는 나 자신임을 깨닫고 스스로 몸을 살피기 시작했습니다. 그리고 의사선생님과 상의하며 몸을 돌보면서 점차 나아지기 시작했습니다. 하루 한 번 몸에 주의를 기울여보세요. 몸에서 보내는 시그널을 알아차려 봅니다. 그동안 해온 바디스캔 명상과 감각을 느끼는 훈련이 알아차림을 도와줄 거예요.

STEP2. 몸 상태가 어떻든 '괜찮아' 하며 함께 있어줍니다.

몸이 아픈 상태에서는 '괜찮아'라고 받아들이기 어렵습니다. '어떻게 괜찮을 수가 있어?' 하고 저항감이 올라옵니다. 억지로 '괜찮다, 괜찮다' 하라는 건 아니에요. 여기저기 강렬한 통증에 시달려 앉기도 눕기도 힘들었던 때 저는 전혀 괜찮지 않았어요. 어떻게든 고쳐보려고 통증과 사투를 벌였습니다. 통증을 하루빨리 뜯어 고치려는 투쟁은 마음의 고통까지 더했습니다. 명상을 하며 통증을 하나의 경험으로 보게 되었어요. 몸의 감각을 알아차리고 함께 있어봅니다. '지금 통증을 경험하는구나. 아픈 때도 있을 수 있지. 많이 힘들겠다' 하면서요. (단, 수술이 필요하거나 위급한 경우에는 수술부터 하는 게 맞습니다.)

STEP3. 몸을 잘 돌봐주세요.

가장 중요한 것은 몸을 친절하게 대하는 것입니다. 몸의 시그널을 알아차리고 그에 필요한 도움을 줍니다. 음식을 먹는 시간은 몸에 영양분을 주는 시간이에요. 몸이 편안하게 받아들이는 음식을 섭취합니다. 장 건강을 위해서는 밀가루와 설탕, 그리고 설탕이 많이 함유된 음료수는 삼가는 것이 좋습니다. 이것만 지켜도 속이 편해지고 피부가 좋아지는 분들이 많습니다. 직장인들 가운데 통증을 호소하는 분도 많아요. 감정을 억압할 때도 통증이 있을 수 있어요. 감정을 느껴주고 대화해보세요. 충분한 수면과 운동, 수분 섭취 등 몸을 돌볼 수 있는 방법을 실천해봅니다. 몸에 주의를 기울이면 몸이 필요로 하는 것을 발견할 수 있습니다.

STEP4. 몸을 있는 그대로 존중하고 고마움을 표현해봅니다.

몸이 내가 원하는 이상적인 상태가 아닐 때 몸 자체, 혹은 나 자신을 비난하기 쉽습니다. 지금의 몸이 마음에 들지 않는다고 비난하는 것을 내려놓아 봅니다. 그리고 날마다 몸이 나를 위해 하는 일들을 떠올려 봅니다. 숨 쉬는 것, 앉아 있는 것, 걷는 것은 당연한 일이 아닙니다. 할 수 없게 된다고 생각하면 아찔하죠. 저는 움직이지 못하게 되었을 때에야 깨달았어요. 아픈 상태에만, 마음에 들지 않는 부분에만 집중하고 있을 때는 잘 보이지 않습니다. 몸에게 고마운 마음을 가지면, 고마워서 자연스럽게 몸을 더 잘 돌보고 싶어집니다.

✓ **몸을 알아가고, 있는 그대로 고마워하고, 잘 돌보기 위해 오늘부터 실천할 3가지**

–알아가기. ex) 바디스캔을 한다. 속이 더부룩했던 음식을 알아차린다.

–몸에게 고마운 점을 떠올리며 고마움 표현하기. ex) 자기 전 몸에게 고맙다고 말한다.

–잘 돌봐주기 ex) 음식을 10번 이상 씹고 삼킨다.

나를 소중히 여기고 사랑하기

STEP1. 관심을 가지고 알아가기: 나와 솔직하게 대화하는 친한 친구가 되어봅니다.

나를 소중히 여기는 첫 단계는 나에게 관심을 가지고 알아가는 것입니다. 앞에서 해왔던 명상과 저널링을 통해 우리는 나를 알아가는 여정을 이미 시작했어요. 내가 어떤 상황에서 스트레스를 받는지, 지금 마음은 어떠한지 살펴보고 있습니다. 더 나아가 자신과 대화를 하는 시간을 가져보세요. 나를 다정하게 대하는 연습이에요. 될 수 있으면 숨김없이 아주 솔직하게 대화를 해보세요. 솔직하게 표현하지 못하고 마음을 억누르면 마음에 깊이 남습니다. 몸도 일차적으로는 체온이 떨어지면서 면역력도 저하됩니다. 억누르는 것이 습관이 되면 한계가 올 때 기타 줄이 툭 끊어지듯 몸도 마음도 뚝 끊겨버립니다. 폭발할 수도 있어요.

나 자신을 알아가는 것은 나를 만나는 여정이기도 합니다. 나를 알아가다 보면 나를 이해하게 됩니다. 상처도, 나를 보호하기 위한 마음의 패턴도, 사고방식도 이해하게 돼요. 타인에게 진정으로 이해받기를 원하는 마음은 누구나 있을 거예요. 가장 먼저 나를 이해해줄 수 있는 사람은 바로 나 자신입니다. 순간순간 '지금 어때? 편안하니? 무엇을 느끼고 있어?' 하며 대화해보세요. 무엇을 얘기해도 다 받아들여질 수 있다면 얼마나 든든할까요? 내 바닥까지 다 알고도 절대 배신하지 않는 친구가 되어주세요. 자기비난, 두려움 등 부정적 감정이 녹아들고 안정감을 느낍니다. 나와 진정으로 교감하다 보면 자연스럽게 다른 존재들도 이해하게 됩니다.

✓ 셀프이미지: 나는 나를 어떻게 생각하고 있는지 발견해봅니다.

내가 실제로 어떠한지를 알아가는 과정 중에 우리는 내가 나를 어떻게 생각하는지 발견합니다. 이를 '셀프이미지'라고 해요. '나는 나를 어떻게 생각하고 있지?' 발견된 것이 있다면 적어봅니다. (+: 긍정적 내용, -: 부정적 내용)

ex. +나는 유능한 사람이야./ -나는 뭘 해도 안 돼./ -나는 어딘가 좀 부족한 것 같아.

+

+

+

-

-

-

셀프이미지는 내가 나에 대해 어떻게 믿고 있는지에 대한 것입니다. 긍정적인 내용이든 부정적인 내용이든 사실이 아닐 수 있습니다. 과거의 강렬하거나 반복된 경험, 외부의 주입, 무의식에서 비롯된 거예요. 그 가운데 부정적인 자기 신념(나에 대한 부정적인 관점을 사실로 믿는 것)은 무엇이 있나요? 나와 대화해봅니다. 어쩌면 어린 시절 자주 들었던 말을 그대로 믿고 있었다는 걸 발견하게 될지도 모릅니다. 이유를 발견하면 '그래서 그렇게 생각했구나' 하며 이해합니다. '하지만 그건 진실은 아니야'라고 말해주세요.

STEP2. 어떻게 느끼든 '있는 그대로 괜찮아.' 받아들이고 함께 있어주세요.

솔직한 나, 있는 그대로의 나를 마주할 때 어떤 느낌이 드세요? 분노를 느끼는 나에게 '분노를 느끼는 건 나쁜 거야'라고 말하지는 않나요? 친구가 화났던 일을 이야기할 때 보통 어떻게 대하는지 생각해봅니다. '거기서 네가 화를 내면 안 되지!'보다는 '나라도 화났겠다!'고 공감해주는 경우가 많을 거예요. 나 자신에게도 공감해주세요. 그리고 '어떤 감정을 느끼든 괜찮아'라고 말해주는 연습을 해보세요. 일어나는 어떤 감정이든 허용해봅니다. 기쁠 때도 슬플 때도 든든한 내 편, 따뜻한 지지자가 되어 곁에 있어주세요.

STEP3. 내가 가장 필요로 하는 것으로 돌보고 도와줍니다.

내가 힘들어할 때 '가장 위로가 되는 건 뭐야?', '진정으로 필요한 건 뭐야?' 하고 물어봅니다. 그리고 나를 따뜻하게 돌봅니다. 위로가 되는 말, 부드러운 토닥임. 내가 해줄 수 있는 것은 생각보다 많습니다. 어려울 때 나를 가장 적극적으로 도울 수 있는 존재는 나입니다. 스스로 돕기 힘든 상황이나 제도적 문제라면 도움을 청하는 것도 내가 도와야 할 수 있습니다. 저는 도와달라는 말을 못하는 사람이었어요. 도움을 구하는 것은 민폐라고 생각했었죠. 혼자서는 감당하기 힘든 걸 꾸역꾸역 하다가 결국 탈이 났습니다. 나 스스로를 잘 돌보고, 도움이 필요할 때는 도움을 요청하도록 허용해주세요. 이것이 건강한 방법입니다.

STEP4. 나에게 고마움을 표현합니다.

나와 친한 친구가 되고, 무엇을 느끼든 함께 있어주며, 돌보다 보면 따뜻한 마음이 피어납니다. 이제 나에게 고마움을 전해볼까요? 다른 사람들에게는 고맙다는 표현을 잘 하지만, 정작 나에게 하는 것은 어색하기도 합니다. 사실 나를 위해 가장 애쓰고 있는 존재는 나 자신 아닌가요? 오늘 한 모든 일을 떠올려 보세요. 결과가 어찌 되었든 모두 내가 잘되기를, 행복하기를 바라는 마음으로 하지 않았나요? 하루를 살아가느라 수고한 나에게 고마움을 전해보세요. '솔직하게 감정을 알려줘서 고마워', '아침에 일어나줘서 고마워.'

생각보다 고마운 일이 너무 많다는 걸 발견하게 될 거예요. 매일 발견되는 나의 장점에 대해서도 감사를 전해보세요.

마인드풀 셀프러브 명상

STEP1. 관심을 가지고 알아가기: 나와 솔직하게 대화하는 친한 친구가 되어봅니다.

- 조용한 곳에서 눈을 감고 천천히 호흡해봅니다.
- 오늘 알아차린 감정들을 떠올리고 나와 대화해봅니다.

STEP2. 어떻게 느끼든 '있는 그대로 괜찮아'라고 받아들이며 함께 있어주세요.

- 어떤 생각과 감정이 일어나든 '그런 감정을 느껴도 괜찮아'라고 말해봅니다. 나에게 안전한 마음의 공간을 만들어줍니다. 그리고 몸의 감각을 알아차리며 따뜻하게 함께 있어봅니다.

STEP3. 내가 가장 필요로 하는 것으 돌보고 도와줍니다.

- 어떤 도움이 필요한지 물어보세요.

STEP4. 나에게 고마움을 표현합니다.

- 나에게 고마움을 전해봅니다. 사랑과 존중이 일어난다면 그 또한 전해봅니다.

마인드풀 셀프러브 저널링

✍ '그런 감정을 느껴도 괜찮아'라고 자신에게 말해줄 때, 어떤 느낌이 들었는지 기록해봅니다.

✍ 돌봄을 받을 때의 느낌은 어땠나요?

✍ 나에게 어떤 고마운 마음이 들었나요?

✍ 나에게 고마움을 전할 때 어떤 느낌이 드나요? 몸의 감각은 어떤가요?

나를 알아가고, 지지하고, 돌보고, 고마움을 전해봅니다. 처음에는 쉽지 않을 수도 있어요. 앞의 명상들을 통해 나를 알아가는 것부터 차근차근 해보세요. 자연스럽게 나에 대한 친절한 마음이 일어납니다. 그리고 나와 대화할 수 있게 돼요. 만약 대화가 어렵다고 느껴진다면 저널링을 해볼 수도 있습니다. 점점 있는 그대로의 나를 받아들일 수 있게 됩니다. 내 멋진 모습뿐 아니라 찌질한 모습까지 있는 그대로요. 마인드풀니스는 나를 받아들이고 나 자신이 되도록 허용합니다. 나에게 결핍을 느껴 자꾸 다른 사람이 되려고 하는 대신 온전한 내가 되어갑니다. 내가 나를 이해하고 존중하고 사랑하게 됩니다.

02

삶을 있는 그대로 받아들이는 연습 –열린 알아차림 명상

'있는 그대로 받아들인다'라는 의미는 무엇일까요? 수용, 즉 '있는 그대로 받아들이라'는 메시지를 접하고 '그대로 받아들이라는 뜻이 뭔가요? 알 것 같으면서도 어려워요'라며 질문하는 분들이 많습니다. 때로는 수용을 자신만의 방식으로 해석하기도 합니다. '저는 저를 그대로 받아들이기로 했어요. 더 나아지는 것에 집착하지 않기 위해 아무것도 하지 않기로 했어요.' 이번에는 '수용'에 대해 알아볼게요. 수용의 의미와 수용을 가로막는 것은 무엇인지 살펴봅니다. 있는 그대로 받아들이는 과정에서 기억해야 할 사항들도 알아봅니다. 그리고 이에 도움이 되는 명상 연습도 함께 해볼게요.

수용이란 무엇일까?

먼저 수용에 대해 알아보겠습니다. 수용은 받아들이는 것입니다. 힘들어하는 나에게 말을 걸어보니 '나는 잘 해낼 자신이 없어'라고 말합니다. 수용은 '그런 생각이 드는구나. 그럴 수 있지. 누구나 그런 때가 있어.' 마음에 들지 않는 생각이라도 판단하지 않습니다. 알아차리고 가슴을 열고 몸의 감각을 바탕에 두고 살펴봅니다. 받아들이고 필요하다면 현명하게 선택하고 행동합니다. '잘 해낼 자신이 없어'라는 생각에 '맞아. 난 원래 잘 못해. 그만 할래' 하고 바로 결론을 내는 것도 수용일까요? 아니요, 이것은 체념입니다. 표면적으로는 받아들인 것처럼 보입니다. 그러나 기존의 자신에 대한 신념에 자동적이고 수동적으로 끌려간 건 아닌지 살펴보세요.

받아들이고 아무것도 하지 않는 것이 수용이라고 생각하는 경우가 많습니다. 수용이 있는 그대로 받아들이는 것은 맞습니다. 현재의 상태에 결핍을 느껴 바꿔 치우려고 애쓰는 마음을 내려놓는 것도 맞습니다. 하지만 모든 노력을 중지하고 지금 이 상태에 영원히 머무르라는 말은 아닙니다. 생각은 생각으로, 감정은 감정으로 허용합니다. 상황은 객관적으로 바라보고 알아차립니다. 왜곡되게 혹은 부분적으로 보고 있었던 것을 비로소 객관적으로 볼 수 있게 됩니다. 더 이상 이대로는 마음에 들지 않아서 결핍에 끌려 다니는 상태가 아닙니다. 다만, 객관적으로 보고 받아들이되, 필요하다면 현명하게 선택하고 실행으로 옮겨보는 것입니다.

수용과 저항

받아들이려고 해도 잘 되지 않을 때가 있습니다. 이것이 저항입니다. 가만히 살펴보세요. 어떤 것들은 편안하게 그대로 받아들이고 흘러갑니다. 그러나 특정한 어떤 것에 대해 저항이 일어나는 것을 알아차릴 수 있습니다. 사실 감정 자체, 사건 자체가 저항을 일으키는 것은 아닙니다. 왜 바로 그것이 저항을 일으킬까요? 저항이 일어날 때 감정과 몸의 감각을 살펴보세요. 자신과 대화해보세요. 어떤 견해나 상태에 대한 집착, 혹은 두려움과 위협을 느끼는 경우가 많습니다. 저항을 피할 것인지, 열고 마주할지는 자신에게 달렸습니다.

저항이 일어나는 것은 나쁜 것만은 아닙니다. 저항을 일으키는 특정한 것들을 발견하는 것 또한 나를 알아가는 과정입니다. 저항을 피하지 않고 마주하는 것은 치유로 가는 문이 될 수 있습니다. 저는 저항이 큰 편이었어요. '수용하라'는 말 자체부터 저항심이 생겼습니다. '이걸 순순히 받아들이라고?' 하면서 제게 일어난 예기치 않은 어려움들에 분노했습니다. '노력하고 버티면 나아진다고? 다 헛소리야.' 칠전팔기로 애써도 더 힘든 상황이 계속 닥치는 것에 지쳐 있었습니다. 오랫동안 몸도 나아지지 않으니 할 수 있는 것도 없어 보였죠. 암담했습니다. 일어난 사건들에 저의 부정적 감정과 생각을 더해 스스로 블랙홀을 만들기도 했습니다.

'있는 그대로 받아들이라'는 말이 '이번 생은 글렀다'는 체념으로 이어지더군요. 애써도 해결되지 않았던 경험들이 자동적으로 결론을 내려주었습니다. 알아차리지 못한 상태에서 일어나는 이런 생각과 예측은 삶을 무기력하게 했습니다. '내가 뭘 잘못했나?' 싶고, 나만 이런 것 같고, 이대로 평생 사느니 차라리 죽는 게 나을 것 같았습니다. 저항이 일어날 때 분노로 치닫지 말고 알아차려 보기로 했습니다. 이미 일어난 일들을 뜯어 고치고 싶은 마음, '지금보다 더 안 좋아지면 어떡하지?' 하는 두려운 마음이 일어나는 것을 알아차릴 수 있었어요. 이런 마음들을 이해하고 안아주는 것부터 시작했습니다. 저항을 마주하는 것은 저에게 치유였습니다.

있는 그대로 수용하기

있는 그대로 수용하려면 먼저 가슴을 열어야 합니다. 무엇이 오든 '왔구나' 하며 맞이하는 마음 자세가 필요합니다. 판단하지 않습니다. 판단하지 않으면 저항은 일어나지 않습니다. 만일 저항이 일어난다면 마주해보세요. 판단 없이 지금 이 순간에 머물러봅니다. 과거로 가서 후회하고 미래에 가서 불안해하는 생각을 멈추게 됩니다. 객관적으로 보는 힘이 생깁니다. 나에 대해, 상황에 대해 마음의 걸림 없이 편안하게 볼 수 있게 됩니다. 객관적 관점에서 그 상황에서 가장 필요한 행동도 보입니다. 마음으로 받아들인 상태에서 행동하는 것과 부정하며 피하기 위해 애쓰는 것은 다릅니다. 모든 과정에서 나를 향한 따뜻함을 잊지 마세요.

있는 그대로 수용하는 연습

1. 가슴을 엽니다.
2. 무엇이 일어나든 판단하지 않습니다.
3. 알아차리는 가운데 지금 이 순간에 머뭅니다.
4. 객관적으로 보는 연습을 합니다. 시야가 넓어집니다.
5. 그 상황에 가장 필요한 행동이 있다면 실천해봅니다.

있는 그대로 보는 힘

우리는 일상 속에서 무의식적으로 판단을 계속합니다. 나에 대해서도, 떠오르는 생각이나 감정에 대해서도, 지나가는 사람에 대해서도 말입니다. '저 사람 옷차림이 참 별로다', '표정이 마음에 안 든다' 하면서요. 판단을 내려놓으면 '저 사람은 저런 스타일의 옷을 입고 있네' 하게 됩니다. 있는 그대로 받아들이려면 판단을 내려놓아야 합니다. 우리가 기존에 가지고 있는 마음의 패턴과 사고방식은 지각에 영향을 줍니다. 순간순간 알아차리다 보면 사고방식이 개입해 있는 그대로 보지 못하는 순간을 발견하게 됩니다. 있는 그대로 보는 관점을 가지려면 나의 사고방식을 알아차릴 필요가 있습니다.

심리학자 아들러에 따르면 나와 세상에 대한 믿음 체계(라이프스타일)가 사고에 영향을 미칩니다. 아들러는 나와 세상에 대한 믿음 체계를 바꿀 수 있다고 했죠. 정신과 의사이자 인지치료자 아론벡(Aaron Beck) 역시 기존의 사고방식을 바꿀 수 있다고 했습니다. 있는 그대로 보지 못하게 하는 기존의 사고방식과 믿음 체계를 알아차려 봅니다. 평소 명상과 일상 가운데 알아차린 것을 적어봅니다. 적어놓은 내용들이 객관적 시점에서 진실인지 질문하며 교정해 나갑니다. 일상에서 이 사고방식이 떠오르면 알아차리고 떨어져 바라봅니다. 그러면 사고 습관에 자동적으로 빨려 들어가지 않습니다. 점점 객관적으로 보는 힘이 생깁니다.

✓ **있는 그대로 보지 못하게 하는 사고 습관과 믿음 체계를 적어보세요. 바뀌었다면 그것도 적어봅니다.**

✓ 나에 대하여

ex. 나는 운이 없는 사람이다. ⇨ 내가 늘 운이 없는 것은 아니었네!

______________________ ⇨ ______________________

______________________ ⇨ ______________________

______________________ ⇨ ______________________

✓ 다른 사람들에 대하여

ex. 타인은 모두 나의 경쟁자다. ⇨ 나를 도와주는 사람들도 있었어.

사람은 서로 도우며 산다.

______________________ ⇨ ______________________

______________________ ⇨ ______________________

______________________ ⇨ ______________________

✓ 세상에 대하여

ex. 세상은 위협이 가득한 곳이다. -> 세상은 재미있고 신기한 것들로 가득하다.

______________________ ⇨ ______________________

______________________ ⇨ ______________________

______________________ ⇨ ______________________

있는 그대로 알아차릴 때 만나는 깨달음의 순간

있는 그대로 지금 이 순간을 알아차리다 보면 통찰의 순간이 옵니다. '한 순간도 같은 순간은 없구나! 몸의 감각도 생각도 계속해서 일어나고 흘러가는 구나', '그간 살아오면서 변하지 않은 게 있기는 했을까?' 삶은 순간순간 움임

없이 변화합니다. 이를 깨달으면 모든 것이 변화한다는 것을 받아들이게 됩니다. 변화 속에서 상처받지 않으려고 지껄이는 에고의 목소리로부터도 자유로워집니다. 몸, 마음이 곧 나라고 주장하는 에고로 인해 몸, 마음에 집착하는 것이 고통인 것도 깨닫습니다. 에고를 벗어나 더 크고 지혜로운 나를 발견합니다.

있는 그대로 볼 때 시야가 넓어지고 수용할 수 있게 된다

있는 그대로 볼 때 시야가 넓어집니다. 그동안 갖고 있던 사고방식과 믿음 체계가 내가 만들어놓은 새장처럼 느껴집니다. 스스로 감옥을 만들어놓고 그 안에 갇혀서 고통스러워했다는 것도 알게 되죠. 새장 감옥에서 벗어나면 넓게 그리고 멀리 조망할 수 있게 됩니다. 삶에서 힘든 기간도 전체 삶의 관점에서 볼 수 있게 됩니다. 인생이 언제나 좋을 수만은 없으며 바닥을 치는 기간도 있다는 것을 받아들이게 됩니다. 그러면 오히려 나를 돌아보고 재정비하는 기간으로 삼을 수도 있습니다. 과거에 일어난 사건들, 지금의 어려움, 벗어나려고 발버둥치는 나를 만나고 성찰하는 기회가 됩니다.

당시 힘든 기간이 길어지고 점점 더 매서워지는 것에 저는 크게 반발했습니다. '애써봤자 안 되는 인생이었어', '나를 도와주는 사람은 없어. 세상은 가혹한 거야.' 시련은 끝나지 않을 것만 같았습니다. 힘든 감정을 돌보는 명상을 하면서도 '이런다고 뭐가 달라지나?'라고 생각했었습니다. 맞아요. 앉아서 명상한다고 상황이 갑자기 바뀌지는 않았습니다. 그러나 힘든 감정을 돌보고, 과거의 상처들을 재경험하며 마음의 패턴을 발견하게 되었습니다. 기존의 사고방식과 잘못된 신념을 알아차리기 시작했습니다. 상처에서, 내가 만든 감옥에서 벗어나 자유로워지기 시작했습니다. 감정도 상황도 있는 그대로 받아들여지기 시작한 거죠. 이 책은 저의 이런 경험을 바탕으로 썼습니다.

삶이 추락하는 것 같던 기나긴 기간은 저를 만나는 시간이었어요. 제 마음정원을 들여다보고 가꾸는 시간이었죠. 덕분에 많이 배웠고 사람들에게 도움이 되고 싶다는 마음도 가지게 되었습니다. 역경의 기간도, 나를 돌보고 살펴준 나에게도 진심으로 고마운 마음이 들었습니다. 자신과 삶의 여정을 판단 없이 있는 그대로 바라볼 수 있게 될 때 저항이 사그라듭니다. 이해하고 수용하게 되고, 삶의 힘든 시기도 넓은 시야로 보게 됩니다. 힘든 이 순간도 삶의 단지 한 부분을 살아내고 있는 시간이라는 걸 발견하게 됩니다. 이 사건이 나에게 주는 메시지와 깨달은 점을 발견해보세요.

있는 그대로 받아들이면 일희일비하지 않게 된다

있는 그대로 수용하게 되면 '무엇이 일어나든 괜찮아' 하고 받아들일 수 있게 됩니다. 어떤 일이 일어나든 열린 마음으로 보게 됩니다. 저항이 일어날 순 있어도 열린 마음을 통해 흘러갑니다. 이런 마음의 여유와 평정심을 가지면 상황을 더욱 객관적이고 명료하게 볼 수 있습니다. 고요하고 평온한 상태에서 받아들일 수 있게 됩니다. 그리고 필요한 실천이나 행동도 다양하게 발견할 수 있습니다. 이 모든 것은 가슴을 열고 판단하지 않고 지금 여기에 머무는 것부터 시작됩니다.

있는 그대로 받아들이는 데 도움이 되는 '열린 알아차림 명상'

삶은 순간순간의 연속입니다. 그 순간은 매번 변화합니다. 명상은 매 순간의 변화를 알아차리며 지금 여기에 머무는 것입니다. 우리는 지금부터 어떤 것이 오든 지금 이 순간에 머무르며 알아차리고 맞이해볼 것입니다. 일어나는 모든 것에 판단을 내려놓고 가슴을 열어봅니다. 열린 알아차림 명상을 꾸준히 하면 일상에서도 열린 알아차림을 경험할 수 있습니다. 판단 없이 편안한 마음으로 생생하게 경험하고 받아들이게 됩니다. 매 순간 무엇이 일어나든 부드럽게 포용해봅니다.

열린 알아차림 명상

1. 부드럽게 눈을 감고 천천히 호흡해봅니다.

2. 호흡을 알아차립니다.

호흡의 느낌, 감각, 세기 등을 가만히 지켜봅니다.

3. 이제 몸 전체를 스캔하듯 감각을 살펴봅니다.

자세를 바꾸고 싶은 마음이 들거나, 통증이 일어나는 곳이 있다면 알아차리고 자동적으로 반응하지 않습니다.

4. 소리, 냄새, 바람의 감촉 등 외부에서 일어나는 것들을 있는 그대로 알아차려 봅니다.

소리의 크기, 내용 등에 이야기를 만들거나 판단하고 있다면 알아차립니다. 외부에서 일어나는 사건들을 있는 그대로 보는 연습입니다.

5. 이제 내부의 마음을 지켜봅니다.

생각, 감정이 일어나고 지나가는 것을 있는 그대로 관찰해봅니다. 생각과 감정에 빠져드는 순간 알아차리고 떨어져서 관찰자의 입장에서 보도록 합니다.

6. 의식에 떠오르는 것은 무엇이든 알아차려 봅니다.

호흡, 몸의 감각, 외부의 소리, 생각, 감정 등 뭐든 좋습니다. 일어나면 판단 없이 알아차리고 살펴봅니다. 놓지 않고 집착하는 것도 알아차리고 내려놓습니다. 무엇이 일어나든 열린 마음으로 바라봅니다.

열린 알아차림 명상 저널링

✍ 모든 것에 열려 있는 상태는 어떻게 느껴졌나요?

✍ 일어나는 것은 무엇이든 마음을 열고 지켜볼 수 있었나요? 그 경험은 어떠했나요?

✍ 열린 알아차림 명상을 하면서 통찰의 순간이 있었다면 그 내용을 적어보세요.

✍ 내가 현재 받아들이지 못하고 있거나 받아들이기 싫은 것은 무엇인지 적어보세요. 받아들이기 싫은 마음을 충분히 인정해주세요. 그리고 마음을 열고 무엇이 저항을 일으키는지 살펴보고 기록해보세요.

✍ (꾸준히 실천 후 적어보기) 수용하는 연습과 열린 알아차림 명상을 통해 객관적으로 보게 된 것이 있다면 적어봅니다.

✍ 명료하게 보고 수용했다면 내가 지금 할 수 있는 지혜로운 선택이나 행동이 있을까요?

03

내 삶의 주인은 나, 온전하게 나로 사는 연습

'내가 원하는 삶은 이런 삶이 아니었던 것 같아요', '지금 하는 일이 나와 맞는 건지 잘 모르겠어요', '뭘 했는지 모르겠는데 하루가 그냥 지나가 버렸어요.' 직장인분들에게 많이 듣는 이야기입니다. 뭔가 끌려 다니는 것 같고 만족스럽지 않은 느낌이 들 때는 자신에게 질문해볼 필요가 있습니다. '내가 지금 삶의 주인으로 살고 있는 걸까?' 이번 장에서는 삶의 주인으로 나답게 산다는 의미에 대해 함께 알아볼 거예요. 그리고 진정 원하는 삶에 대해서도 함께 알아가보겠습니다.

나는 지금 삶의 주인으로 살고 있나요?

'나는 지금 삶의 주인으로 살고 있을까' 체크리스트

□ 하루를 돌아봤을 때 뭘 했는지 잘 모르겠다.

☐ 의도치 않았는데 핸드폰을 한 번 보기 시작하면 30분은 그냥 지나간다.
☐ 생각이 지금보다는 과거 혹은 미래에 있을 때가 많다.
☐ 생각과 감정, 기분에 잘 휘둘리는 편이다.
☐ 나에 대해 잘 모르겠다.
☐ 내가 진정으로 원하는 삶에 대해 생각해본 적이 없다.
☐ 내가 원하는 것을 하기보다는 사람들의 기대에 부응하는 편이다.
☐ 사람들의 시선에 자주 신경을 쓰는 편이다.
☐ 내 직업, 직함, 조건이 나라고 여겨질 때가 많다.
☐ 뭔가 자꾸 쫓기는 느낌이 든다.
☐ 많은 것들을 이루었음에도 '내가 원했던 삶이 이런 삶인가?' 하는 회의감이 자주 든다.
☐ 다른 사람을 탓하거나 원망하는 마음이 자주 든다.
☐ 대부분의 상황에서 내가 피해자인 것 같다.
☐ 내가 선택할 수 있는 것이 없다고 느껴진다.
✓ 자신에게 해당되는 내용이 몇 가지 정도 되나요? (　　)가지

현대 사회에서 살아가는 우리들은 시선이 자꾸 외부로 향합니다. 외부의 조건, 직함이 곧 '나'라고 느껴질 때가 많습니다. 사람들이 나를 어떻게 판단할지 신경이 쓰입니다. 내가 원하는 것보다는 요구나 기대에 부응하려고 애씁니다. 내가 원하는 것과 다른데 요구나 기대에 부응하다 보면 불만족스럽고 회의감이 듭니다. 원하는 것이 무엇인지 모를 때도 많습니다. 내면의 목소리보다는 외부 변화를 따라 가느라 급급합니다. 이럴 때 뭔가 끌려다니는 것 같은 느낌이 듭니다. 내가 주인이 아닌 상태에서 사회, 환경, 주변에 휘둘리고 있기 때문입니다.

삶의 주인이 내가 아닐 때 우리는 생각과 감정에 휘둘리기 쉽습니다. 또 '저는 피해의식이 큰 것 같아요' 하는 사람도 많습니다. 저도 피해의식에 휩싸

였던 때가 있었어요. 더 이상 애써도 나아질 게 없다고 느꼈을 때였죠. 제 잘못은 아니라는 생각이 들자 탓하는 마음이 들었습니다. 돌이켜보면 화풀이할 대상을 찾았던 것 같아요. 명상을 하면서 제가 피해의식 필터로 모든 걸 보고 있었다는 걸 발견했습니다. 원망하는 것은 남에게, 환경에게 내 인생을 맡긴 거나 다름없다는 생각이 들었어요. 제가 주인의 자리를 남에게, 환경에게 내주었다는 걸 알았습니다.

삶의 주인이 된다는 의미

그때부터 '삶의 주인으로 산다'는 것에 대해 생각했습니다. 명상을 하면서 이것이야말로 삶의 주인인 상태라고 느꼈습니다. 바로 중심을 잡고 앉아 무엇이 일어나든 알아차리고 편견 없이 바라보며 선택하는 자유를 누리는 것! 선택에는 책임이 따르게 마련이고 주인은 자신의 선택에 책임을 집니다.

과거에 내가 했던 선택들로 지금의 내가 있습니다. 예기치 않은 일이 일어난 것이 당신의 책임이라는 말이 아닙니다. 저 또한 성찰하는 시간이 있었습니다. 과거에 힘들었던 환경은 제가 만들어낸 것은 아니었습니다. 그냥 예기치 않게 일어난 일들일 뿐이었죠. 하지만 같은 상황에서 다른 선택을 할 수도 있었는데 바로 그 선택을 한 것은 저였습니다. 인정하기까지는 꽤 아팠습니다. 저항을 내려놓으니 자연스럽게 받아들여졌습니다. 영화의 주인공들은 저마다 아픔 가운데 성장한다는 것이 떠올랐습니다. 삶의 주인이 되기로 선택했습니다. '여기서 이제 내가 할 수 있는 건 뭐지?' 할 수 있는 것과 없는 것이 보이기 시작했습니다.

삶의 주인이 되는 연습

1) 매 순간 알아차리고 있는 그대로 살펴보고 경험합니다.

순간순간 자각하지 않으면 우리는 과거나 미래에 가 있기 쉽습니다. 이런 때는 과거와 미래에 대한 생각과 감정에 지배당하게 됩니다. 알아차림 가운데 온전히 현재에 머물러보세요. 있는 그대로를 경험하게 됩니다. 과거와 미래를 살필 때는 현재의 닻을 내립니다. 명상을 통해 현존하면서 과거에서 교훈을 얻고, 미래를 준비해보세요. 미래가 걱정될수록 현재에 충실하세요. 지금 이 순간이야말로 미래를 바꿀 수 있는 유일한 시간입니다. 지금 내 선택과 행동이 미래에 영향을 주니까요.

2) 생각, 감정, 사고방식, 환경, 조건에 휘둘리지 않고 주인이 되어 선택합니다.

생각, 감정, 사고방식과 외부의 환경들은 우리를 자극합니다. 알아차리지 못하면 자동적인 반응을 하게 됩니다. 나의 선택권을 넘겨준 것이나 다름없지요. 주인은 잠시 멈춰서 살펴보고 직접 선택을 합니다. 자극이 올 때 멈추는 것부터 연습해보세요. 선택할 자유가 주어집니다.

3) 나를 알아가고 지지합니다.

자기 자신을 알아가는 과정을 거쳐 삶의 주인이 됩니다. 몸과 마음은 어떤지 살펴봅니다. 객관적 자기인식도 나를 알아가는 과정입니다. 현재 나의 소질, 특성, 잠재력 등을 파악해보는 것입니다. 나의 장점도, 부족한 점도 있는 그대로 받아들여 봅니다. 친밀하게 대화도 해봅니다. 힘들어할 때는 돌보고 지지해봅니다. 그리고 더 깊이 들어가 진정한 나는 누구인지 살펴봅니다.

4) 알아차리고 바라보는 관찰자의 입장에 머물러봅니다.

'지금 알아차리고 있는 존재는 누구인가?' 자신에게 물어보는 것이 도움이 됩니다. 관찰자의 입장에 머무르면 있는 그대로 보입니다.

5) 나와 나의 삶, 현재 상황을 있는 그대로 받아들입니다.

나와 친밀해지고 있는 그대로 받아들이면서 나를 사랑하게 되고 믿게 됩니다. 가슴을 열고 판단 없이 있는 그대로의 자신을 받아들여 보세요. 현재의 상황을 객관적으로 봅니다. 사람과 상황을 탓하는 것을 멈춥니다. 탓하고 싶은 마음을 보듬어줍니다. 상황을 객관적으로 볼 때 바꿀 수 있는 것, 없는 것의 구분이 가능해집니다. 바꿀 수 없는 건 받아들이고, 바꿀 수 있는 것은 바꿔봅니다. 내가 할 수 있는 것과 없는 것은 무엇인지도 살펴봅니다.

6) 진정으로 원하는 삶을 나답게 삽니다.

자신을 사랑하고 존중하면서 자신이 진정 원하는 것들을 할 때 나답게 살 수 있습니다. 진정으로 원하는 삶은 저마다 다릅니다. 트렌드나 좋아 보이는 삶의 모습을 따르다 보면 자신과 맞지 않는다는 것을 느낄 수도 있습니다. 가슴으로부터 어떤 삶을 원하는지 물어봅니다. 발견했다면 원하는 삶을 살기로 용기 내어 선택하는 것도 당신입니다. 마음에 들지 않거나 힘든 것을 피하려는 선택인지, 진짜 원하는 것인지도 스스로에게 물어보세요.

삶의 주인이 되는 방법은 사실 이 책 전반에 걸쳐 나와 있습니다. 매 순간 알아차리는 것. 외부와 내부의 자극에 휘둘리지 않고 선택하는 것. 나를 알아가고 있는 그대로 사랑하는 것. 관찰자의 입장에 머무는 것. 자신도 삶도 있는 그대로 수용하는 것. 나답게 사는 것. 모두 명상을 통해 연습해온 것들입니다. 그러니 너무 주인이 되려고 애쓰지 않으셔도 됩니다. 힘을 빼고 편안한 마음으로 앞부분부터 차근차근 명상을 해보세요. 마인드풀하게 살면 온전한 자기 자신이 됩니다. 그리고 삶의 주인으로 나답게 살 수 있습니다.

진정 원하는 삶이란?

'이게 정말 내가 원했던 삶일까?', '그럼 내가 진짜 원하는 것은 뭐지?' 살면서 누구나 한 번쯤 고민합니다. 진정 원하는 삶을 발견하는 것은 중요합니다. 보통 자신이 추구하는 가치와 맞지 않게 살고 있을 때 우리는 불만족을 느낍니다. 살아 있는 느낌이 아니라 어쩔 수 없이 하루하루 사는 느낌이 듭니다. 진정 원하는 삶에 대해 알아갈 때 자신이 중요하게 여기는 가치를 발견하는 것이 중요합니다. 보통 원하는 삶에 대해 알아보자고 하면 원하는 집, 재산, 이루고픈 목표를 적는 경우가 많습니다. 외부에서 주입된 삶의 목표는 잠시 내려놓습니다. 우리는 내면으로부터 자신이 중요하게 여기는 가치부터 발견하고자 합니다.

목표	가치
미래에 초점을 둔 목적지	방향이자 나침반
정하는 것	발견되는 것
결과가 중요	나아갈 방향

가치와 목표는 어떤 점에서 다를까요? 목표는 목적지입니다. 그것을 달성

하지 못하면 좌절감을 느끼게 됩니다. 목표는 정하는 것입니다. 스스로 정하기도 하지만 대개는 사회나 내재된 요구에 따라 정하게 됩니다. 반면, 가치는 나침반과 같습니다. 나아가는 과정 가운데 방향을 잡아줍니다. 중요하게 여기는 가치는 정하는 것이 아니라 내면에서 발견됩니다. 목표를 세우지 말라는 말이 아닙니다. 중요하게 여기는 가치를 발견하면 그에 맞는 목표를 세우고 가치를 따라 이루어갈 수 있습니다. 가치에 부합되게 나아가면 당장의 결과는 크게 중요하지 않습니다. 가치를 따라간다면 쭉 그 방향으로 나아가고 있는 것이니까요.

그래서 내 삶의 나침반이 되는 가치를 발견하고자 합니다. 이것은 한 번에 다 발견하고 끝낼 수 있는 게 아닙니다. 삶에서 꾸준히 자신에게 의미 있는 것들을 알아가는 과정이 필요합니다. '평소 가슴이 뛰고 살아있음을 느끼는 순간은 무엇을 할 때지? 어떤 감정을 느낄 때지?' 이런 질문이 도움이 됩니다. 일상에서의 알아차림으로 우리는 언제 이런 충만함을 느끼는지 알 수 있습니다. 바로 적어보는 것도 좋지만 마음 깊은 곳으로부터 발견하기 위해 함께 저널링 명상을 해볼게요.

'내 삶의 나침반이 되는 가치를 발견하는 저널링 명상'

1. 종이와 펜을 준비한 후, 편안한 자세로 눈을 감고 천천히 호흡합니다.

2. 당신은 죽음을 앞두고 있습니다. 그동안의 삶을 돌아봅니다. 언제 삶이 의미 있다고 느꼈었나요? 충만한 행복감, 가슴이 뛰고 살아있음을 느꼈던 경

험을 떠올려 봅니다. 이 경험들을 떠올리며 내게 소중한 가치가 무엇인지 나에게 물어봅니다. 가슴 깊은 곳으로부터 들리는 목소리를 들어봅니다. 눈을 뜨고 기록해봅니다.

ex. 자연, 우정, 성장, 모험, 가족, 솔직함, 용기 등

-

-

-

3. 다시 눈을 감습니다. 이번엔 남은 시간 동안 꼭 해보고 싶은 것이 있는지 떠올려 봅니다. 여기에서 내가 소중히 여기는 가치를 발견해볼 수 있을까요? 잠시 눈을 뜨고 기록해봅니다.

-

-

-

4. 눈을 감고 떠올려 봅니다. 내가 소중히 여기는 가치와 조화를 이루는 삶은 어떤 삶인가요? 내가 진정 원하는 삶은 어떤 삶인가요?

-

-

-

5. 나는 현재 나의 가치를 따라 살고 있나요? 삶이 불만족스럽다고 느낀

다면 당신의 가치와 부조화하게 살고 있는 것은 아닌지 점검해봅니다. 내가 가치를 따라 살고자 할 때 예상되는 현실적인 어려움은 무엇이 있을까요? 현실 가능하게 삶에 적용할 수 있는 방안이 있을까요?

-

-

-

(*이 저널링 명상은 Mindful Self-Compassion의 '우리의 핵심가치 발견하기' 실습을 활용하여 만들었습니다.)

삶의 주인은 매 순간 깨어 있고 휘둘리지 않으며 선택할 자유를 누립니다. 자신을 알고, 잘 돌보며 있는 그대로 허용합니다. 자신을 있는 그대로 사랑하고 존중하면서 가슴으로부터 진정 원하는 삶을 사는 것이 나답게 사는 것입니다. 사실 이 모든 것은 책 전반에 나와 있었어요! 꾸준히 명상을 하는 것으로부터 시작됩니다. 삶의 주인으로 나답게 살고 싶다면 다음의 두 가지를 해보세요. 첫 번째는 책에 나온 명상들을 꾸준히 하며 당신의 삶에 마인드풀니스가 체화되게 하는 거예요. 두 번째는 내 삶의 나침반이 되는 소중한 가치를 발견하고 그 가치를 따라 삶을 살아가는 것입니다. 마음정원의 보물들을 발견하며 나답게 나아가 보세요!

04

일의 가치를 발견하고 성장하자

'이 일을 왜 하는지 모르겠어요. 저랑 안 맞는 걸까요?' '성공하지 못할까 봐 불안해요.' 살아가면서 어떤 일을 하든 이런 생각이 들 때가 있습니다. 특히 직장인의 경우 일이 자신과 맞지 않는다고 느낄 때 직장에 있는 시간이 고역입니다. 먹고살기 위해 억지로 하자니 괴롭고, 안 하자니 불안이 밀려옵니다. 그만두지 않는 이상 우리는 하루의 많은 시간을 직장에서 혹은 업무를 하며 보냅니다. 일은 당신에게 어떤 의미가 있나요? 자신이 소중히 여기는 가치와 동기를 바탕으로 함께 살펴보는 시간을 가져볼게요. 그리고 성과에 연연하지 않고 나아가는 힘, 실패에서도 일어날 수 있는 힘에 대해서 함께 살펴보겠습니다.

하고 있는 일에 대한 마음의 소리 듣기

먼저 지금 하는 일에 대해 마음의 소리를 들어봅니다. 종이와 펜을 준비해두고, 눈을 감고 아래 항목들을 하나씩 질문해보세요. 하나의 질문을 읽은 후, 눈을 감고 자신에게 질문을 던져보는 겁니다. 떠오르면 기록합니다.

✍ 현재 하고 있는 일을 떠올리면 어떤 기분이 드나요?

✍ 지금 하는 일을 시작하게 된 자신만의 동기가 있나요?

✍ 일할 때 즐겁거나 동기부여가 되는 순간은 언제인가요?

✍ 일하면서 잘 안 맞는다고 느끼거나 부정적 감정이 올라올 때는 언제인가요?

✍ 부정적 감정을 느끼는 원인, 잘 안 맞는다고 느끼는 원인을 발견했다면 기록해봅니다.

마인드풀니스는 생활과 동떨어진 개념이 아닙니다. 삶의 모든 부분에 적용할 수 있어요. 명상 연습은 마인드풀니스 공식 훈련입니다. 일상에서도 마인드풀니스 연습을 해보세요. 지금 이 순간을 알아차리는 연습을 해보는 거예요. 그러면 일하면서 동기부여가 되는 순간, 보람을 느끼는 순간을 발견할 수 있을 거예요. 부정적 감정을 느끼는 순간도 발견할 수 있고요. 대부분 자신이 소중히 여기는 가치와 부조화할 때 부정적 감정이 일어나는 경우가 많습니다. 하루의 많은 부분을 차지하는 일에서의 이런 발견은 중요합니다. 지금 하는 일에서 무엇이 나에게 활력과 동기가 되나요? 잘 맞지 않는 것은 무엇인가요?

당신의 동기는 무엇인가요?: 내재적 동기와 외재적 동기

당신은 지금 하는 일이 좋아서 하고 있나요? 당신이 일하는 동기는 내부에서 왔나요? 외부에서 왔나요? 심리학에서는 동기를 두 가지로 나눠서 봅니다. 내재적 동기, 외재적 동기가 있습니다. 일 자체가 좋아서 하는 것이 내재적 동기입니다. 배우고 성장하고 싶은 것도 내재적 동기예요. 외재적 동기는 결과나 보상을 얻거나 처벌이나 손해를 피하려고 일을 할 때 생깁니다. 학생이 새로운 것을 알아가는 게 좋아서 공부하는 거라면 내재적 동기로 공부하는 겁니다. 시험 점수가 잘 나올 때 칭찬과 보상을 받는 것이 좋아서 한다면 외재적 동기로 하는 거예요. 혼날 것이 두려워 공부하는 것도 외재적 동기로 하는 것입니다.

✍ 당신이 일하는 동기는 무엇인가요? 기록해봅니다.

지금 하고 있는 일에 스스로 동기부여를 하기 위한 TIP!

어떤 동기로 일을 시작했든 우리는 직장에서 많은 시간을 보냅니다. 처음에 가슴 뛰는 동기로 시작했다 해도 언제나 그런 것은 아닙니다. 업무가 힘들고, 스트레스를 받을 때도 있습니다. 일이 맞지 않는다고 느껴질 때도 있어요. 그럴 때마다 그만둬 버리고 싶은 감정도 올라옵니다. 생계를 생각하면 당장 그러지도 못하고 답답하죠. 좀 더 나에게도 모두에게도 유익하게 하는 방법이 있을까요? 스스로 동기부여를 해볼 수 있는 방법을 알아보겠습니다.

1) 자기 성장의 터전으로 여기기

직장을 자신이 성장하는 배움의 터전으로 생각해보는 것도 좋습니다. 일을 하다보면 여러 상황과 여러 사람들을 만납니다. 새로 배워야 하는 것들도 있습니다. 갖가지 상황에 대처하면서 '대처하는 능력이 쌓이고 있어. 오늘도 한 가지 배웠네'라고 생각해보는 겁니다. 회의를 하면서도 배웁니다. '나는 이렇게 생각했는데 그렇게 볼 수도 있겠네.' 대부분 여러 사람과 함께 일하기 때문에 사람들과의 관계 속에서 나를 살펴볼 수도 있습니다. 그리고 일, 사람, 상황과 마주하며 일어나는 나의 감정도 볼 수 있습니다. 부정적 감정을 다루며 나를 돌볼 수 있게 됩니다. 직장을 내가 배우고 성장하는 터전으로 적극 활용해봅니다.

환경이 어려워지면서 저는 대학생 때부터 이것저것 많은 일을 하게 되었습니다. 당장 돈 벌려고 한 일이라 좋아서 시작한 일은 별로 없었어요. '뭘 하든 다양한 경험은 내 인생에 도움이 되는 거야'라고 생각했죠. 가르치는 일을 하면서 저의 여러 면모를 발견하게 되었습니다. 잘 가르치는 방법을 터득했고, 학생들이 성장할 땐 진심으로 행복했습니다. 서빙도 단기 아르바이트도 취업 후 직장도 모두 배움의 터전이었어요. 저와 맞지 않는 일도 알게 되었습니다. 먹고살려고 시작했지만 덕분에 저를 알아가고, 배우고 성장할 수 있었습니다.

2) 내가 하는 일에서 가치를 발견해보기

가. '나의 동기, 가치와 맞아 시작했는데 실제 하다 보니 힘들어요'의 경우

MKshow에서 김미경 강사님은 이렇게 말했습니다. "내가 제일 좋아하는 일이 뭔지 아세요? 강의하는 거요! 내가 제일 싫어하는 게 뭔지 아세요? 강의 준비하는 거요!" 맞아요. 좋아하는 일이지만 싫고 힘든 것도 분명 있어요. 예를 들어볼게요. 시원한 바람을 맞으며 자유를 느끼고 싶어서 자전거를 타러 갑니다. 막상 자전거를 탔는데 오르막길이에요. 계속 페달을 밟았더니 땀도 나고 다리도 아프고 죽겠습니다. 계속 페달만 밟다가 끝나는 건 아닌가 싶기도 합니다. 바쁘게 일하다 보면 우리가 하는 일이 그저 페달 밟기라고 느껴질 때가 있어요. 그럴 땐 내가 왜 페달을 밟기 시작했는지 떠올려 보세요.

✍ 자신이 소중히 여기는 가치를 떠올려 보세요. 그동안 하고 있는 일에서 어떻게 가치를 실현해왔는지 돌아보세요. 그 가치를 떠올리며 업

무에 임해볼 수 있을까요?

✍ 내가 하고 있는 일에서 내가 가장 소중하다고 느끼는 것은 무엇인가요?

✍ 당신에게 이 일은 어떤 의미가 있을까요?

나. '처음부터 일이 좋아서 시작한 건 아니었어요. 먹고살려면 일해야죠'의 경우

우리는 꽤 많은 시간을 일을 하며 보냅니다. 이왕이면 도움 되게 하는 편이 좋지 않겠어요? 생계를 위해 시작했다 해도 일하면서 즐거웠거나 보람을 느낀 경험이 있을 수 있습니다. 새로운 것을 배울 때 흥미를 느꼈을 수도 있고, 프로젝트를 해내고 보람을 느꼈을 수도 있습니다. 내게 동기가 되었던 것들을 상기하며 일에 임해보세요. 일을 할 때 어떤 경우 부정적 감정이 일어나는지도 살펴보세요. 힘든 감정을 돌보면서 당신의 가치와 상충되는 부분이 있었는지 살펴봅니다. 내게 중요한 가치를 일에서도 찾아볼 수 있을까요? 일에서 가치를 실현하기 어렵다면 내 삶에서 소중한 가치를 추구하면서 사는 방법도 생각해봅니다.

✍ 일하면서 즐겁거나 보람을 느꼈던 경험을 적어보세요.

✍ 지금 하는 일에서 의미를 발견할 수 있을까요? 내게 소중한 가치를 일에서 실현하기 어렵다면 삶에서 실현할 수 있는 방법은 무엇일까요?

ex. 직장은 생업으로 다니고, 주말마다 그림 그리기를 즐긴다.

---

3) 더 넓은 차원에서 내가 하는 일의 가치 발견하기

원래 우리의 동기보다 한 차원 더 큰 목적을 찾아보는 것도 동기부여에 도움이 됩니다. 우리는 위에서 일이 내게 어떤 의미가 있는지 발견해보았어요. 이번에는 내가 하는 일을 더 넓은 관점에서 살펴볼게요. 모든 직업들은 누군가의 필요에 의해 존재합니다. 내가 하고 있는 일도 마찬가지예요. 내가 하는 일은 사람들에게, 또 사회에 어떤 도움을 주고 있을까요? 더 넓은 차원에서 보면 내가 소중히 여기는 가치와 조화를 이루는 부분이 발견될 수도 있어요. 매일 일을 시작하기 전에 이 가치와 의미를 떠올려 보세요.

✍ 내가 하고 있는 일은 사람들에게, 사회에 어떤 도움을 주고 있나요?

---

4) 업무에 몰입하기

앞에서 직장을 자기 성장의 기회로 삼고, 일에서 개인적, 사회적 가치를 발견해보았습니다. 일을 대하는 마음에 변화가 일어났을 수 있어요. 이제 업무에 주의를 기울여보세요. 평소에 명상 방석 위에서 주의를 기울였던 것처럼 업무에 주의를 기울여서 해보는 겁니다. 그럴 때 몰입하게 되고 내가 가진 능력이 발휘됩니다. 이 또한 동기부여가 됩니다. 직장에서도 직원 개개인이 능력을 발휘하고 성장할 수 있도록 도와야 합니다. 그래야 직원들이 일에 의미를 느끼고 몰입하며 일할 수 있을 테니까요.

성공과 실패를 대하는 태도

직장에서 일을 하든, 소중한 가치를 따라 새로운 일을 시작하든 성과에 대한 두려움이 있습니다. 성공할지 실패할지 결과를 알 수 없으니까요. 성공과 실패에 연연하면 우리는 일희일비할 수밖에 없습니다. 특히나 지금과 같이 급변하고 복잡한 사회에서는 변수도 굉장히 많습니다. 완벽하게 했다고 생각해도 예상했던 결과가 나오지 않으면 우리는 좌절하기 쉽습니다. 가장 좋은 방법은 최선을 다해 일을 하고 결과에 집착하지 않는 것입니다. 결과는 우리 마음대로 통제할 수 없다는 것을 이해해봅니다. 이번에는 우리가 일을 하면서 만나게 되는 성공과 실패에 대해 어떻게 바라보면 좋을지 살펴보겠습니다.

성공과 실패에 대해 바라볼 때도 마인드풀하게 바라봅니다. 성공과 실패를 객관적으로 바라보고, 넓은 차원에서도 바라보세요. 먼저 객관적으로 살펴볼까요? 성공은 어떻게 이루어진 걸까요? 마침 상황이 맞아 떨어진 것, 주변의 도움 등 내 능력만으로 이룬 것이 아님을 보게 됩니다. 실패 또한 마찬가지예요. 죽을 노력을 다했어도 그에 적절하게 모든 것이 맞아 떨어지지 않으면 실패할 수 있어요. 그래서 성공했다고 자만할 필요도, 실패했다고 내가 곧 실패라고 생각할 필요도 없어요. 넓은 차원에서 보면 성공도 실패도 인생의 한 순간이고 과정일 뿐, 내 삶의 결론은 아니에요. 성공과 실패를 삶의 과정으로 바라봅니다.

이때 성장 마인드셋을 갖는 것이 도움이 됩니다. 심리학자 캐롤 드웩은 저서 「마인드셋(Mindset)」에서 성장 마인드셋과 고정 마인드셋에 대해 소개했습니다. 고정 마인드셋을 가진 사람은 타고난 재능으로만 성공할 수 있다고 생각합니다. 현재 가진 능력이 충분치 않다고 생각되면 새 업무에 도전하기 힘들어합니다. 실패와 비난이 두렵기 때문이죠. 성장 마인드셋을 가진 사람은 재능은 계발할 수 있다고 생각합니다. 실패도 성장의 과정으로 받아들입니다. 성공과 실패, 결과에 대한 두려움을 내려놓고 그냥 한번 해보는 것입니다. 성장 마인드셋을 가지면 성공과 실패 모두 성장의 기회로 볼 수 있습니다.

실패하고 좌절할 때 필요한 회복탄력성

업무에서의 실수와 실패에 영향을 받지 않으려고 해도 좌절감을 느낄 때가 있어요. 이럴 때 필요한 것이 '회복탄력성(resilience)'입니다. 회복탄력성이란 실패나 충격으로 좌절하고 힘든 마음을 원래대로 회복하는 힘입니다. 회복탄력성이 없으면 실패에 대한 충격으로 마음이 뚝 부러져 버릴 수 있어요. 하지만 회복탄력성을 향상시키면 휘어질지라도 부러지지 않고 유연하게 회복할 수 있습니다. 도전을 했기 때문에 실패도 경험한 거예요. 회복탄력성은 마음이 고요한 가운데 자신의 가치, 넓은 관점에서 실패를 바라볼 수 있게 합니다.

회복탄력성을 기르는 명상

다행인 것은 훈련으로 회복탄력성을 장착할 수 있다는 사실입니다. 회복탄력성 역시 마인드풀니스 명상 훈련으로 향상시킬 수 있습니다. 실패나 좌절을 경험할 때 부정적 감정과 자신의 해석을 더해 부풀리는 경우가 많습니다. 이때 간단히 호흡을 닻 삼아 지금 이 순간에 고요히 머무르는 것만으로도 도움이 됩니다. 여기에서는 업무 중 실수에 신경이 쓰일 때 회복하는 명상, 그리고 만족스럽지 못한 성과로 좌절감을 느낄 때 회복에 도움이 되는 명상을 소개합니다.

업무 중 자잘한 실수나 짜증스러운 상황에서 회복하는 명상

업무 중 일어나는 자잘한 실수에 신경이 쓰일 때는 간단한 마인드풀니스 명상만으로도 도움이 됩니다.

1. 잠시 멈춰 호흡을 해봅니다.
2. 실수로 인해 일어나는 부정적 감정을 라벨링하며 몸의 감각으로 느껴봅니다.
3. 필요한 돌봄을 제공합니다.

만족스럽지 못한 성과와 실패에 마음이 힘들 때 도움이 되는 명상

1. 눈을 감고 천천히 여러 차례 호흡합니다.
2. 만족스럽지 못한 성과를 떠올릴 때 떠오르는 감정을 라벨링 해보고 몸의 감각으로 느껴봅니다.
3. 몸의 감각이 잦아들면 호흡을 배경에 두고 자신과 대화해봅니다.
- 지금 이 상황에 대한 생각과 감정에 대해 묻고 답해봅니다.
- 충분히 공감하고 위로합니다.
- 이 실패를 곧 나라고 여기거나 '나는 앞으로도 계속 실패할 거야'라는 생각에 사로잡혀 있지는 않은지 살펴봅니다.
- 이번의 힘든 상황으로 인해 생긴 부정적 신념을 발견할 수 있었나요? 있다면 써봅니다.

4. 써놓은 부정적 신념이 객관적으로 이치에 맞는 내용인지 질문해봅니다. '그게 정말 일까?' 자신에게 나침반이 되는 가치를 따라 나아가고 있다면 당장은 실패처럼 보일지라도 앞으로 나아가고 있는 것임을 기억하세요.
5. 호흡에 닻을 내리고 상황을 객관적으로 바라봅니다. 인생 전체의 관점에서도 바라봅니다.
6. 일상에서 실패로 인해 생각이 비관적으로 갈 때마다 있는 그대로 볼 수 있도록 알아차리고 잠시 멈춰 보세요.

이번 장에서는 당신이 하고 있는 일에서 의미를 찾아보았습니다. 업무환경에서 나 자신을 관찰하는 것이 우선입니다. 그리고 어떻게 자신이 소중히 여기는 가치와 조화를 이룰 수 있는지 생각해봅니다. 이왕에 일을 할 거라면 일을 통해 자신도 성장할 수 있도록 스스로 동기부여도 해봅니다. 누구나 일하면서 성공과 실패를 경험하게 됩니다. 성공과 실패 모두 성장하고 배우는 기회로 삼아보세요. 업무 중 일어나는 실수와 좌절에서 나를 일으키는 회복탄력성을 기르는 명상연습도 도움이 되기를 바랍니다. 여러분의 마인드풀하고 슬기로운 직장생활을 응원합니다!

05

행복은 지금 여기서 나로부터 시작된다

"행복이란 삶의 최대 관심사다." _**루스 베네딕트**

행복을 원하지 않는 사람이 있을까요? 우리는 누구나 행복을 원합니다. 그리고 행복을 추구하며 살아갑니다. 보통은 행복을 미래에 성취할 수 있는 어떤 상태로 생각하는 경우가 많습니다. '이 목표만 달성하면 행복해질 텐데', '이것만 가진다면 행복해질 텐데' 하고요. 자신이 행복해질 수 있는 조건을 이것저것 정하고 행복해지기 위해 애씁니다. 요새는 "명상하면 행복해지나요?"라는 질문도 많이 받습니다. 당신은 지금 행복한가요? 행복이란 무엇일까요? 이번 장에서는 함께 행복의 의미와 행복한 삶에 대해 생각해볼게요.

행복에 대한 다양한 정의

당신이 생각하는 행복을 한 문장으로 정의해볼 수 있나요? 행복에 대해서 사람들은 저마다 다르게 정의하고 있습니다. 행복에 대한 명언을 몇 가지 살펴볼까요?

- "행복은 마음의 평온에 있다." _ 키케로
- "행복이란 우리가 시간을 들여 열중하는 모든 것이다."_ 알베르 카뮈
- "행복은 사소한 일에서 곧바로 즐거움을 알아채는 것이다." _휴 월폴
- "인간의 행복은 거의 건강에 의하여 좌우되는 것이 보통이며 건강하기만 하다면 모든 일은 즐거움과 기쁨의 원천이 된다." _아르투어 쇼펜하우어
- "행복은 다른 사람들도 행복해하는 모습을 보는 데 자신을 바치는 것이다." _버트런드 러셀
- "행복은 순진무구다." _ 마르게리트 유르스나르

사람마다 자신의 삶과 가치관을 통해 바라본 행복에 대한 정의는 무척 다양합니다. 나 자신에게 행복이란 무엇인지 질문해보세요.

행복은 외부 조건으로 결정되지 않는다.

행복에 조건을 걸어두는 것을 많이 봅니다. '승진하고 연봉이 올라가면 행복해질 거야', '이것을 가지게 된다면 행복해질 거야.' 이렇게 '이것만 되면……' 이라는 조건을 붙이곤 하죠. 그런데 겪어봤으니 이제는 압니다. 이런 외부조건들이 충족된다고 해서 행복해지는 것은 아니라는 사실을요. 류보머스키

박사의 '행복 모델' 이론은 행복을 결정짓는 요소에 대해 소개합니다. 행복은 50%의 유전, 10%의 외적 조건(삶의 환경), 40%의 의도적 노력에 영향을 받는다고 합니다. 행복해지기 위해 외부 조건을 바꾸는 데에만 애쓰는 것은 10%에 온힘을 쏟는 것과 같아요.

특정 사건이나 외부 조건이 바라는 대로 이루어진다면 당연히 좋겠죠. 돈을 모아 사고 싶은 것을 사본 경험이 있다면 알 것입니다. 얼마간은 좋아서 애지중지 아끼지만 또 다른 것이 눈에 들어오기 시작합니다. 내면의 결핍이 해소되지 않았을 때 조건에 의한 행복감은 충족되어도 오래가지 못해요. 조건이 충족되지 않으면 불행하다 생각하죠. 어떤 사람을 통해서 행복해지려 하거나 누군가를 곁에 두어야만 행복하다 여기는 것도 마찬가지예요. 다른 사람에게 내 행복을 맡기는 것과 같습니다. 삶의 주인이라면 행복도 자신이 선택할 수 있습니다. 당신은 자신의 행복을 다른 조건들이 결정하도록 맡기고 있지는 않나요?

행복은 나로부터 시작된다.

행복에 삶의 환경이 전혀 중요하지 않다는 말은 절대 아닙니다. 많은 역경을 겪어왔기에 환경에 조금도 영향을 받지 않을 순 없다는 걸 잘 알고 있습니다. 그럼에도, 행복은 나로부터 시작됩니다! 행복해지기로 마음먹는 것부터가 시작입니다. 지금 처한 이 상황 속에서도 편안하고 행복할 수 있다는 것을 경험하게 됩니다. 내면이 결핍에 집착하지 않게 됩니다. 그러면 마음의 여유를 가지고 삶의 환경을 변화시킬 힘도 생깁니다.

행복해지는 연습을 시작해보자!

자, 이제 그럼 행복해지는 의도적인 노력을 함께 해볼까요?

1. 행복하기로 마음먹기

시작이 가장 중요합니다. '당장 환경은 바뀌지 않고 그대로인데 내가 행복해질 수 있을까?'라는 의구심도 들 수 있어요. 사람은 의도한 대로 생각하고 행동합니다. 그렇기에 의도를 세우는 것은 굉장히 중요합니다. 같은 상황에서 행복할 것인지 불행할 것인지를 결정하는 것은 나 자신입니다. 저 또한 '나는 나를 잘 돌보며 행복하게 살 거야' 하고 마음먹은 것이 시작이었습니다. 스스로 행복해지기로 의도를 세워보세요!

2. 매일 명상하기

리처드 데이비슨의 연구에 따르면 좌측 전전두엽이 활성화될수록 행복감을 느낍니다. 명상을 하면 바로 좌측 전전두엽이 활성화돼요. 매일 명상을 하는 것만으로도 행복해질 수 있는 거죠! 더 좋은 소식은 반짝 일시적으로 행복을 느끼는 것이 아니라는 점이에요. 앞에서 언급한 뇌 가소성 기억나시죠? 명상을 꾸준히 하면 행복이 뇌에 새겨지는 것이나 다름없어요. 또 하나 더, 명상이 습관이 되면 삶도 명상적으로 살게 됩니다. 삶이 곧 명상이 되는 것이죠.

3. 일상을 생생하게 느끼며 음미하기

일상을 생생하게 느끼는 연습을 해보세요. 먹고, 씻고, 걷고, 앉을 때 몸의 움직임을 알아차려 보세요. 일상에서 마주하는 것들을 천천히 음미해보세요. 밥도 허겁지겁 먹는 대신 음미하며 먹어보는 겁니다. 그럴 때 우리는 향도 맛도 식감도 더욱 생생하게 느낄 수 있습니다. 미각부터 시작해 오감과 온 감각이 깨어납니다. 매일 똑같은 하루라 생각했는데 음미해보면 매일이, 매 순간이 다르다는 것도 알게 됩니다. 사소한 일상에서 행복을 발견하게 돼요. 저는 걷기를 즐깁니다. 햇살, 바람, 새소리, 꽃향기 등을 음미하다 보면 살아있음을 느끼고 행복해져요.

4. 감사하기

감사는 행복감을 높입니다. 가지지 못한 것에 초점을 맞추면 결핍과 불만을 느낄 수밖에 없어요. 지금 내가 이미 가진 것, 누리는 것들에 초점을 맞춰보세요. 일상을 음미하다 보면 어느 하나 당연한 것이 없다는 것도 깨닫게 됩니다. 틱낫한 스님은 저서 「틱낫한 명상」에서 이렇게 말합니다. "사람들은 흔히 물 위를 걷거나 공중을 걸으면 기적이라고 생각합니다. 그러나 내 생각에는 물이나 공중을 걷는 게 기적이 아니라 땅 위를 걷는 게 기적이에요. 날마다 우리는 미처 깨닫지 못한 채 기적을 겪고 있는 겁니다." 통증이 너무 심해서 걷기가 힘들었던 때 알았습니다. 걸을 수 있다는 것이 진실로 감사한 일이라는 것을요. 건강을 잃어보면 얼마나 소중한 것이었는지 그제야 알게 됩니다. 지금 내가 가진 것들에, 나로 존재할 수 있음에 감사를 보내보세요.

✓ **감사한 것 써보기 : '나는 ~에 감사합니다.'**

ex. 지금도 숨 쉬고 있어요. 감사합니다!

-

-

-

-

-

5. 판단, 집착, 비교를 내려놓고 무엇이 일어나든 받아들이기

판단, 비교를 하기 시작하면 끝도 없습니다. 아무리 애써서 좋은 것을 가진다 해도 그보다 더 좋은 걸 가진 사람이 있기 마련입니다. 이 사람은 이런 면에서 부럽고, 저 사람은 저래서 부럽고. 비교하다 보면 결핍을 느끼고 불만족을 느낍니다. 결핍으로 만들어낸 목표에 집착하게 됩니다. 집착은 고통을 일으킵니다. 있는 것에 만족하고 감사하면 결핍에 대한 집착을 내려놓을 수 있습니다. 그리고 어떤 것이든 있는 그대로 바라보고 받아들이는 연습을 해봅니다. 어떤 일이 일어나든 중심을 잡고 편안하게 머무를 수 있는지 봅니다. 삶에서는 뭐든 일어날 수 있다는 것, 늘 변화한다는 것을 받아들여 보세요. 마음이 편안해집니다.

6. 나와 내 삶을 잘 돌보고 사랑하기

행복을 선택하고, 의도적 노력을 하고 있는 것도 나입니다. 자기 자신을 소중히 돌보고 사랑해주세요. 몸의 건강도 꼭 살펴주세요.

7. 소중히 여기는 가치를 따라 진정 원하는 삶 살기

1~6번까지는 있는 그대로 생생하게 알아차리고 받아들이며 행복감을 느끼는 거예요. 맞아요. 1~6까지만 해도 충분히 행복합니다. 이로 인해 배양된

마음의 평온과 여유, 알아차림으로 소중한 가치를 따라 살 힘이 생깁니다. 너무나 어려운 환경인데 그 상황에 만족하고 계속 똑같이 사는 것이 행복일까요? 내면의 깊은 곳으로부터의 갈망과 소중히 여기는 가치를 무시하고 살면 행복할까요? 지금의 삶, 가진 것에 만족하되, 진정 원하는 삶과 가치를 따라 살 때 가슴이 뜁니다. 충만한 행복감을 느낍니다. 당신에게 나침반이 되는 소중한 가치는 무엇인가요? 당신이 진정 원하는 삶은 어떤 삶인가요? 내면의 소리를 들어보세요.

✍ 내가 소중히 여기는 가치를 따르는 '내가 진정 원하는 삶'은 어떤 삶인가요? 또 한번 내면의 목소리를 들어보는 시간을 가져보세요.

8. 사람들과 연결되고 함께하기

이 행복을 혼자 누리는 것도 좋지만 사람들과 함께 나눌 때 더욱 행복해집니다. 고통 또한 나만 고통스러운 것이 아니라는 것을 알 때 위안이 됩니다. 서로 위로하고 돕고자 하는 마음도 생깁니다. 누구나 소속감을 느끼고 싶고 사랑받고 싶은 마음이 있습니다. 함께 연결될 때 행복은 더욱 강력해집니다.

나만의 행복 레시피 적어보기

✍ 나에게 행복이란 무엇인가요?

✍ 행복해지고자 하는 의도를 세워볼까요?

ex. "나는 이제 행복해지기로 마음먹었어! 매 순간 이 의도를 떠올릴 거야."

✍ 행복한 삶을 위한 의도적 노력을 가볍게 시작해봅니다.

평소 내가 충만한 행복감을 느끼는 활동들이 있나요? 나에게 도움이 되는 것들을 적어보세요. 그리고 일상에서 음미하며 실천해보세요. 삶이 풍성해집니다.

ex. 꽃향기 맡기, 하늘 보기, 여유 있게 차 마시기 등

✍ 내가 소중히 여기는 가치를 따라 진정 원하는 삶을 살고자 할 때 처음으로 시작해볼 수 있는 것은 무엇일까요?

06

나를 지키며 사람들과 관계맺는 연습 -연민, 자애 명상

우리는 이제까지 나 자신을 만나는 마음의 여정을 함께 걸어왔습니다. 그러나 나 혼자 살아가는 것이 아닙니다. 가족, 친구들, 연인, 일하면서 만나는 사람들 등 생활반경에서 여러 사람과 만나게 됩니다. 우리가 느끼는 수많은 감정들은 사람들과의 관계에서 일어납니다. 특히나 가장 가깝고 사랑하는 사람들로 인해 기쁠 때도 있지만 상처를 받는 경우도 많습니다. 왜 그럴까요? 이번 장에서는 관계에서 느끼는 어려움을 마주해볼 거예요. 또 단지 혼자 있지 않기 위해서가 아니라 진정으로 사람들과 연결되어 봅니다. 내 안에 사랑의 마음도 배양해볼 거예요. 나를 넘어 사람들, 세상과 따뜻하게 연결될 때 우리는 더 큰 행복감을 느낍니다.

가까운 사람일수록 힘들 때가 있다.

매일 같이 얼굴을 보는 사이일수록 거슬리고 불편한 경우가 많습니다. 가족들과 같이 산다면 가족이 그렇습니다. 정말 사소한 것으로 소리 지르며 싸울 때도 있어요. 직장에서도 마찬가집니다. 상사에게 핀잔을 듣거나 안 좋은 평가를 받으면 속상하고 자신감이 떨어지기도 합니다. 동료가 은근히 나를 무시하는 발언을 한다면 어떤가요? 계속 곱씹어 떠오르면서 억울하고 분합니다. 다음에는 어떻게 되받아칠지 이리저리 생각해보기도 하죠. 가까운 사이일수록 안전한 거리가 필요합니다.

사람들과의 관계는 또 한 번 나를 만나는 기회가 된다.

사람들과의 관계 자체가 나쁜 것은 아닙니다. 사람들과의 관계는 다시 한 번 나를 만나는 기회가 됩니다. 사람들과의 관계가 행복하기보다는 괴롭다면 그 또한 배우고 깨닫는 기회로 생각해봅니다. 그리고 관계에서 내가 고통스러운 순간을 포착하여 살펴볼 필요가 있습니다. 관계에 있어서도 나를 이해하는 것이 우선입니다.

관계에서 고통을 느끼는 이유

인간관계에서 고통을 느끼는 이유는 다양합니다. 외부적 요인보다 내면의 원인부터 살펴보려고 해요. 먼저 사람과의 관계에서 내 안에 이미 있던 상처와 고통이 건드려지는 경우가 많습니다. 어린 시절 부모에게 차별당했던 기억, 버림받을까 두려운 마음 등 고통이 올라오는 거죠. 상대에게 기대했던 욕구, 충족되지 않은 욕구가 채워지지 않을 때도 짜증과 화가 올라옵니다. 사랑받고 싶고, 인정받고 싶은 욕구가 좌절될 때 고통스럽습니다. 상대방이 내가 원하는 대로 하지 않을 때 짜증과 불만이 올라오기도 합니다. 이렇게 관계를 통해 내면의 고통이 건드려질 때 인간관계가 어렵게 느껴집니다.

나를 괴롭히지는 않는데 이유 없이 마음에 들지 않는 사람도 있습니다. 이럴 때 우리는 내 안의 '그림자'를 찾아볼 수도 있습니다. 심리학자 칼 융은 숨기고 싶은 자신의 열등한 인격을 '그림자'라 합니다. 누군가의 어떤 인격이나 행동을 보고 유난히 부정적인 감정이 올라오는 경험을 해보았나요? 자신의 그림자가 그에게 투사되어 발견되는 것입니다. '내 안에 이런 면도 있구나.' 자신을 발견하는 기회가 되죠. 그러나 들여다보지 않으면 투사될 때마다 부정적 감정이 일어나 괴롭습니다. 나 자신을 이해하고 받아들이기 어렵다면 상대방을 이해하고 받아들이는 것도 어렵습니다. 나를 이해하고 받아들이는 것이 먼저입니다.

✍ 사람들과의 관계에서 부정적인 감정이 올라오거나 어려움을 느낀 순간들이 있었나요? 부정적 감정을 일으킨 원인이나 그림자를 발견할 수 있었나요? 기록해봅니다.

-
-
-
-

건강한 인간관계를 위한 마음가짐

건강한 인간관계에서 가장 중요한 것은 자신을 이해하고 잘 돌보고 받아들이는 것입니다. 그렇다 해도 관계에서 자극받는 것을 피할 수는 없어요. 그럴 때 우리는 어떤 마음가짐으로 접근하면 좋을까요? 앞서 언급한 바 있지만 마인드풀니스는 삶의 모든 면에 함께할 수 있습니다. 사람들과의 관계에서도 마인드풀니스 모드를 켜봅니다.

1) 관계 속에서 알아차림을 'ON!'한다.

관계 속에서 알아차림을 'ON'한다는 것은 마인드풀니스 모드를 켜라는 말입니다. 불편한 상황에서 알아차림은 더욱 필요합니다. 관계에서 부정적인 감정이 일어나는 순간을 포착해보세요. 바로 반응하고 싶은 마음을 잠시 멈추고 생각, 감정, 몸의 감각을 살펴보세요. 자신을 돌보며 상황을 객관적으로 파악한 가운데 더 나은 방향으로 선택할 수 있습니다. 관계 속에서 주로 무엇에 부정적인 감정이 일어나는지 살펴봅니다. 그리고 내가 다른 사람의 부정적 감정을 일으키는지도 알아차려 봅니다. 앞의 명상 연습을 통해 자신의 마음을 알아가는 힘이 생겼을 거예요. 그러면 상대방을 알아차리는 능력도 향상되고 공감할 수도 있게 됩니다.

2) 판단은 내려놓고, 열린 마음으로 다양성을 인정하자.

판단하는 것이 습관이 된 경우가 많습니다. 누군가를 판단한다면 그 사람과 행복한 관계가 될 수 있을까요? 판단은 내 기준으로 하는 겁니다. 어떤 사람을 내 기준으로 이리저리 판단하는 거죠. 당신의 기준일 뿐이라는 걸 알아차려 봅니다. 사람들을 판단하는 성향이 굳어지면 상대방의 장점이나 재능을 알아보기 어려워요. 단, 판단하지 말라는 것이 상대에게 실제로 문제가 있는데도 문제가 없다고 생각하라는 뜻은 아닙니다. 객관적으로 문제는 알아차리지만 바로 반응하거나 판단하고 싶은 마음을 내려놔보는 거예요.

종종 다른 사람을 자기 식대로 바꾸고 싶어하기도 합니다. 원래 늦게 일어나는 편인데 매일 새벽 5시에 일어나는 새로운 습관을 만든다고 생각해보세요. 꽤 오랜 시간 적응하느라 힘들 것이고 중간에 포기할 수도 있어요. 이렇게 자기 습관 하나 바꾸는 것도 힘든데 평생을 다르게 살아온 다른 사람을 확 바꿀 수 있을까요? 바꾸려는 마음을 내려놓으세요. 마음을 열고 상대방을 있는 그대로 바라봅니다. 사실 내 마음에 들지 않아서 상대방을 내 식으로 바꾸고 싶어 하는 마음도 바라봅니다. 사람은 저마다 다릅니다. 상대방을 있는 그대로 받아들여 봅니다.

3) 상대의 의도를 보기

잘 해보려고 신경 써서 어떤 행동을 했는데 도리어 결과가 좋지 않았던 경험이 있나요? 결과는 안 좋았지만 당신의 의도만큼은 잘 해보려 했던 것이었습니다. 우리는 자신의 말과 행동에 대해선 결과가 안 좋아도 선한 의도였다면 괜찮다고 해줍니다. 하지만 다른 사람에 대해서는 어떤가요? 그 사람의 의도는 알지 못한 채 결과만 가지고 판단하지는 않았는지 생각해봅니다. 대화할 때도 마찬가지예요. 멈춰서 저 사람이 내게 상처를 주기로 작정하고 그 말을 한 것인지 의도부터 살펴봅니다.

나를 잘 돌보며 상대방과 대화하기

관계 속에서 가장 많은 부딪힘은 대화에서 일어납니다. 위의 세 가지 마음가짐과 함께 대화를 해보세요. 판단 없이 알아차리면서, 열린 마음으로 듣고, 상대의 의도도 알아차려 봅니다. 평소 나에게 스트레스를 주는 상대라면 자신을 잘 돌보는 것도 중요합니다. 자, 그럼 대화를 시작해보죠!

1) 건강하게 의사소통하기

✓ 대화를 시작할 때, 서로의 힘든 점을 이해하려는 마음을 가져보세요. 그러면 상대방의 입장에 공감하게 됩니다.

✓ 알아차림 가운데 상대방의 말을 주의 깊게 들어봅니다. 그 사람의 감정과 의도, 원하는 것은 무엇인가요?

✓ 나의 감정, 의도, 원하는 것을 알아차리고 표현합니다. 이때 'ME 대화법'이 도움이 됩니다.

상대방의 말과 행동	당신이 "~"라고 말했을 때
나의 감정	나는 이런 생각이 들었고, 이런 감정을 느꼈어요.
상대에 대한 나의 바람	이렇게 말해주면 고맙겠어요.

알아차리면서 이와 같이 대화하면, 의견이 맞지 않아도 서로 감정이 상하지 않을 수 있습니다. 일방적으로 나를 괴롭힌다거나 자기만 맞다고 주장하

는 경우에는 대화가 힘들 수 있어요. 다행히 알아차리고 객관적으로 보고 선택하는 것만 잊지 않는다면 적절하게 대응할 수 있습니다. 흔히 명상을 하면 대화도 더 착하게 해야만 할 것 같다고 생각합니다. 좋은 말로 해도 무시하고 일방적으로 괴롭히는 사람에게는 어떻게 해야 할까요? 단호해야 할 때도 있습니다. 알아차림은 상황과 상대에 따라 현명한 선택을 하는 데에 도움을 줍니다. 저는 거절을 못하는 사람이었어요. 알아차림과 함께하면서 거절해야 할 때는 거절할 수 있게 되었습니다.

2) 힘들었던 대화 저널링

대화가 힘들었거나 대화에서 상처받았다면 눈을 감고 상황을 다시 떠올려 봅니다. 아래의 항목들을 차례로 떠올려보고 기록해보는 것이 도움이 됩니다. 살펴보고 나를 따뜻하게 돌봐 주세요.

✍ 힘들었던 대화에 대해 기록해봅니다. 어떤 상황에서의 대화였는지 떠올려 봅니다.

✍ 당신이 어려움을 느꼈던 것은 무엇이었나요? (상대의 표정/ 대화 분위기/ 특정 말의 내용 등) 부정적인 감정을 일으킨 트리거를 기록해보세요.

✍ 당신이 원했던 것은 무엇이었나요? 혹시 본심('안전하기를 바랐어', '인정받고 싶었어')도 발견할 수 있었나요?

✍ 상대방이 원했던 것은 무엇이었나요? 상대방의 진짜 의도는 무엇이었을까요? (내 식으로 상대의 의도를 단정 짓지는 않도록 합니다. '정말 나를 해하려고 했던 것일까?' 정도의 의문을 던져볼 수 있습니다.)

✍ 상대에게 진심으로 듣기를 바라는 말이 있었나요? 혹은 같은 내용이라도 어떻게 표현해주었으면 했는지 떠올려 봅니다. 듣고 싶었던 말을 나에게 들려줍니다.

✍ 나를 잘 돌본 후 관찰자의 입장에서 객관적으로 상황을 바라봅니다. 나의 입장과 상대방의 입장을 이해할 수 있나요?

공감과 연민을 기르는 명상

'연민'은 고통으로부터 자유롭기를 바라는 마음입니다. 관계 속에서 고통받는 나에게 연민을 보내 봅니다. '내가 고통에서 자유롭기를.' 우리는 이 마음을 다른 사람들에게도 보낼 수 있습니다. 오늘 만난 사람 중 한 명을 떠올려 봅니다. 이 사람 또한 행복하기를 바랄 거예요. 또 고통을 원하지 않을 겁니다. '이 사람도 나와 같이 행복하기를 바라는 사람이야'라고 생각해보세요. 따뜻하게 이 존재를 바라볼 수 있는 마음의 공간이 생겨요.

1. 눈을 감고 천천히 호흡합니다.
2. 고통받는 나를 떠올리고 나에게 연민을 보냅니다. '내가 고통으로부터 자유롭기를.'
3. 한 사람을 떠올려 봅니다. 얼굴을 생생하게 그려 봅니다. 속으로 말해봅니다.
   '이 사람도 생각과 감정이 있어. 나와 같이.'
4. 이 사람이 슬퍼하고 고통스러워하는 모습을 떠올리며 속으로 말해봅니다.
   '이 사람도 고통을 겪으며 살고 있어. 나와 같이.'
5. 이 사람이 즐거워하고 행복한 모습을 떠올리며 속으로 말해봅니다.
   '이 사람도 삶에서 즐거움을 경험하고 있어. 나와 같이.'
6. '이 사람이 고통으로부터 자유롭기를' 하고 연민을 보냅니다.

사람들과 연결되기

관계 속에서의 상처가 두려워서 사람들과의 교류를 피하는 경우가 있습니다. 남과 비교하면서 상대적으로 열등감을 느끼며 혼자 고립되는 경우도 있지요. 나만 못난 것 같고, 나만 소외되는 느낌을 받습니다. 사람들과 나는 분리된 다른 존재라는 느낌이 듭니다. 그럴 때 실은 공통점이 더 많다는 걸 떠올려 보세요. 그 사람도 나처럼 사람이고, 생각도 감정도 있다는 것을요. 내가 보지 못하는 곳에서 그 사람도 나름대로의 고통이 있다는 것도요. 수업 중에 "오늘 스트레스 안 받은 분 계세요?" 하고 여쭤봅니다. 한 사람도 빠짐

없이 스트레스를 받았다는 걸 알고 나면 서로 위로가 된다며 웃습니다. 다른 것 같지만 우리는 공통점이 훨씬 많습니다.

혼자 있으면 너무 외롭고 불안해서 누군가를 꼭 곁에 두려는 경우도 있습니다. 마음의 외로움, 불안이 해소되지 않은 상태에서 사람을 만난다 한들 같은 감정을 느끼게 됩니다. 24시간 붙어 있지 않는 한, 떨어져 있으면 불안해질 테니까요. 24시간 붙어 있는다 해도 자신에게 주의를 기울이지 않는다고 여겨지면 외로울 거예요. 자신을 이해하고 돌보고 사랑하며 혼자서도 잘 지낼 수 있다면 더 건강한 교류를 할 수 있어요. 외로워서가 아니라 소통하고 싶은 마음으로 다가가 보세요.

나를 지구에서 살아가는 한 존재로 인식해봅니다. 다른 사람들도 지구라는 같은 배를 탄 존재예요. 분리되고 경쟁하고 시기할 대상이라기보다는 운명 공동체죠. 명상이 깊어질수록 서로가 연결된 존재임을 깨닫습니다. 사람뿐만 아니라 모든 생명체들도요. 우리가 지구상에 같이 살아가는 동료들과 함께할 수 있는 건 무엇일까요? 서로 관심을 갖고, 고마움과 사랑을 표현하고, 보호해주고, 안아주고, 격려해주는 것입니다. 그럴 때 따뜻한 사랑을 느낍니다. 자애(Loving-Kindness)는 행복하기를 바라는 마음이에요. 나 자신과 소중한 사람들, 모든 존재들에게 사랑으로 가슴을 따뜻하게 데워 자애를 보내볼까요?

나에게, 소중한 사람들에게, 모든 존재들에게 사랑을 보내는 자애명상

존재들에게 사랑을 보낼 때 우리 안에 친절, 자애, 사랑이 배양됩니다. 사랑을 보냈을 뿐인데 내 안에 친절과 자애가 샘솟고 뇌가 통합됩니다. 나와 모든 존재가 진정으로 행복해지기를 바라는 마음을 담아 소리 내어 말해봅니다.

1. 눈을 감고 부드럽게 호흡합니다.

2. 내가 행복하기를 바라는 마음을 담아 나에게 자애와 사랑을 보냅니다.
"내가 행복하기를."
"내가 건강하기를."
"내가 안전하기를."
"내가 번영하기를."

3. 천천히 호흡하며 사랑을 보내고 싶은 주변 사람들을 떠올려 봅니다. 서로 안아주는 모습을 그려보아도 좋습니다.
"나와 우리가 행복하기를."
"나와 우리가 건강하기를."
"나와 우리가 안전하기를."
"나와 우리가 번영하기를."

4. 깊게 호흡하며 지금 이 순간 모든 존재들과 연결감을 느껴봅니다.
"모두가 행복하기를."
"모두가 건강하기를."
"모두가 안전하기를."
"모두가 번영하기를."

✍ 모든 존재에게 사랑과 자애를 보내는 명상을 할 때 어떤 느낌이 들었나요? 기록해보세요.

사람들과의 관계에서 우리는 다시 한 번 나 자신을 발견하게 됩니다. 사실 관계에서 오는 스트레스와 상처가 많은데 책에서 나의 내면부터 다룬 이유가 있어요. 내가 나를 있는 그대로 받아들이고 이해하고 존중할 때 상대에게도 그렇게 할 수 있기 때문이에요. 그리고 우리 마음정원의 잡초가 제거되고 상처받은 뿌리가 치유되면서 관계가 자연스럽게 개선되기도 합니다. 꼭 붙어서 서로 찌르는 나무였다면 개개인으로 온전하면서 서로에게 안전한 거리도 알아차려 보세요. 서로를 위해 마음을 나누고, 필요할 때 기댈 수도 있는 건강한 관계가 되어 손잡고 함께 숲을 이루어갑니다. '우리가 함께 행복하기를!'

chapter

6

직장인을 위한 상황별 시간대별 '마인드풀 라이프' 가이드

우리는 일상에서도 마음이 평온하기를 원합니다. 명상할 땐 평온한 것 같은데 현실로 돌아오면 마음이 시끌벅적해진다고 말씀하시는 분들이 많으세요. 명상 훈련만 마인드풀니스가 아니에요. 명상은 마인드풀니스를 연습하는 공식적인 훈련입니다. 우리는 명상에서 했던 것처럼 언제든 지금 여기에 주의를 기울여 현재에 머물 수 있어요. 그러면 무엇을 하든 삶 자체가 명상이 되는 거죠. 일상이 너무 고단하고 복잡하기는 해요. 바로 그래서 가장 좋은 수련장이자 배움의 터전이기도 합니다. 산에 들어가서 명상하는 것이 500그램 덤벨 들기라면, 명상적으로 일상을 사는 건 2*kg* 덤벨을 드는 거예요.

명상과 삶은 분리되어 있지 않습니다. 제가 명상을 전하는 첫 번째 이유는 여러분의 일상이 편안하고 행복하기를 바라는 마음에서예요. '마인드풀 라이프'란 마인드풀 모드로 순간순간을 사는 거예요. 모든 경험을 따뜻한 호기심으로 처음 대하듯 다가가는 것이 도움이 됩니다. 그럼 저절로 관심이 생기고 마음이 열립니다. 어렸을 때의 그 호기심 가득했던 나를 떠올려 보세요. 마인드풀 모드로 매 순간을 경험하다 보면 똑같은 경험을 해도 경험의 질이 달라집니다. 이번 장에서는 일상에서 할 수 있는 간단한 명상과 '마인드풀 라이프' 실천 방법을 알려드릴게요. 일상에서 활용해보세요. 지금, 알아차림 버튼이 켜져 있는지 확인하세요!

오전

하루를 어떻게 시작하는가는 아침의 기분에 크게 영향을 주곤 합니다. 출근하거나 일을 시작하기 전 시간은 전쟁터 같습니다. 출근을 한다면 나갈 준비하느라 바쁘고, 출근 전쟁에 이미 에너지가 방전된 상태에서 시작하기 쉬워요. 아이가 있다면 아이까지 챙겨야 하죠. 아침엔 오늘 하루의 의도를 마음에 떠올려 봅니다. 전쟁 같은 바쁜 아침 시간에 그 의도가 우리를 지켜줄 거예요. 그리고 마인드풀 모드를 켜봅니다.

[1] 기분 좋게 하루를 시작하자-기상 명상

아직 덜 잔 것 같은데 알람이 울리면 꺼 버리고 싶을 때, 많으시죠? 오늘 해야 할 일들, 바쁜 하루를 떠올리면 이불 속에서 떠나고 싶지 않은 마음이 들기도 해요. 그런데, 알람 소리에 이미 깼을 때 더 자는 것이 피로 해소에는 전혀 도움이 되지 않습니다. 이왕 눈 뜬 거 조금 개운하게, 기분 좋게 일어나 볼까요?

1. 잠이 깼을 때, 누운 상태로 천천히 부드럽게 횡격막 호흡을 합니다. (10회)
아침에 일어나서 하는 횡격막 호흡은 대사에 도움이 됩니다. 잠들 것 같으면 눈을 뜨고 하세요.

2. 천천히 호흡하면서 어제(최근)의 기분 좋고 고마웠던 일들을 떠올려 보세요. 기분 좋은 느낌으로 감사를 보내 봅니다. 오늘은 어떤 하루가 펼쳐질까요? 잠시 떠올려 봅니다.

3. 이제 천천히 호흡하며 온몸을 깨웁니다. 깨우는 부위의 감각을 느껴보세요.
'(들숨) 발아, 안녕! (날숨) 오늘도 잘 부탁해.' 이렇게 [발-다리-복부, 허리-가슴, 어깨, 등-팔-목-머리] 순서로 깨우며 감각을 느껴봅니다.

4. 알아차림 하면서 천천히 손가락, 발가락을 꼼지락거려 봅니다. 몸 전체를 천천히 양옆으로 돌려보고, 고개도 양옆으로 돌려 보세요. 두 팔을 위로 올려 만세도 해봅니다. 그리고 나에게 아침 인사를 해보세요.

5. 자리에서 벌떡 일어나지 않고 천천히 움직임을 알아차리며 일어나 봅니다. 오늘 하루를 기대하는 마음으로 미소를 지어 봅니다.

[2] 나만의 루틴을 만들자-마인드풀 모닝루틴

요새 미라클 모닝이나 모닝루틴 하는 분들이 많습니다. 모닝루틴에 하기 싫은 걸 억지로 넣어야 할 필요는 없어요. 모닝루틴은 거창한 것이 아니에요. 일어나자마자 오늘 하루를 시작하는 나에게 기분 좋은 에너지 혹은 소소한 기쁨을 주는 것이면 좋습니다.

ex. 따뜻한 물 음미하며 마시기 - 간단한 스트레칭 하기 10분 - 아침명상 10분 - 다이어리 쓰기(오늘 할 일 정리) 10분

여러분만의 모닝루틴을 만들어보세요. 아침 딱 30분 정도면 돼요. 나에게 에너지를 주는 기분 좋은 루틴으로 여유롭게 시작하면 하루의 시작이 달라집니다.

나만의 모닝루틴

[3] 진정 원하는 삶을 그리는-심상화 명상

진정 원하는 삶을 심상화하면 뇌는 이에 관련된 정보들에 주의를 기울입

니다. 진정 원하는 삶을 향해 나아가는 데에 필요한 정보를 만나게 해주기도 해요. 오늘 하루는 그 자체로도 소중합니다. 그리고 꿈을 이루어가는 하루이기도 하죠.

1. 천천히 호흡에 주의를 기울이며 10회 정도 호흡해봅니다. 날숨에 긴장을 내려놓습니다.
2. 감사한 것들을 떠올리며 고마움을 보냅니다. 진정으로 고마움을 음미해봅니다.
3. 자신이 소중하게 여기는 나침반 가치와 연결된 진정 원하는 삶을 마음속에 그려봅니다. 이미지로 생생하게 떠올려 보세요. 그 속의 나는 어떤 모습인가요? 표정은 어떤가요? 어떤 감정을 느끼고 있나요? 충만한 행복감을 느끼면서 미소를 지어봅니다.
4. 오늘도 진정 원하는 삶을 이루어가는 나에게 응원과 고마움을 보냅니다.

[4] 아침의 행복 한 잔, 모닝커피 명상

하루 중 이 시간을 가장 좋아하는 분들이 많습니다. 출근길에 이미 지쳐서 '커피를 마시지 않으면 일을 할 수 없어' 하는 분들도 계세요. 힘들어서 어쩔 수 없이 마시는 것보단 커피 자체를 즐겨보는 건 어떨까요? 차나 물을 마셔도 좋습니다. 원래도 좋아했던 이 티타임이 더 풍성한 시간이 될지도 몰라요.

1. 커피를 담은 컵에 손을 대고 컵의 온도와 촉감을 느껴봅니다.
2. 커피 잔을 들려는 의도에 따라 몸을 움직여 컵 드는 동작을 느껴봅니다.
3. 천천히 커피 향을 음미해봅니다.
4. 커피 잔에 닿는 입술의 촉감도 느껴봅니다.
5. 커피를 한 모금 마셔봅니다. 향과 입 안에서 느껴지는 온도, 풍미, 질감 등을 느껴봅니다.
6. 한 모금을 넘길 때 목에서는 어떤 느낌이 드나요?

처음 서너 모금 정도 이렇게 커피를 음미하면서 마셔봅니다. 알아차림 없이 벌컥벌컥 마셨을 때와 무엇이 달랐나요? 커피와 좀 더 깊이 만나는 경험을 하게 될 거예요.

오전 업무 시작

[5] 내가 하는 일의 의미를 떠올려보는-업무 시작 전 명상

업무를 하는 자리에 앉았다면 오늘 할 일을 둘러보고 일정을 정리하는 시간을 짧게 갖습니다. 일을 본격적으로 시작하기 전에 마음을 안정시키고, 의도를 확립하는 것은 업무에 도움이 됩니다. 잠시 명상을 해볼까요?

1. 자리에 앉아 눈을 감거나 반개하고 천천히 호흡합니다. (10회)
2. 내가 하는 일의 의미를 떠올려 봅니다. 개인적으로 소중히 여기는 가치 그리고 다른 사람들에게 줄 수 있는 가치와 연결해 떠올려 보세요.
   ex. '나는 오늘도 사람들이 편리하게 서비스를 이용할 수 있도록 돕고 있어' 등
3. 오늘 할 일들에 대해 의도를 세워봅니다.
   ex. '오늘은 이 업무를 해내고 보람을 느끼고 싶어', '오늘 미팅에서 함께 이 비전을 이루고 싶어' 등
4. 언제든 변수가 생길 수 있다는 것도 떠올려 봅니다. 이는 일에 대해 기대했던 상황과 결과에 대한 집착을 내려놓도록 도와줍니다.
   ex.'생각한 대로 되지 않아도 괜찮아. 그 상황에서 또 만들어 나갈 수 있어.'
5. 일할 준비가 되었다면 이제 나에게 말해봅니다.
   ex.'자, 이제부터 일을 시작해보자!' 하면서 온몸의 에너지를 느껴봅니다.

[6] 업무 능률을 높이는 -멀티태스킹 알아차림 명상

집중력이 흐트러지는 가장 큰 요인은 바로 멀티태스킹이에요! 여러 가지 일을 동시에 하니 뭔가 많이 해내고 있다고 느껴질 수 있어요. 하지만 집중된 주의는 한 순간에 한 곳으로만 보낼 수 있습니다. 여러 가지를 동시에 하고 있다고 해서 주의가 동시에 여러 군데로 분산되는 것이 아니에요. 주의가 여러 가지 일들을 옮겨 다니면서 하고 있던 일들에 대한 정보를 잃어버립니다. '방금 뭐하고 있었지?'라고 생각해본 적이 있을 거예요. 프로그램 창을 너무

많이 열어 놓은 컴퓨터처럼 속도가 느려지고 집중도도 떨어집니다. 스탠포드 대학교의 한 연구를 살펴볼까요? 멀티태스킹이 습관이 되면 전두엽피질과 해마가 손상을 입습니다. 멀티태스킹은 집중력과 생산성을 떨어뜨리고 뇌에까지 영향을 미칩니다.

1. 일하다가 잠깐! 멈추고 알아차려 봅니다. 지금 동시에 여러 가지 일을 옮겨 다니면서 하고 있지는 않은지 살펴보세요.
2. 천천히 호흡을 합니다. 원래 지금 하려고 했던 가장 중요한 일이 무엇이었는지 떠올려 보세요. 여러 가지를 한꺼번에 해낼 수 없다는 것을 상기하며 우선순위를 정해봅니다.
3. 최대한 한 가지 일에 온전히 주의를 기울여 보세요.
4. 갑자기 중요한 전화가 오거나 상사가 부른다거나 할 수 있어요. 그럴 때는 주의를 그곳으로 보내어 마무리한 후, 우선순위에 따라 한 업무에 주의를 다시 기울여 봅니다. 긴급 상황이 발생할 경우 우선순위를 조정하면서 한 번에 한 가지만 하는 연습을 해 보세요.

[7] 일이 끝날 때마다 나에게 주는 선물-마인드풀 셀프 칭찬

'나 오늘 뭐했지?' '오늘 아무것도 한 게 없는 것 같아.' 바쁘게 일하다 보면 오늘 뭘 했는지 기억도 나지 않을 때가 있습니다. 한 것 없이 시간이 흘러가 버린 것 같기도 하죠. 일을 끝낼 때마다 셀프 칭찬을 보내주세요. 오늘 생각보다 많은 것을 해냈다는 것을 알아차릴 수 있을 거예요. 그리고 작은 성취감을 하나하나 쌓아 '해냈다'는 자신감을 느낄 수 있어요. 앞의 일을 마음에서 내려놓고 다음 일에 주의를 온전히 기울이는 데에도 도움이 됩니다.

1. 업무 하나가 끝나면 잠시 멈추고 심호흡을 3번 천천히 합니다.
2. '업무 하나를 끝냈어', '잘 해냈어' 하고 자신에게 칭찬을 보내봅니다.
3. 앞의 업무에 관련된 생각이 머릿속에 떠다닌다면 알아차리고 내려놓습니다. 다음 업무에 주의를 온전히 기울입니다.

오후

[8] 음미하며 맛있게 먹자!-마인드풀 이팅

오감을 생생하게 깨워 음식을 음미하며 먹습니다. 습관처럼 우걱우걱 씹어 넘겼던 음식을 진짜로 만나는 시간이 될 거예요. 음미하며 먹기 시작하면서 있는 그대로의 식재료가 맛있게 느껴졌다는 사람이 많았어요. 식사는 우리 몸에 에너지를 공급하는 행위예요. 음식을 두세 번 씹고 허겁지겁 5~10분 만에 먹는 경우가 많습니다. 여러 번 씹지 않고 삼키면 소화를 시키기 위해 위장 기관들이 두세 배로 일을 해야 해요. 소화하는 데 에너지를 과하게 쓰게 되고, 위장 기관들이 고생을 하게 되죠. 소화하는 데 에너지를 많이 쓰면 오후에 더 피로해질 수 있어요. 음미하며 맛있게 먹되, 열 번씩 꼭꼭 씹어보기로 해요.

1. 내 안에 들어올 음식들을 환영해봅니다.
2. 음식의 향을 음미해봅니다. 생김새도 관찰해봅니다.
3. 입 안에 넣고 맛과 감각이 어떤지 느껴봅니다.
4. 자, 이제 천천히 씹어봅니다. 열 번 꼭꼭 씹으면서 입 안에 느껴지는 맛과 식감, 풍미를 음미해보세요.
5. 천천히 삼켜봅니다. 몸에 음식이 들어옴을 느껴봅니다.
6. 내게 들어와 나의 몸을 이루어주는 음식에게 어떤 마음이 드나요? 음식이 내게 오기

까지 거쳐온 모든 손길들에 고마움을 보내봅니다.

7. 매 끼 첫 세 입 정도는 음미하며 먹어봅니다. 남은 음식도 열 번씩 꼭꼭 씹어 먹습니다.
8. 먹고 난 후, 소화가 잘 되었는지 몸으로 느껴보세요. 내 몸에 편안한 음식, 잘 맞지 않는 음식을 발견할 수도 있습니다.

[9] 점심시간엔 산책을 하자-산책 명상

점심을 먹은 후에는 산책을 해보는 건 어떨까요? 직장 주위의 산책할 만한 한적한 곳이나 자연이 있는 곳을 찾는 것이 우선입니다. 자연 자체가 힐링이 됩니다. 자연이 없더라도 좀 한적한 길이라면 좋습니다. 모두 아시겠지만 산책은 스트레스 감소, 피로 회복에 도움이 되고 운동도 됩니다. 될 수 있으면 15분 이상 산책을 해보세요. 처음 몇 걸음은 걷기 명상하듯이 온몸의 움직임을 알아차려봅니다. 그리고 편안하게 자연 혹은 한적한 거리를 천천히 걸으며 산책합니다.

1. 한적한 곳이나 자연이 있는 곳 등 걷기 좋은 장소를 찾아둡니다.
2. 처음 몇 걸음은 움직임을 알아차리는 걷기 명상을 해봅니다. 걸으려는 의도를 가질 때 발이 어떻게 움직이는지 관찰해봅니다. 발이 땅에 닿는 느낌, 다리를 들어올리는 감각 등 온몸의 움직임을 알아차리면서 천천히 걸어봅니다.
3. 잠시 서서 오후의 햇살을 느껴봅니다. 두 팔을 벌리거나 만세를 하며 햇살을 느껴봐도 좋습니다. 햇빛이 온몸에 스며드는 걸 느껴보세요.
4. 하늘도 한번 올려다봅니다. 하늘은 어떤가요? 식물이 있다면 식물과도 교감해보세요.
5. 산책하듯 천천히 걸으면서 지나가며 보이는 풍경들을 알아차림 합니다. 자신의 호흡과 움직임, 거리의 풍경을 알아차리며 산책을 음미해봅니다.

[10] 1시간 일하고 1분은 쉬어가기-마인드풀 휴식

짧은 휴식은 자신에게도 업무에도 도움이 됩니다. 업무 중간중간 짧은 호흡명상은 지쳐 있는 뇌에 진정한 휴식을 줍니다. 한 시간 집중하고 1분간 마인드풀한 휴식을 제공해보세요.

1. 한 시간 동안 집중했다면 잠시 멈춥니다. 꼿꼿하게 앉아 있느라 긴장이 되었다면 의자에 편안하게 기대어서 호흡해도 좋습니다. 눈을 감고 10회 정도 천천히 편안하게 호흡해봅니다.
2. 마음과 몸의 자세도 서로 영향을 줍니다. 몸의 자세를 알아차려 봅니다. 어깨가 구부정하다면 날숨에 어깨를 뒤로 돌리면서 가슴을 쭉 펴보세요. 몇 번 반복하면서 척추도 바르게 펴봅니다. 스트레칭이 필요하다면 호흡하면서 천천히 스트레칭도 해봅니다.

[11] 피로한 오후에 스트레스를 줄이는 휴식법

근무 시간 내내 앉아 있어야만 업무 효율이 높은 것은 아닙니다. 연구에 따르면 창문이 크거나, 식물을 자주 보는 것이 창의력과 업무 효율에 좋은 영향을 준다고 해요. 업무 중 힐링이 필요할 때 해보세요.

1. (창밖이 잘 보이는 경우) 창밖을 바라보며 문서와 컴퓨터를 보느라 혹사당한 눈을 쉬게 해주세요. 시선을 멀리 두고 잠시 호흡하며 쉬어봅니다.
2. 책상 위에 화분 하나 놓아두고 휴식할 때 식물을 보는 것도 좋아요. 모니터 화면에 좋아하는 자연 풍경, 가보고 싶은 여행지를 띄워놓는 것도 힐링이 됩니다.
3. 심상화를 해보는 것도 좋습니다. 에메랄드 빛 바다, 울창한 나무가 가득한 숲에 누워 있다고 상상해보는 거예요. 이 풍광들을 떠올리며 이곳에서 호흡한다고 상상하며 천천히 호흡해 봅니다.

[12] 회의나 발표 전에 마음을 다스리는 명상

회의에서 우리는 공동의 비전과 목표를 위해 의견을 주고받습니다. 열린 마음으로 알아차리며 회의에 임해봅니다.

회의 들어가기 전) 회의 준비 명상

1. 1분간 호흡 명상을 합니다.
2. 호흡 명상으로 마음이 평온한 가운데 회의를 통해 이루고자 하는 것이 무엇인지 떠올려 봅니다.
3. 오늘 회의나 미팅에서 내가 원하는 바, 자신의 생각을 정리해봅니다.
4. 자신의 의견을 숨을 내쉬며 내려놓습니다. 어떤 의견이든 열린 마음으로 듣겠다는 마음으로 회의에 임합니다.

발표하는 경우) 발표 전 불안할 때 하는 명상

회의에서 발표를 하는 경우, 불안감을 느낄 수 있습니다. 발표 전 불안한 마음을 있는 그대로 인정하고 돌보면서 안정감을 제공합니다. 불안을 느낄 때는 호흡에 주의를 기울이다 보면 마음이 진정되는 데에 도움이 됩니다.

1. 불안이 일어날 수도 있다는 것을 받아들이고 몸의 감각으로 느껴보세요.
2. 불안을 느끼는 몸의 감각에 손을 올리고 다독여줍니다.
3. 자신에게 따뜻하게 물어봅니다. '왜 불안해하는 거야?'
4. '실수할까 봐 두려워', '못하면 무시당할 것 같아' 등 마음의 소리를 들어봅니다.
5. '실수할까 봐 불안했구나', '원래 모든 사람이 만족하도록 하는 건 불가능해', '긴장되는 건 당연한 거야. 그래도 괜찮아.' 마음의 소리에 도움이 되는 말을 스스로에게 해줍니다. 그리고 불안해하는 나에게 자애를 보내주세요. '내가 편안하기를.'
6. 들이쉬고 - 멈추고 - 내쉬고 - 멈추는(각 네 박자씩) 횡격막 호흡을 10회가량 하며 호흡에 주의를 기울입니다.

[13] 가벼운 통증도 그냥 넘기지 말자-통증을 바라보는 명상

일상생활 도중 과격한 동작을 하지 않았음에도 통증이 갑자기 찾아오면 놀라기 마련입니다. 특히나 업무 중에 가벼운 통증이 일어나면 어떻게 하면 좋을까요? 통증을 바라보는 명상이 도움이 됩니다.

1. 의자에 편안하게 기대어 천천히 심호흡을 여러 차례 하면서 날숨에 온몸의 긴장을 내려놓아 봅니다.
2. 통증이 느껴지는 부위에 주의를 기울여 감각을 있는 그대로 살펴봅니다. 통증의 세기, 범위, 느낌의 변화를 바라보세요.
3. 통증이 느껴지는 부위를 통해 숨이 들어오고 나간다고 상상하면서 계속 통증의 감각을 관찰합니다. 통증을 없애려 하지 말고 좋고 싫음 없이 감각을 그대로 살펴봅니다. 일어나고 사라지는 감각의 변화를 느껴보세요.
4. '통증 때문에 내가 죽겠구나', '이 통증이 계속 되면 어쩌지?' 하는 통증에 대해 혐오하는 생각과 감정이 일어난다면 알아차려 봅니다. 이 생각이 곧 통증인가요?
5. 아픈 부위에 손을 올릴 수 있다면 따뜻하게 손을 올려 봅니다. 토닥토닥 보듬어주거나 부드럽게 쓰다듬어도 좋습니다. 이는 통증을 없애고자 하는 것이 아닙니다. 통증이라고 느껴지는 강렬한 감각과 함께 하는 것입니다.

통증 감각을 관찰하다 보면 고정되지 않고 변화한다는 것을 발견하게 됩니다. 또 통증에 대해 덧붙이는 생각, 감정들이 우리를 더 괴롭게 하고 있음을 알아차려 봅니다. 통증은 우리에게 중요한 메시지를 전하고 있다는 것을 잊지 마세요!

저녁

[14] 퇴근하면서 저녁 시간을 떠올려보자-퇴근길 명상

가장 가벼운 발걸음 소리가 들리는 시간이네요! 드디어 퇴근 시간입니다! 퇴근길에도 아주 잠시 명상을 해볼까요?

1. 자리를 잡고 앉거나 서서 눈을 감거나 반개합니다. 천천히 호흡합니다.
2. 오늘 일하면서 있었던 일들을 잠시 떠올려 봅니다. 오늘 해낸 업무들을 떠올려 보세요. 고마웠던 일, 보람을 느꼈던 순간들도 떠올려 봅니다. 실수하거나 힘들었던 상황을 겪었던 나에게 위로도 보내주세요.
3. 오늘 저녁 나 자신에게 가장 필요한 것은 무엇일까요? 아무 생각 없이 귀가하면 저녁 먹고 그냥 잠시 앉아 있었던 것 같은데 시간이 훅 가버립니다. 활동, 배움, 휴식 등 오늘 나에게 필요한 것은 무엇인지 물어봅니다.

[15] 삶의 주인으로 디지털 기기를 사용하는 연습-디지털디톡스

휴대폰을 들고 나오지 않으면 불안할 정도로 휴대폰과 SNS는 현대인의 일상이 되었습니다. 필요한 것을 찾으려고 켰을 뿐인데 어느새 알고리즘의 노예가 됩니다. 정신을 차려보면 30분~1시간이 지나가 있는 경험 많이 해보셨죠? 앞서 언급했듯 마음이 방황하는 것이 마인드 원더링입니다. 스마트폰과 SNS를 과도하게 사용하다 보면 접하는 정보에 따라 마음이 여기저기 떠돌게 됩니다. 마인드 원더링이 가속화됩니다. 자신이 왜 휴대폰과 SNS를 과도하게 사용하고 있는지 그 이면의 숨은 욕구가 있는지 살펴보세요. 끌려다니지 않고 마인드풀하게 휴대폰과 SNS를 사용하고 싶은 마음이 있으신가요? 간단히 실천해볼 수 있는 디지털 디톡스를 소개합니다.

1. 아무것도 오지 않았는데 습관적으로 휴대폰을 확인하고 있나요? 그럴 생각이 없었는데 계속 휴대폰으로 SNS를 하다가 시간이 지나가 버린 걸 보고 후회했나요? 자신과 휴대폰의 관계가 현재 어떤지 점검해봅니다.

1) 주로 언제 보나요?

ex. 습관적으로 자주 확인함. 심심하다고 느껴질 때 확인함. 자기 전.

2) 주로 무엇을/ 몇 시간 정도 하나요?

ex. *튜브 추천 영상을 보면 1시간이 지나 있음. 인스*에서 하루 2~3시간 보냄.

3) 할 때/ 하고나서 기분은 어떤가요?

2. 디지털 디톡스를 해보고 싶다면 필요할 때만 보기로 자신과 약속해봅니다. 휴대폰과 SNS에 습관적으로 손이 갈 때 알아차리고 호흡합니다. 천천히 호흡하면서 자신에게 물어보세요. '나는 지금 왜 폰을 보려고 하는 거야? 꼭 필요한 거야?' 폰을 보려는 목적과 당신의 욕구를 확인한 후, 볼지 안 볼지 선택해봅니다. 연습하다 보면 점점 자동적으로 보는 습관이 개선될 수 있어요.

3. 아무 생각 없이 휴대폰을 보고 있을 때, 자신에게 물어보세요. '지금 뭐 하고 있어? 그거 진짜 하고 싶어서 하고 있는 거야?' 원하지 않는데 하고 있다는 걸 알아차리면 멈추세요.

ex. 원하는 정보 검색하려고 한 건데 다른 걸 보고 있었어!

4. 휴대폰을 사용하지 않는 시간을 정해놓고 실천해보세요. 그리고 휴대폰과 SNS 없이 지낸 시간에 무엇을 하며 보냈는지, 기분은 어땠는지도 기록해보세요.

저녁

[16] 하루의 피로를 씻어내자-마인드풀 샤워

샤워는 외부에서 묻어온 각종 오염물질, 먼지 등을 씻어내 줍니다. 따뜻한 물로 샤워를 하면 하루 종일 긴장했던 몸이 이완되는 데에 도움이 돼요. 피로도 풀리고 기분도 좋아집니다. 뿐만 아니라 몸의 대사에도 도움이 됩니다. 자기 전에 하는 샤워는 숙면에도 좋아요. 보통 샤워를 할 때 씻는 동작을 하면서 머리로는 이것저것 다른 생각을 할 때가 많습니다. 샤워를 알아차림 가운데 해볼까요? 샤워 또한 음미해보는 거예요.

1. 손으로 물의 촉감과 온도를 느껴봅니다. 물이 몸에 닿을 때 온도, 감각을 알아차려 봅니다.
2. 비누거품으로 몸을 문지르는 감촉도 느껴봅니다. 문지르면서 몸의 각 부위에게 오늘 하루 고마웠다고 말해보세요. '팔아, 오늘도 고생했어. 고마워' 하고요.
3. 물로 씻어 내릴 때의 온도와 감촉도 느껴보세요. 오염물질도 먼지도 오늘 하루의 피로도 씻기고 있습니다.

[17] 하루를 편안하게 마무리하는 -수면 명상

내일 챙겨야 할 것들을 미리 준비해둡니다. 간단한 스트레칭을 하고 침대에 누워봅니다. 피곤할 때 이보다 행복한 순간이 있을까요?

1. 천천히 횡격막 호흡을 해봅니다.

2. 호흡하면서 오늘 감사한 일들을 떠올려 보세요. 마음에서 진심으로 감사를 보내보세요. 기분 좋게 잠들면 잠들어 있을 때 무의식에도 좋은 영향을 줄 수 있어요.
3. 몸의 각 부위를 순서대로 이완시켜 봅니다. 발을 알아차리고 내쉬는 숨에 '발이 편안

하다' 하며 이완해봅니다. 발부터 머리까지 차례대로 이완해보세요. 이완하다 보면 스르륵 잠이 듭니다.

* 잠이 오지 않는 경우, 떠오르는 생각을 알아차려 봅니다. '잠을 못 자면 내일 힘들 텐데', '왜 잠이 안 오는 거야?' 이런 생각들이 더욱 잠드는 것을 방해한다는 것을 기억하세요. 잠이 오지 않는 상태에 대한 혐오감을 키우는 생각들이에요. '잠이 오지 않아도 괜찮아', '그냥 눈을 감고 누워 있는 것도 휴식이니 그렇게 해볼까?' 하고 그 상태를 받아들여 봅니다. 그래도 오래도록 잠들지 못한다면 어떻게 할지 선택해봅니다. 계속 누워 있어도 좋고, 일어나 할 일을 한다든가 명상을 하는 것도 좋습니다. 피곤하면 그때 다시 잠을 청해보세요. 혹시 부정적인 감정이 몰려와 잠을 못 이룬다면 챕터4의 마음을 돌보는 명상을 해보세요.

나만의 마인드풀 루틴 만들기

우리는 기초 훈련부터 일상 명상까지 다양한 마인드풀니스 기법과 명상을 배웠어요. 마인드풀니스는 꾸준한 명상 훈련으로부터 시작됩니다. 실천이 답이죠. 그러나 이 많은 명상들을 처음부터 다한다는 건 너무나 어려운 일이에요. 당장 호흡 한 번, 부정적 감정을 알아차리고 멈추는 것부터 시작해보세요. 잘 되지 않을 때, 좌절감도 들고 안 하고 싶은 마음이 드는 건 당연한 거예요. 매 순간은 새로운 순간입니다. 그저 매 순간 할 수 있는 것을 해보는 거예요.

책에는 우리의 마음정원을 가꾸는 데에 도움이 되는 명상법들을 순서대로 담았어요. 그러나 한 번에 다하려고 하다가 여러분이 힘들어지는 것을 결코 바라지 않습니다. 명상 또한 해야만 하는 그 무언가로 만들어 우리 자신을 괴롭히지 않기를 바랍니다. 지금까지 함께 해본 명상들 가운데 자신에게 잘 맞거나 해보고 싶은 것을 골라보세요. 공식 명상 훈련과 마인드풀 라이프 활동을 1개 정도씩 정해보는 겁니다. 조금씩 시작해서 나중에 할 수 있다면 좀 더 늘려가도록 해요. 내가 명상을 편안하게 할 수 있는 시간, 방법 등은 실제로 해보면서 나 자신이 가장 잘 알 수 있어요. 나만의 '마인드풀 루틴'을 발견해보세요.

이번주 나의 '마인드풀 루틴'

ex. (오전) 호흡 명상 10분 – (근무 중) 1시간에 1분씩 마인드풀 휴식 – (저녁) 샤워 명상

(오전 :)

(오후 :)

(저녁 :)

책 내용에서 거듭 강조하지만, 이 모든 것은 직접해야만 삶에도 자연스럽게 스며듭니다. 운동 영상을 본다고 해서 근육이 생기지는 않는 것과 같아요! 그래서 직접 해볼 수 있도록 명상하는 구체적 방법과 명상 가이드(영상), 명상 경험을 적어보는 저널링 공간을 워크북처럼 구성했습니다. 이 책을 통해 명상을 직접 실천해보기를 권합니다.

정원사가 되어 마인드풀하게 마음정원을 가꾸어 나갈 여러분의 마음 여정을 응원합니다!

'우리가 건강하고 편안하기를. 그리고 행복하기를!'